अंतरिक्ष विज्ञान

गौरव सिंह पटेल

ISBN 979-888546135-1

क्रम-सूची

क्रम-सूची

भूमिका

इस पुस्तक में मैंने विभिन्न स्रोतों से प्राप्त ज्ञान को एक साथ रखा है और खगोल विज्ञान, अंतरिक्ष विज्ञान से संबंधित लगभग सभी विषयों को छुआ है, इसमें सभी विषयों को बहुत आसान भाषा में समझा जाता है ताकि जो लोग इस क्षेत्र में नया आना चाहते हैं। इस क्षेत्र में उनकी रुचि बढ़ सकती है। यह किताब आपके लिए वरदान साबित हो सकती है और मुझे पूरा विश्वास है कि जब आप इस किताब को पढ़कर बाहर आएंगे तो आपको लगेगा कि आप इस दुनिया का असली हिस्सा बन गए हैं।

गौरव सिंह पटेल
(Researcher of Astronomy Physics)

1

अंतरिक्ष(Space)

अंतरिक्ष एक ऐसा विषय है जो सभी को अपनी तरफ आकर्षित करता है, अंतरिक्ष की सुंदरता और विशालता सभी का मन मोह लेती है। यही कारण है कि कई हजार सालों से भी मानव इसके रहस्यों को जानने में लगा है लेकिन आज भी वह इसका लेस मात्र भी नहीं जान सका है।पहले प्राचीन लोग रात जब अंतरिक्ष में नहीं जा सकते थे तब वे रात को इसके बारे में सोचा करते थे, धीरे-धीरे विज्ञान ने बहुत तरक्की कर ली जिससे अब मानव आसानी से अंतरिक्ष में पहुँच सकता है और साथ में इधर कुछ दिन रह भी सकता है। अंतरिक्ष (Amazing Space Facts In Hindi) जितना सुंदर हमारी सोच में बसता है उतना ही वह वास्तव में खतरनाक है, अगर कोई बिना सुरक्षा उपकरण के वहां चला जाये तो केवल दो मिनट में ही उसकी मौत हो जायेगी और उसका शरीर भी नहीं मिलेगा।

स्पेस या अंतरिक्ष

अगर आप स्पेस का मतलब खाली जगह समझ रहे हैं तो आप गलत हैं। ये एक ऐसी जगह जो धूल, गैस, या अन्य कोई कण, रेडियेशन कणों से भरी रहती है। स्पेस जैसा नाम हमें दिखाई पड़ता है वैसा नहीं है। हम इतने छोटे हैं कि जो ये खाली जगह हम देखते हैं वह ही हमारे लिए कल्पना से परे बन जाती है।

स्पेस एक खोखली जगह नहीं हैं, तारों और ग्रहों के बीच जो दूरी होती है उसे हम स्पेस कहते हैं। जैसे पृथ्वी के वायुमंडल से बाहर जाते ही स्पेस यानि की अंतरिक्ष की सीमा चालु हो जाती है और तब तक रहती है जब तक हमें कोई दूसरा ग्रह नहीं मिल जाता है।

पर ये जो ग्रहों के बीच जो दूरी होती है ये एकदम खाली या कहें खोखली नहीं होती है इसमें कई तरह के कण, छोटे पिंड, और उल्कायें होती हैं। इसके अलाबा इसमें कई तरह के खतरनाक Radiation भी होते है। (Amazing Space Facts In Hindi)

जैसे की- Infrared, सूर्य से आनेवाली Ultra-Violet Radiation, X-rays, Gamma rays, Cosmic rays इत्यादि। इसके साथ ही अंतरिक्ष में चुंबकिये क्षेत्र (magnetic field) भी बना हुआ होता है।

अंतरिक्ष

वैज्ञानिकों के मुताबिक अंतरिक्ष (Space) एक Vacuum है जिसकी शुरूआत हमारी पृथ्वी से 100 किलोमीटर ऊपर होती है। यहां ना तो हवा है और ना ही कोई माध्यम है जिससे हमारी आवाज गूंज सके। (Amazing Space Facts In Hindi)

अंतरिक्ष में ऐसा कुछ भी नहीं होता है जो कि ग्रह पर रहने वाले के लिए होता है। अगर हम स्पेस या अंतरिक्ष की तरफ देखें तो हमें इसमें लाखों, अरबों तारे, ग्रह और आकाशगंगाये दिखने को मिलती हैं, जिनके साथ-साथ हम कई और विचित्र चीज़ो को भी देखते हैं जिन्हें हम समझ नहीं सके हैं।

अंतरिक्ष के प्रकार

पृथ्वी के अनुसार अंतरिक्ष को विभिन्न परतों या कहें प्रकारों में बांटा गया है –

Geospace – यह अन्तरिक्ष का वह क्षेत्र है जो हमारे ग्रह के सबसे नजदीक है। इसमें वायुमंडल (atmosphere) के उपरी सतह तथा चुंबकीय क्षेत्र (magnetosphere) आते है।

Interplanetary Space – सूर्य और ग्रहों के बीच का जो क्षेत्र हैं उसे Interplanetary Space कहते है। इस क्षेत्र में सूर्य से आनेवाली सौर हवा सभी ग्रहों पर प्रभाव डालती है, यहां जो भी खाली जगह है उसमें सूर्य के कण ही भरे हुए हैं। सूर्य बहुत अधिक मात्रा में अपनी सतह से इस तरह कै मैटर को कणों के माध्यम से छोड़ता है।

Interstellar Space – आकाशगंगा में जितने भी सौर-मंडल (Solar System) यानि की तारे और उनके ग्रह हैं तो जो दूरी एक तारे की दूसरे तारे

या एक सौर मंडल के ग्रह की दूसरे सौर मंडल के तारे या ग्रह से होती है उसे ही Interstellar Space कहते हैं।

हमारे सौर मंडल में सूर्य के जो नजदीक का तारा है तो उसकी जो दूरी है जिसमें जितना भी स्पेस वही इंटरस्टैलर स्पेस कहलाता है।

Intergalactic Space – यह स्पेस का वह क्षेत्र है जो दो गैलेक्सी के बीच होता है। आकाशगंगाये बहुत बड़ी होती हैं जिनमें अरबों तारे और ग्रह होते हैं, Intergalactic Space अपने मायने में वह खाली जगह होती है या वह स्पेस है जो कि बहुत ही बड़ा है, और इस स्पेस में भी कण इधर से उधर तैरते ही रहते हैं और ग्रेविटी के कारण जुड़कर ग्रहों, तारों या पिंडो का निर्माण करते हैं।

अंतरिक्ष में होता है रेडियेशन जिसे हम नहीं देख सकते हैं

अंतरिक्ष में सूर्य और जितने भी तारे हैं उन सबसे रेडियेशन हमेशा निकलता ही रहता है, सभी तारे Nuclear Fusion के कारण जलते हैं इसलिए इनमें से रेडियेशन निकलना आम बात है।

इसके अलाबा अंतरिक्ष में वो रेडियेशन भी मौजूद होता है जो कि आकाशगंगायों से आता है जिसे रेडियेशन कहते हैं। ये दोनों ही रेडियेशन हमारे लिए घातक हैं जिसके कारण हम स्पेस में लंबी यात्रा अभी नहीं कर सकते हैं।

अंतरिक्ष के बारे में कुछ रोचक तथ्य

अंतरिक्ष जितना सुंदर हमारी सोच में बसता है उतना ही वह वास्तव में खतरनाक है, अगर कोई बिना सुरक्षा उपकरण के वहां चला जाये तो केवल दो मिनट में ही उसकी मौत हो जायेगी और उसका शरीर भी नहीं मिलेगा।

अंतरिक्ष में आप रो भी नहीं सकते हैं और ना ही किसी से बात कर सकते हैं, इधर खाना भी आप सही से नहीं खा सकते हैं। इन सबके लिए अंतरिक्ष में पृथ्वी की तरह ग्रेविटी ना होना कारण है। अंतरिक्ष में कोई वातावरण भी नहीं होता है।

अंतरिक्ष की गंध

जब आप अंतरिक्ष के बारे में सोचते हैं तो सबसे पहले यही ख्याल आता है कि अंतरिक्ष (Amazing Space Facts In Hindi) दिखता कैसा है, महसूस कैसा

होता है और इसमें क्या सुनाई देता है? पर कभी आपने इस पर ध्यान नहीं दिया होगा कि अंतरिक्ष की गंध कैसी है क्या इसमें खुशबू आती है या बदबू सी लगती है।

स्पेस में कोई भी अंतरिक्ष यात्री अपना स्पसेसूट नहीं उतारता है और ना ही ऐसा करने की कोशिश करता है क्योंकि अगर करता भी है तो वह हमें गंध बताने कि लिए जिंदा ही नहीं रहेगा। हमें अंतरिक्ष की गंध का पता केवल और केवल स्पेस यात्रियों के सूट और उनके औजारों से ही पता चलता है, जब उनकी जाँच की जाती है तो तभी उनमें से आनी वाली गंध का बताया जाता है।

Max Planck Institute के वैज्ञनिकों ने अपनी एक रिसर्च में कहा है कि आकाश गंगा का केंद्र एक स्रटाबेरी की तरह महकता है। मतलब की जो खुशबू किसी बैरी में आती है वही हमारी आकाशगंगा के केंद्र से आती है। इसके पीछे तर्क ये है कि आकाशगंगा के केंद्र में इथाइल फोरमेट बनती है जो खुद इन मीठी बैरीस में पाई जाती है।

2

एस्ट्रोनॉमी(Astronomy)

प्राचीन काल से ही मनुष्य आसमान की तरफ जिज्ञासा से देखता रहा है, तथा वह अपने आसपास के यूनिवर्स को समझने और सभी चीजों को एक व्यवस्था के क्रम में रखने का प्रयास करता आ रहा है|

आदिमानव जब जंगल में रहता था तब उसे रात में विभिन्न प्रकार के जंगली जानवरों से जान का खतरा था, ऐसे में पूर्ण और बड़े आकार के चंद्रमा वाली रातें उसके लिए काफी राहत देने वाली रही होगी, क्योंकि इन रातों में वह अधिक सुरक्षित महसूस करता होगा, यहीं से सूर्य और चांद आदि के प्रति मनुष्य में सम्मान का भाव प्रकट हुआ|तारों से बनने वाले आकार जिन्हें तारामंडल कहते हैं को पहचानना तो आसान था और यह आदिकाल में ही मनुष्य ने इसे कर लिया था, ग्रहों का पता लगाना और ग्रहों की अलग प्रकार से गति तथा सूर्य और चंद्र ग्रहण को भी प्राचीन काल में समझने की कोशिश की गई थी| खेती का आविष्कार के बाद मौसमों का हिसाब लगाना बहुत आवश्यकत था इसके लिए मनुष्य ने चांद तारों और सूर्य की सहायता ली, और एक नए विज्ञान खगोल शास्त्र एस्ट्रोनॉमी का जन्म हुआ| साथ ही साथ कई सारे अंधविश्वास भी पनप गए जैसे कि ज्योतिष शास्त्र| एस्ट्रोलॉजी चंद्र और सूर्य ग्रहण से डरना इत्यादि जिन्होंने मानव जाति का काफी नुकसान किया|

एस्ट्रोनॉमी क्या है

खगोल शास्त्र या एस्ट्रोनॉमी सूर्य, चंद्रमा, तारों,ग्रहों, धूमकेतु, गैलेक्सीओं आदि के अध्ययन का विज्ञान है, प्राचीन काल से एस्ट्रोनॉमी और एस्ट्रोलॉजी आपस में जुड़ी

हुई थी लेकिन एस्ट्रोलॉजी एक विज्ञान नहीं बल्कि अंधविश्वास है| एस्ट्रोनॉमी की शाखाएं हैं जैसे कि एस्ट्रोफिजिक्स, कॉस्मोलॉजी इत्यादि|

एस्ट्रोनॉमी, एस्ट्रोफिजिक्स और कॉस्मोलॉजी में क्या अंतर है

मोटे मोटे तोर पर अगर विश्लेषण किया जाये तो Astronomy एस्ट्रोनॉमी किसी ऑब्जेक्ट की स्थिति उसकी चमक, उसकी गति और दुसरे गुणों के बारे में बताती हैं| एस्ट्रोफिजिक्स Astrophysics यूनिवर्स के किसी छोटे और मध्यम आकार के ऑब्जेक्ट के बारे में भौतिक सिद्धांत बताती है, Cosmology (कोस्मोलोजी) बड़े ऑब्जेक्ट्स की और पूरे यूनिवर्स के सिद्धांतों, व्यहवार, उनकी उत्पत्ति और अंत की व्याख्या करती है|

एस्ट्रोनॉमी अंतरिक्ष विज्ञान की शाखाएं

आदिकाल से ही एस्ट्रोनॉमी के अंतर्गत आकाश का अध्ययन किया जाता है|

आधुनिक एस्ट्रोनॉमी को दो वर्गों में बांटा जा सकते हैं सैद्धांतिक एस्ट्रोनॉमी और पर्यवेक्षण एस्टॉनोमी

Observational astronomy :

पर्यवेक्षण एस्टॉनोमी के अंतर्गत तारों ग्रहों गैलेक्सी ओं आदि का पर्यवेक्षण और अवलोकन किया जाता है

Theoretical astronomers:

सैद्धांतिक एस्ट्रोनॉमी मैं यूनिवर्स के सिद्धांतों को समझा जाता है तथा यह व्याख्या की जाती है यूनिवर्स और गैलेक्सी, सौरमंडल आदि किस प्रकार बने विज्ञान की दूसरी शाखाओं की तरह एस्टॉनोमर्स किसी तारे को उसकी शुरुआत से लेकर अंत तक नहीं देख सकते हैं क्योंकि तारों का जीवनकाल कई बिलियन वर्ष का होता है ऐसे में गैलेक्सी के जीवन काल तो और भी अधिक विस्तृत होता है, इस समस्या से निपटने के लिए खगोल शास्त्री कई तरह के तारों का अध्ययन करते हैं जो कि अपनी उम्र के अलग-अलग अवस्थाओं में है कुछ तारे बन रहे हैं कुछ अपनी आधी उम्र पूरी कर चुके ज्यादा कुछ नष्ट होने वाले, इस तरह पर्यवेक्षण एस्ट्रोनॉमी

और सैद्धांतिक एस्ट्रोनॉमी दोनों आपस में जुड़े हुए हैं और एक दूसरे पर निर्भर है, अवलोकन किए गए डेटा के आधार पर ही सिमुलेशन और सिद्धांत बनाए जाते हैं|

एस्ट्रोनॉमी की शाखाएं

खगोलशास्त्र या एस्ट्रोनॉमी के कई शाखाएं हैं जिनमें से कुछ प्रमुख इस प्रकार है-

Planetary astronomy :

ग्रह खगोल विज्ञान एस्ट्रोनॉमी की इस शाखा का फोकस केवल ग्रहों पर होता है इस शाखा के वैज्ञानिकों को प्लानेटरी साइंटिस्ट कहते हैं क्योंकि वह ग्रहों के आकार उत्पत्ति उनके अंत का अध्ययन करते हैं इनमें से ज्यादातर सौरमंडल के अंदर स्थित ग्रहों का ध्यान रखते हैं, सौरमंडल के बाहर भी कुछ ग्रहों का पता अब लगने लगा है तथा वैज्ञानिक इस बात का अध्ययन करने में लगे हुए हैं कि वहां का वातावरण कैसा हो सकता है, विज्ञान की इस शाखा में जियोलॉजी, स्पेस फिजिक्स, बायोलॉजी के ज्ञान का भी बड़ा महत्व है क्योंकि दूसरे ग्रहों पर जीवन को ढूंढने के लिए बायोलॉजी का ज्ञान आवश्यक है|

Stellar astronomy :

तारों का खगोल शास्त्र के वैज्ञानिक तारों, ब्लैक होल्स, नेबुला, श्वेत वामन तारे, और सुपरनोवा आदि का अध्ययन करते हैं, इस विज्ञान में तारों के अंतर्गत होने वाले भौतिक और रासायनिक प्रक्रियाओं का ध्यान किया जाता है |

Solar astronomy :

सूर्य खगोल शास्त्र सोलर एस्ट्रोनॉमी के अंतर्गत केवाल सूर्य का ही अध्ययन किया जाता है, सूर्य के प्रकाश की मात्रा और सूर्य से आने वाले विकिरणों का पृथ्वी पर क्या प्रभाव पड़ रहा है इसका अध्ययन सौर खगोलशास्त्री करते हैं|

Galactic astronomy :

गैलेक्टिक एस्ट्रोनॉमी – एस्ट्रोनॉमी कि इस शाखा के अंतर्गत हमारी गैलेक्सी मिल्की वे और अन्य गैलेक्सी ओं का अध्ययन किया जाता है|

Cosmology :

एस्ट्रोनॉमी की इस शाखा के अंतर्गत पूरे यूनिवर्स का अध्ययन किया जाता है, यूनिवर्स की उत्पत्ति बिग बेंग से कैसे हुई, गैलेक्सीओं का निर्माण किस प्रकार हुआ, डार्क मैटर, डार्क एनर्जी आदि के सिद्धांतों का इसमें अध्ययन किया जाता है|

3

सौर मंडल(Solar System)

सौरमंडल (Solar System) :-

SOLAR SYSTEM

सौर शब्द (Solar) सूर्य से संबंधित हैं, सूर्य के परिवार को ही सामान्यतः सौर मंडल कहा जाता हैं। सूर्य के इस परिवार में अर्थात सौरमंडल में ग्रह, सेटेलाइट

(उपग्रह) सम्मिलित हैं।इनके अलावा धूमकेतु,उल्कापिंड,क्षुद्र ग्रह आदि भी इस सौर मंडल में शामिल हैं। ये सभी गुरुत्वाकर्षण बल के कारण यह एक परिवार में बंधे हुए हैं।सौर मंडल के सम्बंध में क्रमबद्ध जानने हेतु आवश्यक हैं, की सौर मंडल में सम्मिलित परिवारों का अध्ययन किया जाए जो निम्न हैं-

सूर्य Sun –

सूर्य, सौरमंडल Solar System के केंद्र में स्थित होता हैं और सभी ग्रह इसके चारों ओर चक्कर लगाते हैं। सूर्य गैसों का बहुत बड़ा गोला होता हैं। इसमें नाभिकीय क्रियाएं होती हैं, जो इसमें ऊर्जा उत्पन्न करते रहती हैं और इसे दीप्तमान बनाते हैं।इसमें हाइड्रोजन,हीलियम,कार्बन,नाइट्रोजन और ऑक्सीजन जैसे तत्व पाए जाते हैं। सूर्य की सतह पर तापमान लगभग 6000℃ होता हैं, लेकिन इसके मध्य में इसका तापमान कई गुना अधिक होता हैं।

ग्रह planets –

ग्रह को अंग्रेजी भाषा में Planet कहते है, जिसका अर्थ है Wanderer अर्थात घुमक्कड़। ऐसा इसीलिए क्योंकि यह सूर्य के चारों ओर चक्कर लगाते रहते हैं। ग्रहों का अपना कोई प्रकाश या ऊर्जा नही हैं यह सूर्य के प्रकाश के परावर्तन (Reflections) के कारण दिखाई देते हैं।

प्रारंभ में हमारे सौरमंडल में 9 ग्रह थे, परंतु वर्ष 2006 में अंतरराष्ट्रीय खगोलीय संघ (IAU) ने यम (plato) को बोना ग्रह घोषित कर दिया, इसीलिए अब हमारे सौरमंडल में 8 ग्रह हैं।

सभी 8 ग्रहों के नाम – बुद्ध (mercury),शुक्र (venus),पृथ्वी (earth),मंगल (mars),ब्रहस्पति (jupiter),शनि (saturn),अरुण (uranus), और वरुण (nepture)

इनमें से पहले चार ग्रह (बुद्ध, शुक्र, पृथ्वी, मंगल) जो सूर्य के पास हैं, उन्हें भीतरी ग्रह (Inner planets) कहा जाता हैं तथा शेष चार ग्रह(बृहस्पति,शनि,अरुण,वरुण) जो सूर्य से दूर हैं, को बाहरी ग्रह (outer planets) कहते हैं।

• बुद्ध (Mercury) यह हमारे सौरमंडल का सबसे छोटा ग्रह हैं और यह सूर्य से सबसे निकट वाला ग्रह हैं। बुद्ध ग्रह को सूर्य का एक चक्कर लगाने में 88 दिन

का समय लगता हैं।

● शुक्र (Venus) शुक्र को गर्म ग्रह के नाम से भी जाना जाता हैं, ऐसा इसीलिए क्योंकि इसमें सल्फ्यूरिक जैसी गैसे होती हैं। यह सौरमंडल का सबसे चमकीला ग्रह हैं। इसे भोर का तारा तथा शाम का तारा भी कहा जाता हे। इसके अलावा इसका आकार पृथ्वी के समान होने के कारण इसे दूसरी पृथ्वी के नाम से भी जाना जाता हैं।

● पृथ्वी (Earth) पृथ्वी सौरमंडल solar system का एकमात्र ऐसा ग्रह है जहाँ जीवन पाया जाता हैं। पृथ्वी का लगभग 71% भाग जल से घिरा हुआ हैं। इसलिए अंतरिक्ष से देखने पर यह नीली दिखाई देती हैं, जिस कारण इसे नीले ग्रह के नाम से भी जाना जाता है। पृथ्वी सूर्य का चक्कर लगाने में 365 दिन का समय लेती हैं।

● मंगल (Mars) मंगल ग्रह की मिट्टी में लाल ऑक्साइड की उपस्थिति के कारण यह लाल रंग का दिखाई देता हैं, इसलिए इसे लाल ग्रह के नाम से भी जाना जाता हैं। यह सूर्य का एक चक्कर लगाने में 687 दिनों का समय लेता हैं।

● बृहस्पति (Jupiter) बृहस्पति हमारे सौरमंडल का सबसे बड़ा ग्रह हैं।

● शनि (Saturn) इस ग्रह के चारो ओर छल्ले पाए जाते हैं, इसलिए इसे छल्ले वाला ग्रह के नाम भी जाना जाता हैं।

● अरुण (Urenus) यह ग्रह सूर्य से काफी दूर होता है, इसलिए इस ग्रह का तापमान बहुत ठंडा होता हैं।

● वरुण (Neptune) वरुण ग्रह सौरमंडल का आठवा ग्रह हैं और यह सूर्य से सबसे दूर में स्थिति ग्रह हैं।

सौरमंडल (solar system) के इन 8 ग्रहों के अलावा इसके कुछ अन्य सदस्य भी हैं, जो इस प्रकार हैं –

1. उपग्रह (setelites) –

सामान्य उनको उपग्रह के नाम से संबोधित किया जाता हैं जो ग्रहों के चारों ओर चक्कर लगाते हैं। उपग्रहों को भी तो आधार में विभक्त किया जाता हैं-

◆ प्राकृतिक उपग्रह – ये लाखों-करोड़ो वर्षों से अंतरिक्ष में उपस्थिति हैं, इनके निर्माण या इनकी उत्पत्ति में मानव का कोई योगदान नही होता यह प्रकृति की देन होते हैं।

◆ कृतिम उपग्रह – मानव द्वारा निर्मित सेटेलाइट जिनको अंतरिक्ष मे भेजा जाता हैं, इनको कृत्रिम उपग्रह के नाम से जाना जाता हैं। जैसे- एडूसेट जो कि एक

शैक्षिक उपग्रह हैं जो शिक्षा के क्षेत्र में विकास हेतु अंतरिक्ष मे भेजा गया था।

2. धूमकेतु (Comets) –

ग्रहों और उपग्रहों की तरह धूमकेतु भी सौरमंडल का ही हिस्सा होते हैं। यह ऐसे आकाशीय पिंड होते हैं, जो आकाश में कभी-कभी चमकते हुए दिखाई देते हैं। ये बर्फ,गैस और धूल के कणों से मिलकर बने होते हैं।

3. उल्कापिंड –

उल्कापिंड चट्टानों के छोटे-छोटे ऐसे टुकड़े होते हैं जो अंतरिक्ष से पृथ्वी के वातावरण में प्रवेश करते हैं। इन टुकड़ो का हवा के साथ घर्षण होता है, जिससे यह प्रकाश की लकीर की तरह चमक उत्तपन्न करते हैं।

4. क्षुद्र ग्रह –

यह चट्टानों के बड़े टुकड़े या वह खगोलीय पिंड होते हैं जो हमारे सौरमंडल (में उपस्थित रहते हैं और सूर्य का चक्कर लगाते रहते हैं। ये मंगल और बृहस्पति के मध्य वाले क्षेत्र में पाए जाते हैं।

4

सूर्य(Sun)

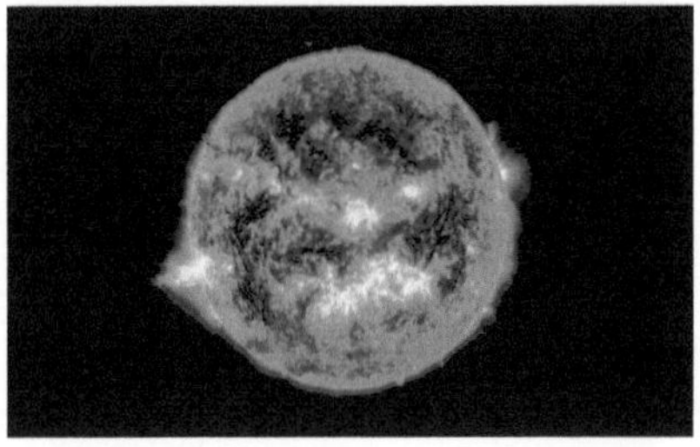

THE SUN

सूर्य एक तारा है। यह गर्म गैस का एक विशाल, घूमता हुआ, चमकदार गोला है। सूर्य केवल उन सितारों की तरह है जो आप रात के आकाश में देखते हैं। यह अन्य सितारों की तुलना में इतना बड़ा और चमकीला दिखाई देता है क्योंकि हम इसके बहुत करीब हैं।सूर्य – हमारे सौर मंडल का दिल – एक पीला बौना तारा है, जो चमकती गैसों का एक गर्म गोला है। इसका गुरुत्वाकर्षण सौर मंडल को एक साथ रखता है, जो सबसे बड़े ग्रहों से लेकर मलबे के सबसे छोटे कणों तक सभी को अपनी कक्षा में रखता है। सूर्य में विद्युत धाराएं एक चुंबकीय क्षेत्र उत्पन्न करती हैं जो सौर मंडल द्वारा सौर मंडल के माध्यम से वितरित होती है-जो सभी दिशाओं में सूर्य से बाहर की ओर बहने वाली विद्युत चार्ज गैस की एक धारा है।

सूर्य और पृथ्वी के बीच संबंध और अंतःक्रियाएं मौसम, महासागरीय धाराओं, मौसम, जलवायु, विकिरण बेल्ट और अरोरा को संचालित करती हैं। हालांकि यह

हमारे लिए खास है, मिल्की वे आकाशगंगा में हमारे सूर्य जैसे बिखरे हुए अरबों तारे हैं।

About the sun

- आयु: 4.6 बिलियन वर्ष
- प्रकार: पीला बौना (G2V)
- व्यास: 1,392,684 किमी
- भूमध्यरेखीय परिधि: 4,370,005.6 किमी
- द्रव्यमान: 1.99 × 10 ^ 30 किग्रा (333,060 पृथ्वी)
- सतह का तापमान: 5,500 ° C

Facts of sun

- सूर्य के केंद्र में तापमान 15 मिलियन डिग्री सेल्सियस तक पहुंचता है।
- सूर्य में सभी रंगों को एक साथ मिलाया जाता है, इसलिए यह हमारी आंखों को सफेद दिखाई देता है।
- सूर्य ज्यादातर हाइड्रोजन (70%) और हीलियम (28%) से बना है।
- सूर्य एक मुख्य अनुक्रम G2V तारा (या पीला बौना) है।
- सूर्य 4.6 अरब वर्ष पुराना है।
- सूर्य पृथ्वी से 109 गुना बड़ा है और 330,000 गुना भारी है।
- कई प्राचीन संस्कृतियाँ सूर्य को एक देवता (हिंदू, मिस्र, इंडो-यूरोपीय और मेसो-अमेरिकन) के रूप में पूजा करते हैं।
- लगभग 450 ईसा पूर्व, आधुनिक वैज्ञानिक तुर्की के एक वैज्ञानिक और दार्शनिक जिसे अनएक्सगोरस कहा जाता है, ने सबसे पहले सुझाव दिया था कि सूर्य एक तारा है।
- हमारा आधुनिक दिन कैलेंडर सूर्य के चारों ओर पृथ्वी की गति पर आधारित है।
- यह एक अपेक्षाकृत युवा सितारा है।
- यह अपने जीवनकाल में लगभग आधे तक पहुंचा है।

- आप इसमें 1.3 मिलियन पृथ्वी को फिट कर सकते हैं। यदि एक खोखला सूर्य गोलाकार पृथ्वी से भरा होता तो लगभग 960,000 पृथ्वी इसके अंदर फिट होते। सूर्य की सतह का क्षेत्रफल पृथ्वी के 11,990 गुना है।
- यह सौरमंडल की सबसे बड़ी वस्तु है।
- इसका द्रव्यमान पृथ्वी के 333,000 गुना है। सौर मंडल में सूर्य का 99.86% द्रव्यमान है।
- यह सौर प्रणाली के कुल द्रव्यमान का लगभग 99.86 प्रतिशत पर है।
- यह अन्य सभी तारों की तुलना में पृथ्वी के अधिक निकट है।
- यह चंद्रमा के मुकाबले पृथ्वी से लगभग 391 गुना दूर है।
- पृथ्वी से इसकी दूरी वर्ष के दौरान विभिन्न पॉइंट पर बदल जाती है।
- यह Milky Way के केंद्र से 30,000 प्रकाश वर्ष दूर है।
- सूर्य से प्रकाश को पृथ्वी तक पहुँचने में आठ मिनट और बीस सेकंड लगते हैं।
- सूर्य का गुरुत्वाकर्षण पृथ्वी और अन्य सभी ग्रहों को एक साथ एक छोटी सी जगह में जोड़ता है जिसे सौर मंडल कहा जाता है।
- सूर्य सौर मंडल के केंद्र में है और सभी ग्रह इसके चारों ओर परिक्रमा करते हैं।
- यदि सूर्य वहां पर नहीं होता, तो पृथ्वी एक सीधी रेखा में यात्रा करती।
- इसका गुरुत्वाकर्षण पृथ्वी के गुरुत्वाकर्षण से 28 गुना अधिक मजबूत है।
- सूरज और सौर मंडल के चारों ओर जो बुलबुला होता है उसे हेलिओस्फियर कहा जाता है।
- Helioseismology सूर्य के आंतरिक भाग का अध्ययन है।
- कई उपग्रहों का उपयोग करके सूर्य का अध्ययन किया जाता है, मुख्य SOHO (Solar and Heliospheric Observatory)
- एक लाख पृथ्वी, मिल्की वे में सभी सितारों का 0.00033% हिस्सा बनाएगी।
- इसके अंदर विद्युत धाराएँ होती हैं जो एक चुंबकीय क्षेत्र उत्पन्न करती हैं जो पूरे सौर मंडल में फैलती हैं।
- सोलर एक्टिविटी के परिणामस्वरूप, एक भू-चुंबकीय तूफान पृथ्वी के चुंबकीय क्षेत्र की दुनिया भर में डिस्टर्बन्स है।
- सूर्य ऊर्जा का उत्पादन करता है जो पृथ्वी पर सभी जीवन को प्रकाश संश्लेषण के रूप में जाना जाता है।
- इसकी ऊर्जा हाइड्रोजन के फ्यूज़न से हीलियम में निर्मिती के कारण होती है।
- इसका तापमान लगभग 5500 और 6000 डिग्री सेल्सियस के बीच है।

- सूर्य के कोर के भीतर, उसके तापमान और दबाव के कारण परमाणु प्रतिक्रियाएँ होती हैं।
- यह तीन अलग-अलग प्रकार की ऊर्जा उत्सर्जित करता है; इंफ्रारेड रेडिएशन, विज़िबल लाइट और अल्ट्रावायलेट लाइट।
- पृथ्वी पर ओजोन लेयर सूर्य की सबसे हानिकारक अल्ट्रावायलेट किरणों को अवशोषित करती है जिससे सूरज जलता है।
- रज की अल्ट्रावायलेट किरणों में एंटीसेप्टिक गुण भी होते हैं।
- वह प्रक्रिया जिसके द्वारा ऊर्जा सूर्य से पृथ्वी तक जाती है, रेडिएशन के रूप में जानी जाती है।
- सूर्य की कोर से निकलने वाली ऊष्मा और ऊर्जा को इसकी सतह तक पहुँचने में एक लाख साल लगते हैं।
- जब सूर्य के वातावरण में निर्माण कर रही चुंबकीय ऊर्जा को अचानक छोड़ दिया जाता है, तो यह चमक में तेजी से बदलाव का कारण बनता है जिसे solar flare कहते हैं।
- एक solar flare के दौरान जारी ऊर्जा की मात्रा 100 मेगाटन के लाखों हाइड्रोजन बमों के एक साथ विस्फोट के बराबर है।
- यह विस्फोट एक ज्वालामुखी विस्फोट से दस मिलियन गुना अधिक है, लेकिन प्रति सेकंड सूर्य द्वारा उत्सर्जित कुल ऊर्जा का 1 / 10th से कम है।
- सूर्य वास्तव में सभी रंगों का मिश्रण है, जो आंख को सफेद दिखाई देता है।
- वायुमंडलीय प्रकीर्णन के रूप में जानी जाने वाली घटना के कारण यह दिन के दौरान कई अलग-अलग रंग का प्रतीत होता है।
- एक हरे रंग की फ्लैश एक अल्पकालिक ऑप्टिकल भ्रम है जो कभी-कभी सूर्योदय या सूर्यास्त के समय होती है जब सूरज से प्रकाश दर्शक की ओर झुकता है।
- यह 4 ट्रिलियन 100-वाट के प्रकाश बल्बों की तरह चमकदार है।
- सूर्य के पास कोई वलय नहीं है।
- आंशिक सौर ग्रहण खुली आंखों के लिए खतरनाक होते हैं क्योंकि हमारे आंख की पुतली उस स्तर के आदी नहीं होते हैं।
- प्रकृति में दिखाई देने वाली सभी चीजों के मुकाबले, सूर्य का आकार परफेक्ट गोलाकार है।
- सूर्य के कुछ भाग दूसरों की तुलना में अधिक ठंडे हैं और इस प्रकार गहरे रंग के दिखाई देते हैं। उन्हें सनस्पॉट कहा जाता है।

- सूर्य के धब्बों में एक बहुत मजबूत चुंबक क्षेत्र होता है, जो ऊर्जा के संवहन को रोकता है, और इस तरह उनके कम तापमान का कारण बनता है।
- वास्तव में, सूरज चंद्रमा से लगभग 400 गुना बड़ा है।
- एक विशिष्ट सनस्पॉट में मध्य में एक डार्क स्पॉट होता है जिसे अम्ब्रा कहा जाता है, और एक हल्का क्षेत्र जिसे पेनम्ब्रा के रूप में जाना जाता है।
- सौर चक्र के दौरान सौर अधिकतम समय होता है जब सनस्पॉट की संख्या अपने उच्चतम स्तर पर होती है।
- हर 11 साल में सनस्पॉट चक्र दोहराया जाता है, और सौर flares की घटना के साथ मेल खाता है।
- जब सौर चक्र न्यूनतम होता है, तब flares दुर्लभ होते हैं क्योंकि सक्रिय क्षेत्र बहुत दूर होते हैं।
- यह अन्य सितारों के सापेक्ष 20 किलोमीटर प्रति सेकंड और मिल्की वे के आसपास 220 किलोमीटर प्रति सेकंड की यात्रा करता है।
- सूर्य के विभिन्न भाग अलग-अलग गति से घूमते हैं, सबसे तेजी से इसके भूमध्य रेखा पर होते हैं।
- भूमध्य रेखा पर सूर्य की रोटेटिंग स्पिड लगभग 27 दिनों की है जबकि ध्रुवों पर यह लगभग 36 दिन है।
- यह हर 250 मिलियन वर्षों में एक बार पूरी आकाशगंगा के चारों ओर एक परिक्रमा को पूरा करता है।
- सूर्य गैस की एक गेंद है और इसकी कोई ठोस सतह नहीं है।
- इसकी संरचना 91% हाइड्रोजन, 7.8% हीलियम और 1% अन्य गैसें हैं।
- हीलियम, सूर्य और ब्रह्मांड दोनों में दूसरा सबसे प्रचुर तत्व है, लेकिन पृथ्वी पर इसे खोजने के लिए बहुत कठिन है।
- इसमें अलग-अलग तापमान वाली अलग-अलग परतें होती हैं; कोरोना, फोटोस्फेयर, क्रोमोस्फीयर और कोर।
- क्रोमोस्फीयर में स्पाइक्सस नामक गैस के स्पाइक्स होते हैं।
- यह कुल सौर ग्रहणों के आरंभ और अंत में रंग की एक चमक के रूप में दिखाई देता है।
- प्रकाश क्षेत्र गैस की अपारदर्शी परत है जो सूर्य को ठोस बनाती है।
- यह प्रकाश उत्सर्जक करने के लिए भी जिम्मेदार है, और सबसे बाहरी परत, कोरोना की तुलना में ठंडा है।

- संक्रमण क्षेत्र क्रोमोस्फीयर और कोरोना के बीच एक बहुत ही संकीर्ण (60 मील / 100 किमी) की परत है जहां तापमान लगभग 8000 से लगभग 500,000 K तक बढ़ जाता है।
- कोरोना, सौर ऊर्जा के रूप में संदर्भित आवेशित कणों की एक धारा को छोड़ता है।
- सूर्य वर्तमान में अपने पीले बौने अवस्था में है।
- इसके पास रहने के लिए पर्याप्त परमाणु ईंधन है क्योंकि यह 5 बिलियन से अधिक वर्षों के लिए है। जब सभी हाइड्रोजन को जला दिया जाएगा, तो सूर्य लगभग 130 मिलियन वर्षों तक जारी रहेगा, हीलियम को जलाने के दौरान, यह उस समय तक अपना विस्तार करेगा की जब तक यह बुध और शुक्र और पृथ्वी को निगल नहीं लेगा। इस स्तर पर यह एक लाल विशालकाय गोला बन गया होगा।
- जब इसकी ऊर्जा (हाइड्रोजन) पूरी तरह से जल जाएगी, तो यह red giant में विस्तार करेगा। अपने red giant चरण के बाद, सूर्य अपने विशाल द्रव्यमान को बनाए रखेगा, लेकिन हमारे ग्रह की अनुमानित मात्रा से युक्त होगा। जब ऐसा होगा, तो इसे सफेद बौना कहा जाएगा।
- इसकी बाहरी परतें तब ढह जाएंगी, और यह सफेद बौना बन जाएगा।
- अंत में, यह एक मंद और शांत खगोलीय पिंड बन जाएगा जिसे काला बौना कहा जाएगा।
- सूर्य सौर मंडल के केंद्र में स्थित है, जहां यह अब तक की सबसे बड़ी वस्तु है। यह सौरमंडल के द्रव्यमान का 99.8 प्रतिशत है और पृथ्वी के व्यास का लगभग 109 गुना है – लगभग एक मिलियन पृथ्वी सूर्य के अंदर फिट हो सकती है।
- सूर्य का दृश्यमान हिस्सा लगभग 10,000 डिग्री Fahrenheit (5,500 डिग्री सेल्सियस) है, जबकि कोर में तापमान 27 मिलियन Fahrenheit (15 मिलियन सेल्सीयस) से अधिक तक पहुंच जाता है, जो परमाणु प्रतिक्रियाओं से संचालित होता है। नासा के अनुसार, सूर्य द्वारा उत्पादित ऊर्जा से मेल खाने के लिए हर सेकंड 100 बिलियन टन डायनामाइट विस्फोट करना होगा।
- मिल्की वे में सूर्य 100 बिलियन से अधिक सितारों में से एक है। यह गैलेक्टिक कोर से लगभग 25,000 प्रकाश वर्ष की परिक्रमा करता है, हर 250 मिलियन वर्ष या एक बार एक परिक्रमा को पूरा करता है।

- सूर्य अपेक्षाकृत युवा है, सितारों की एक पीढ़ी का हिस्सा जिसे जनसंख्या के रूप में जाना जाता है, जो कि हीलियम की तुलना में भारी तत्वों में अपेक्षाकृत समृद्ध हैं। तारों की एक पुरानी पीढ़ी को जनसंख्या II कहा जाता है, और जनसंख्या III की एक पुरानी पीढ़ी का अस्तित्व हो सकता है, हालांकि इस पीढ़ी के किसी भी सदस्य को अभी तक ज्ञात नहीं है।

गठन और विकास

सूरज का जन्म लगभग 4.6 बिलियन साल पहले हुआ था। कई वैज्ञानिकों को लगता है कि सूर्य और बाकी सौरमंडल एक विशालकाय गैस से बने हैं, जो गैस के घने बादल और सौर नेबुला के रूप में जाना जाता है। जैसे ही नेबुला अपने गुरुत्वाकर्षण के कारण ढह गया, यह तेजी से घूमने लगा और एक डिस्क में समतल हो गया। अधिकांश सामग्री को सूर्य बनाने के लिए केंद्र की ओर खींचा गया था।

सूरज के पास पर्याप्त परमाणु ईंधन है क्योंकि वह अब 5 अरब वर्षों से है। उसके बाद, यह एक red giant बनने के लिए प्रफुल्लित होगा। आखिरकार, यह अपनी बाहरी परतों को बहा देगा, और शेष कोर एक सफेद बौना बनने के लिए ढह जाएगी। धीरे-धीरे, यह फीका हो जाएगा, एक मंद, शांत सैद्धांतिक वस्तु के रूप में अपने अंतिम चरण में प्रवेश करने के लिए, जिसे कभी-कभी एक काले बौने के रूप में जाना जाता है।

आंतरिक संरचना और वातावरण

सूर्य और उसके वायुमंडल को कई क्षेत्रों और परतों में विभाजित किया गया है। सौर आंतरिक, अंदर से बाहर, कोर, विकिरण क्षेत्र और संवहन क्षेत्र से बना है। ऊपर का सौर वायुमंडल जिसमें प्रकाश क्षेत्र, क्रोमोस्फीयर, एक संक्रमण क्षेत्र और कोरोना होते हैं। इसके परे सौर हवा, कोरोना से गैस का एक बहिर्प्रवाह है।

कोर सूर्य के केंद्र से लेकर इसकी सतह के लगभग एक चौथाई भाग तक फैला हुआ है। यद्यपि यह केवल सूर्य के आयतन का लगभग 2 प्रतिशत बनाता है, यह लगभग 15 गुना घनत्व है और सूर्य के द्रव्यमान का लगभग आधा है। अगला विकिरण क्षेत्र है, जो सूर्य की सतह के लिए कोर से 70 प्रतिशत तक फैला हुआ है,

जो सूरज की मात्रा का 32 प्रतिशत और इसके द्रव्यमान का 48 प्रतिशत बनाता है। कोर से प्रकाश इस क्षेत्र में बिखर जाता है, जिससे एक सिंगल फोटॉन को गुजरने में अक्सर एक लाख साल लग सकते हैं।

संवहन क्षेत्र सूर्य की सतह तक पहुंचता है, और सूरज की मात्रा का 66 प्रतिशत बनाता है, लेकिन इसके द्रव्यमान का केवल 2 प्रतिशत से थोड़ा अधिक है। इस क्षेत्र में गैस की “संवहन कोशिकाएं” होती हैं। दो मुख्य प्रकार के सौर संवहन सेल्स मौजूद हैं – granulation cells लगभग 600 मील (1,000 किलोमीटर) चौड़ी और supergranulation cells व्यास में लगभग 20,000 मील (30,000 किमी)।

प्रकाशमंडल सूर्य के वातावरण की सबसे निचली परत है, और हम जो प्रकाश देखते हैं, उसका उत्सर्जन करते हैं। यह लगभग 300 मील (500 किमी) मोटी है, हालाँकि अधिकांश प्रकाश इसके सबसे निचले तीसरे भाग से आता है। Photosphere में तापमान 11,000 F (6,125 C) से नीचे 7,460 F (4,125 C) तक है। अगला Chromosphere है, जो गर्म है, जो 35,500 F (19,725 C) तक है, और यह स्पष्ट रूप से पूरी तरह से स्पाइकी संरचनाओं से बना है, जिसे आमतौर पर लगभग 600 मील (1,000 किमी) और 6,000 मील (10,000 किमी) तक ऊँचा माना जाता है। ।

उसके बाद संक्रमण क्षेत्र कुछ सौ से कुछ हज़ार मील मोटा होता है, जिसे ऊपर के कोरोना द्वारा गर्म किया जाता है और इसके अधिकांश प्रकाश को अल्ट्रावायलेट किरणों के रूप में बहाया जाता है। टॉप पर सुपर-हॉट कोरोना है, जो संरचनाओं से बना है जैसे कि आयनित गैस की लूप और धाराएं। कोरोना आमतौर पर 900,000 F (500,000 C) से लेकर 10.8 मिलियन F (6 मिलियन C) तक का होता है और solar flare पर करोड़ों लाख डिग्री तक भी पहुंच सकता है। सौर हवा के रूप में कोरोना से पदार्थ उड़ा दिया जाता है।

चुंबकीय क्षेत्र

सूर्य के चुंबकीय क्षेत्र की ताकत आमतौर पर पृथ्वी के क्षेत्र से लगभग दोगुनी मजबूत होती है। हालांकि, यह छोटे क्षेत्रों में अत्यधिक केंद्रित हो जाता है, सामान्य से 3,000 गुना अधिक तक पहुंच जाता है। चुंबकीय क्षेत्र में ये kinks और twists विकसित होते हैं क्योंकि उच्च अक्षांश पर सूर्य भूमध्य रेखा पर अधिक तेजी से घूमता है और क्योंकि सूर्य के अंदरूनी हिस्से सतह की तुलना में अधिक तेजी से

घूमते हैं। ये विकृतियां सनस्पॉट से लेकर शानदार विस्फोटों तक की विशेषताएं बनाती हैं जिन्हें flares और coronal mass ejections के रूप में जाना जाता है।

सौर प्रणाली में फ्लेयर्स सबसे अधिक हिंसक विस्फोट होते हैं, जबकि कोरोनल मास इजेक्शन कम हिंसक होते हैं, लेकिन इसमें असाधारण मात्रा में पदार्थ शामिल होते हैं – एक सिंगल इजेक्शन अंतरिक्ष में लगभग 20 बिलियन टन (18 बिलियन मीट्रिक टन) का द्रव्यमान उछाल सकता है।

रासायनिक संरचना

अधिकांश अन्य सितारों की तरह, सूर्य ज्यादातर हाइड्रोजन से बना है, उसके बाद हीलियम है। लगभग सभी शेष पदार्थों में सात अन्य एलिमेंट्स शामिल हैं – ऑक्सीजन, कार्बन, नियॉन, नाइट्रोजन, मैग्नीशियम, आर्यन और सिलिकॉन।

सूर्य में हाइड्रोजन के हर 1 मिलियन परमाणुओं के लिए, 98,000 हीलियम, 850 ऑक्सीजन, 360 कार्बन, 120 नियॉन, 110 नाइट्रोजन, 40 मैग्नीशियम, 40 आर्यन और 35 सिलिकॉन हैं। फिर भी, हाइड्रोजन सभी एलिमेंट्स में सबसे हल्का है, इसलिए यह केवल सूर्य के द्रव्यमान का लगभग 72 प्रतिशत है, जबकि हीलियम लगभग 26 प्रतिशत बनाता है।

Sunspots and solar cycles

सनस्पॉट सूर्य की सतह पर अपेक्षाकृत शांत, डार्क होते हैं जो अक्सर लगभग गोलाकार होते हैं। वे वहां निकलते हैं जहां चुंबकीय क्षेत्र लाइनों के घने बंडल होते हैं जब सतह पर सूरज के आंतरिक फूटते हैं।

सनस्पॉट्स की संख्या सौर चुंबकीय गतिविधि के रूप में भिन्न होती है – इस संख्या में परिवर्तन, न्यूनतम शून्य से भी अधिकतम 250 सनस्पॉट या क्लस्टर और फिर एक न्यूनतम, इसे सौर चक्र के रूप में जाना जाता है, और यह औसत 11 साल लंबा होता हैं। एक चक्र के अंत में, चुंबकीय क्षेत्र तेजी से अपनी ध्रुवीयता को उलट देता है।

अवलोकन और इतिहास

प्राचीन संस्कृतियों ने अक्सर सूर्य और चंद्रमा की गति को चिह्नित करने के लिए प्राकृतिक रॉक संरचनाओं या निर्मित पत्थर के स्मारकों को संशोधित किया,

मौसमों को चार्ट किया, कैलेंडर बनाया और ग्रहणों की निगरानी की। कई लोगों का मानना था कि सूर्य पृथ्वी के चारों ओर घूमता है, प्राचीन यूनानी विद्वान टॉलेमी ने 150 ई.पू. में इस "भूगर्भिक" मॉडल को औपचारिक रूप दिया। फिर, 1543 में, निकोलस कोपर्निकस ने सौर मंडल के एक सहायक, सूर्य-केंद्रित मॉडल का वर्णन किया और 1610 में, गैलीलियो गैलीली ने बृहस्पति के चंद्रमाओं की खोज से पता चला कि सभी पृथ्वी का चक्कर नहीं लगाते हैं।

रॉकेट के उपयोग से शुरुआती टिप्पणियों के बाद सूरज और अन्य तारे कैसे काम करते हैं, इसके बारे में अधिक जानने के लिए, वैज्ञानिकों ने पृथ्वी की कक्षा से सूर्य का अध्ययन करना शुरू किया। नासा ने 1962 और 1971 के बीच ऑर्बिटिंग सोलर ऑब्जर्वेटरी के नाम से जानी जाने वाली आठ परिक्रमा करने वाली प्रयोगशालाओं की एक श्रृंखला शुरू की। उनमें से सात सफल रहीं, और अल्ट्रावायलेट और एक्स-रे तरंग दैर्ध्य में सूर्य का विश्लेषण किया और अन्य उपलब्धियों के बीच सुपर-हॉट कोरोना की तस्वीर ली।

1990 में, नासा और यूरोपीय अंतरिक्ष एजेंसी ने अपने ध्रुवीय क्षेत्रों की पहली टिप्पणियों को बनाने के लिए Ulysses जांच शुरू की। 2004 में, नासा के Genesis अंतरिक्ष यान ने अध्ययन के लिए सौर हवा के नमूने पृथ्वी पर भेजे।

2007 में, नासा के डबल-स्पेसक्राफ्ट Solar Terrestrial Relations Observatory (STEREO) मिशन ने सूरज की पहली 3D इमेजेज को भेजा। नासा ने 2014 में STEREO-B के साथ संपर्क खो दिया, जो 2016 में एक संक्षिप्त अवधि को छोड़कर संपर्क से बाहर रहा। STEREO-A पूरी तरह कार्यात्मक है।

अब तक के सबसे महत्वपूर्ण सौर मिशनों में से एक Solar and Heliospheric Observatory (SOHO) है, जिसे सौर हवा, साथ ही सूरज की बाहरी परतों और आंतरिक संरचना का अध्ययन करने के लिए डिज़ाइन किया गया था। इसने सतह के नीचे धब्बों की संरचना की नकल की है, सौर हवा के त्वरण को मापा, कोरोनल तरंगों और सौर बवंडर की खोज की, 1,000 से अधिक धूमकेतु पाए, और अंतरिक्ष के मौसम की भविष्यवाणी करने की हमारी क्षमता में क्रांति ला दी।

हाल ही में, नासा के Solar Dynamics Observatory (SDO), जो अभी तक सूर्य का अध्ययन करने के लिए डिज़ाइन किया गया सबसे एडवांस अंतरिक्ष यान है, ने सूरज से निकलने वाले और दूर से मटेरियल स्ट्रीमिंग के पहले कभी नहीं देखे गए विवरणों के साथ-साथ सूर्य की गतिविधि के चरम क्लोज़-अप फोटो को भी भेजा है।

अगले कुछ वर्षों में सूर्य का निरीक्षण करने के लिए अन्य मिशनों की योजना है। यूरोपीय अंतरिक्ष एजेंसी की Solar Orbiter 2018 में लॉन्च होगी, और 2021 तक सूर्य के चारों ओर परिचालन कक्षा में होगी। सूर्य के लिए इसका निकटतम दृष्टिकोण 26 मिलियन मील (43 मिलियन किमी) होगा – बुध की तुलना में करीब 25 प्रतिशत। Solar Orbiter सूर्य के अपेक्षाकृत करीब एक वातावरण में कणों, प्लाज्मा और अन्य वस्तुओं को देखेंगे, इससे पहले कि इन चीजों को सौर मंडल में ले जाया जाए। सौर सतह और सौर हवा को बेहतर ढंग से समझना लक्ष्य है।

5

बुध ग्रह(Mercury)

MERCURY

Mercury Planet जिसे बुध ग्रह के नाम से भी जाना जाता है, सूर्य के सबसे निकटतम ग्रहो में से एक है|

सूर्य के सबसे निकट होने के कारण Mercury सौरमंडल के सभी 8 ग्रहो में से दूसरा सबसे गर्म ग्रह (Mercury Planet Facts in Hindi) है| आपकी जानकारी के लिए बता दे - सौरमंडल का सबसे गर्म ग्रह शुक्र ग्रह है|

बुध ग्रह के गठन, स्थान, गति, संरचना, जीवन के अस्तित्व के बारे में कई विज्ञानिको ने निरंतर प्रयास किए है व् इस ग्रह से जुडी हैरान कर देने वाली बहुत सी रोचक खोज को विश्व के सामने रखा| जिस से हमें Mercury Planet को समझने में बहुत मदद मिली है|

- बुध एक स्थलीय ग्रह है जिसका चुंबकीय क्षेत्र पृथ्वी के चुंबकीय क्षेत्र का मात्र 1% है|
- बुध का व्यास 4,879 KM है, जो इसे सौरमंडल का सबसे छोटा ग्रह बनाता है और यह आकार में, पृथ्वी के चंद्रमा के बराबर है|
- सौरमंडल में बुध और शुक्र एकमात्र ऐसे ग्रह हैं जिनका कोई प्राकृतिक उपग्रह या चंद्रमा नहीं है|
- Mercury का नाम रोमन दूत देवताओं के नाम पर रखा गया है और इस गृह का ये नाम इसे इसकी तीव्र घूर्णन गति के कारण दिया गया था|
- बुध को पृथ्वी के बाद दूसरा सबसे घना ग्रह (खनिज की अधिकता) कहाँ जाता है। यह मुख्य रूप से भारी धातुओं और चट्टान की विशाल सरचना से बना ग्रह है|
- Mercury की सतह में तीन महत्वपूर्ण परतें हैं, जिनके नाम क्रमश: क्रेटर, मैदान और चट्टान है|
- वैज्ञानिकों का कहना है कि Mercury की सतह पृथ्वी के चंद्रमा कि सतह से मिलती जुलती है|
- बुध को सुबह या शाम का तारा भी कहा जाता है क्योंकि यह सूर्योदय से ठीक पहले और सूर्यास्त के ठीक बाद आसमान में दिखाई देता है|
- बुध सौरमंडल के उन पांच ग्रहों में से एक है जो आकाश में नग्न आंखों से देखे जा सकते है| अन्य चार हैं - शुक्र, मंगल, बृहस्पति और शनि
- क्या आप जानते हैं कि बुध का बाहरी आवरण केवल 400 KM मोटा है|
- बुध ग्रह का वायुमंडल मौसम रहित है, उदाहरण के तोर पर बुध ग्रह के वायुमंडल में पृथ्वी कि तरह मौसमी घटनाए नहीं होती|
- बुध ग्रह को सूर्य के चारों ओर एक एकल कक्षा को पूरा करने में लगभग 88 पृथ्वी दिन लगते हैं|
- Mercury Planet की सतह पर कुछ प्राचीन लावा क्षेत्रों की उपस्थिति से पता चलता है कि अतीत में बुध पर ज्वालामुखी गतिविधि रही थी|
- सौरमंडल में सबसे कम गोलाकार और सबसे विलक्षण कक्षा बुध ग्रह की है|
- बुध ग्रह सतह के नीचे पृथ्वी कि तरह ही टेकटोनिक प्लेट सक्रिय है, जिसके कारण इस ग्रह पर भी भूकंप से जुडी घटनाए होती रहती है|
- बुध ग्रह का सूर्य के चारों ओर कक्षा का आकार 57,909,227 किमी व् Orbit Velocity 170,503 किमी / घंटा है|

- बुध ग्रह का आयतन 60,827,208,742 घन किमी और गृह का भार लगभग 330,104,000,000,000,000,000,000 किलोग्राम है|
- बुध ग्रह का घनत्व 5.427 ग्राम प्रति घन सेंटीमीटर और सतह का गुरुत्वकर्षण बल 3.7 Per Second Square Meter है|
- Mercury Planet का औसत तापमान -173 से 427 डिग्री सेल्सियस के बीच बना रहता है|
- इतिहासकारों के अनुसार बुध ग्रह कि खोज 14 वीं शताब्दी ई|पू| में असीरियन खगोलविदों द्वारा कि गई थी|
- बुध ग्रह का वजन पृथ्वी के वजन का मात्र 38% है|
- बुध की सतह पर एक दिन पृथ्वी दिवस के अनुसार176 दिन का होता है व् बुध पर एक साल सिर्फ 88 दिन लंबा होता है|
- बुध पर एक सौर दिन (ग्रह की सतह पर दोपहर से दोपहर तक का समय) 176 पृथ्वी दिनों के बराबर रहता है जबकि एक निश्चित बिंदु के संबंध में 1 रोटेशन का समय 59 पृथ्वी दिन तक रहता है|
- बुध ग्रह की सूर्य से दूरी 46 से 70 मिलियन किमी के साथ सभी ग्रहों की उच्चतम कक्षीय विलक्षणता दुरी है|
- बुध ग्रह कि सतह पर अजीब तरह कि झुर्रियाँ पाई जाती है| उदहारण के तोर पर बुध ग्रह पर अत्यधिक गर्मी के कारण जैसे-जैसे ग्रह का लोहा सिकुड़ना शुरू हुआ, ग्रह की सतह झुर्रीदार बनती चली गई|
- बुध ग्रह कि इन झुर्रियो को Lobate Scarps के नाम से जाना जाता है और ये झुर्रियाँ एक मील तक ऊँची और सैकड़ों मील लंबी हो सकती हैं|
- हाल के वर्षों में NASA के वैज्ञानिकों ने माना है कि Mercury का ठोस लोहा कोर वास्तव में पिघला हुआ हो सकता है, आपकी जानकारी के लिए बता दे आम तौर पर छोटे ग्रहों का कोर तेजी से ठंडा होता है और 1 % ही सम्भावना होती है कि लोहा कोर पिघला निकले लेकिन बुध पर सब इसके उलट है|
- बुध कि सतह पर बड़े बड़े गड्ढे पाए गए है व् इन गड्ढो के बनने का कारण, क्षुद्रग्रहों और धूमकेतुओं का बुध के साथ टकराव सम्बंधित खगोलीय घटनाए है|
- Mercury Planet के सबसे बड़े गड्ढे का आकार जो लगभग 1,550 किमी व्यास का है और इसे 1974 में Mariner 10 जांच द्वारा खोजा गया था|
- बुध ग्रह पर पाए जाने वाले 250 किलोमीटर से अधिक बड़े गड्ढे को बेसिन कहा जाता है|

- सूर्य से अपनी निकटता के कारण, बुध ग्रह पर मानव रहित अंतरिक्ष यानो को भेजना बेहद कठिन काम है| आपकी जानकारी के लिए बता दे, Mercury Planet पर अब तक सिर्फ 2 ही अंतरिक्ष यानो को भेजा गया है|
- बुध ग्रह पर सर्वप्रथम 1970 में पहला अंतरिक्ष यान भेजा गया था|
- बुध ग्रह कि घूर्णन कि स्थिति में, सूर्य के सबसे निकटतम सतह का अधिकतम तापमान 427 ° C तक चला जाता है|
- Mercury Planet का गुरुत्वकर्षण पृथ्वी के गुरुत्वकर्षण का सिर्फ 38% है|
- Mercury Planet के वायुमंडल में नाइट्रोजन, हीलियम जैसी गैसों की अधिकता है|
- वैज्ञानिकों द्वारा किए गए अवलोकन और आंकड़ों के अनुसार, बुध ग्रह आकार में लगातार सिकुड़ रहा है| उदाहरण के तोर पर बुध ग्रह के निर्माण से अब तक यह ग्रह 1|5 किमी व्यास जितना सिकुड़ चूका है|
- Mariner 10 अंतरिक्ष यान 3 नवंबर 1973 को फ्लोरिडा के केप कैनावेरल से उड़ा था|

6

शुक्र ग्रह(Venus)

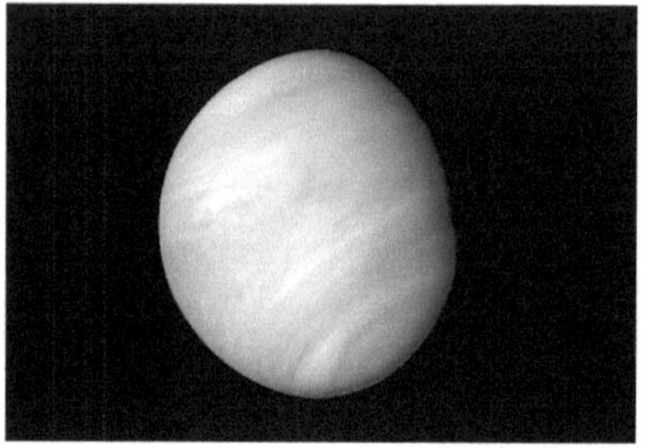

VENUS

शुक्र ग्रह हमारे सौर-मंडल का एक ग्रह है जो सूर्य से निकटतम दूरी के क्रम में दूसरे स्थान पर है, पहले पर बुध ग्रह है। शुक्र लगभग आकार में हमारे ग्रह पृथ्वी जैसा ही है।

रात में आकाश में आप देखें जो चंद्रमा के बाद जो सबसे ज्यादा चमकने वाला कोई आकाशिये पिंड है तो वह शुक्र ग्रह ही है। शुक्र और हमारी धरती का द्रव्यमान भी एकदम समान ही है और इसी कारण शुक्र को कई बार पृथ्वी की बहन भी कहा जाता है।

सबसे गर्म ग्रह – The Hottest Planet Of Solar System

Venus हमारे Solar-System का सबसे गर्म ग्रह है, वैसे तो सूर्य से दूरी के हिसाब से तो बुध ग्रह को सबसे गर्म होना चाहिए पर शुक्र ग्रह का Atmosphere ही ऐसा है जो वहां की सतह को नर्क बना देता है। यह इतना गर्म ग्रह है कि इस पर हम किसी भी मानव मिशन को नहीं भेज सकते हैं, अभी हमारे पास ऐसी कोई खास तकनीक भी नहीं है जिससे हम इस ग्रह की सतह पर कोई प्रोब (Probe) भी उतार सके...प्यार की देवी के नाम से नामकरण हासिल करने वाले इस ग्रह के बारे में आप और अधिक इस लेख में जानेंगे|

शुक्र लगभग आकार में हमारे ग्रह पृथ्वी जैसा ही है। यह हमारे Solar-System का सबसे गर्म ग्रह है। यह इतना गर्म ग्रह है कि अभी के तकनीक के हिसाब से, इस पर हम किसी भी मानव मिशन को नहीं भेज सकते। इसका वातावरण घने ग्रीनहाउस गैसों जैसे कि कार्बन डाइऑक्साइड एवं सल्फर डाइऑक्साइड से मिलकर बना हुआ है।

चूँकि शुक्र एक अवर ग्रह है इसलिए पृथ्वी से देखने पर यह कभी सूर्य से दूर नज़र नहीं आता है: इसका प्रसरकोण 47.8 डिग्री के अधिकतम तक पहुँचता है। शुक्र सूर्योदय से पहले या सूर्यास्त के बाद केवल थोड़ी देर के लिए ही अपनी अधिकतम चमक पर पहुँचता है। यहीं कारण है जिसके लिए यह प्राचीन संस्कृतियों के द्‌वारा सुबह का तारा या शाम का तारा के रूप में संदर्भित किया गया है।

शुक्र एक स्थलीय ग्रह के रूप में वर्गीकृत है और समान आकार, गुरुत्वाकर्षण और संरचना के कारण कभी कभी उसे पृथ्वी का "बहन ग्रह" कहा गया है। शुक्र आकार और दूरी दोनों मे पृथ्वी के निकटतम है। हालांकि अन्य मामलों में यह पृथ्वी से एकदम अलग नज़र आता है। शुक्र सल्फ्यूरिक एसिड युक्त अत्यधिक परावर्तक बादलों की एक अपारदर्शी परत से ढँका हुआ है। जिसने इसकी सतह को दृश्य प्रकाश में अंतरिक्ष से निहारने से बचा रखा है। इसका वायुमंडल चार स्थलीय ग्रहों मे सघनतम है और अधिकाँशतः कार्बन डाईऑक्साइड से बना है। ग्रह की सतह पर वायुमंडलीय दबाव पृथ्वी की तुलना मे 92 गुना है। 735° K (462°C,863°F) के औसत सतही तापमान के साथ शुक्र सौर मंडल मे अब तक का सबसे तप्त ग्रह है।

कार्बन को चट्टानों और सतही भूआकृतियों में वापस जकड़ने के लिए यहाँ कोई कार्बन चक्र मौजूद नही है और ना ही ज़ीवद्रव्य को इसमे अवशोषित करने के लिए कोई कार्बनिक जीवन यहाँ नज़र आता है। शुक्र पर अतीत में महासागर हो सकते है लेकिन अनवरत ग्रीनहाउस प्रभाव के कारण बढ़ते तापमान के साथ

वह वाष्पीकृत होते गये होंगे। पानी की अधिकांश संभावना प्रकाश-वियोजित (Photodissociation) रही होने की, व, ग्रहीय चुंबकीय क्षेत्र के अभाव की वजह से, मुक्त हाइड्रोजन सौर वायु द्वारा ग्रहों के बीच अंतरिक्ष में बहा दी गई है। शुक्र की भूमी बिखरे शिलाखंडों का एक सूखा मरुद्यान है और समय-समय पर ज्वालामुखीकरण द्वारा तरोताजा की हुई है।

शुक्र ग्रह को प्रागैतिहासिक काल से जाना जाता। यह आकाश में सूर्य और चन्द्रमा के बाद सबसे ज़्यादा चमकिला ग्रह / पिंड है। बुध के जैसे ही इसे भी दो नामो भोर का तारा (यूनानी : Eosphorus) और शाम का तारा / आकाशीय पिण्ड के (यूनानी : Hesperus) नाम से जाना जाता रहा है। ग्रीक खगोलशास्त्री जानते थे कि यह दोनो एक ही है। शुक्र भी एक आंतरिक ग्रह है, यह भी चन्द्रमा की तरह कलाये प्रदर्शित करता है। गैलेलीयो द्वारा शुक्र की कलाओं के निरिक्षण कोपरनिकस के सूर्यकेन्द्री सौरमंडल सिद्धांत के सत्यापन के लिये सबसे मज़बूत प्रमाण दिये थे।

यह सूर्य की परिक्रमा 224 दिन में करता है और सूर्य से इसका परिक्रमा पथ 108200000 किलोमीटर लम्बा (कक्षा : 0.72 AU या 108,200,000 किमी) है। शुक्र ग्रह व्यास 121036 किलोमीटर और द्रव्यमान 4.869e24 किग्रा है। इसकी कक्षा लगभग वृत्ताकार है। यह अन्य ग्रहों के विपरीत दक्षिणावर्त (Anticlockwise) चक्रण करता है।

शुक्र का घुर्णन काफ़ी अजीब है क्योंकि यह काफ़ी धीमा है। वह एक घुर्णन करने में 243 पृथ्वी दिवस लगाता है मतलब कि शुक्र का एक दिन पृथ्वी के 243 दिनो के बराबर होता है। जो कि शुक्र के सुर्य की परिक्रमा में लगने वाले समय से भी थोडा ज़्यादा है। शुक्र पर एक शुक्र दिन शुक्र के एक वर्ष से बड़ा होता है। शुक्र की परिक्रमा और घुर्णन में इतने समकालिक है कि पृथ्वी से शुक्र का केवल एक ही हिस्सा दिखायी देता है।

शुक्र पर वायुदाब भी पृथ्वी के वायुमंडल दबाव से 90 गुना है। जोकि पृथ्वी पर सागरसतह से 1 किमी गहराई के तुल्य है। वायुमंडल में सर्वाधिक कार्बन डाई आक्साइड की मात्रा पाई जाती है। शुक्र के यह कई किलोमिटर मोटे सल्फ्युरिक अम्ल के बादलो से घीरा हुआ है। यह बादल शुक्र ग्रह की सतह ढंक लेते है जिससे हम उसे देख नहीं पाते हैं। इस वातावरण से शुक्र पर ग्रीनहाउस प्रभाव पडता है जो कि तापमान को 400 सेल्सीयस से 740 सेल्सीयस तक बढा देता है। इस तापमान पर सीसा भी पिघल जाता है। शुक्र की सतह बुध की सतह से भी ज़्यादा गर्म है, जबकि शुक्र बुध की तुलना में सूर्य से दूगनी दूरी पर है। शुक्र के बादलो में उपरी

सतह में लगभग 350 किमी प्रति घण्टा की गति से हवायें चलती है जबकि निचली सतह में ये कुछ ही किमी प्रति घण्टा की गति से चलती है। शुक्र पर किसी समय पानी उपस्थित था जो उबलकर अंतरिक्ष में चला गया। शुक्र अब काफ़ी सूखा ग्रह है। पृथ्वी यदि सूर्य से कुछ और नजदिक (कुछ किमी) होती तब पृथ्वी का भी यही हाल होता।

शुक्र की सतह से अधिकांश रोलिंग मैदानों हैं। वहां काफ़ी सारे समुद्र जैसे गहरे क्षेत्र है जैसे अटलांटा, गुयेनेवेरे, लावीनिया। कुछ उंचे पठारी क्षेत्र है जैसे ईश्तर पठार जो उत्तरी गोलार्ध में है और आस्ट्रेलीया के आकार का है; अफ्रोदीते पठार जो भूमध्यरेखा पर है और दक्षिण अमरीका के आकार का है। इश्तर पठार का क्षेत्र उंचा है, इसमे एक क्षेत्र लक्ष्मी प्लेनम है जो शुक्र के पर्वतो से घीरा है। इनमे से एक महाकाय पर्वत मैक्सवेल मान्टेस है।

मैग्लेन यान से प्राप्त आंकड़े बताते है कि शुक्र की सतह का अधिकतर भाग लावा प्रवाह से ढंका है। उस पर काफ़ी सारे मृत ज्वालामुखी है जैसे सीफ मान्स। हाल ही में प्राप्त आंकड़े बताते है कि शुक्र अभी भी ज्वालामुखी सक्रिय है लेकिन कुछ ही क्षेत्रो मे; अधिकतर भाग लाखो वर्षो से शांत है। शुक्र पर छोटे क्रेटर नहीं है। ऐसा प्रतित होता है कि उल्काये शुक्र के वातावरण में सतह से टकराने से पहले ही जल जाती है। शुक्र की सतह पर क्रेटर गुच्छो में है जो यह बताती है कि बड़ी उल्का सतह से टकराने से पहले छोटे टूकड़ो में बंट जाती है। शुक्र के प्राचीनतम क्षेत्र 8000 लाख वर्ष पूराने है। ज्वालामुखीयो ने शुक्र के पुराने बड़े क्रेटरो को भर दिया है। शुक्र का अंतरिक भाग पृथ्वी जैसा है, 3000 किमी त्रिज्या की लोहे का केन्द्र; उसके आसपास पत्थर की परत। ताजा आंकड़ो के अनुसार शुक्र की पपड़ी ज़्यादा मोटी और मज़बूत है। पृथ्वी के जैसे ही शुक्र पर सतह पर दबाव बनता है और भूकंप आते हैं।शुक्र का व्यास (पृथ्वी के व्यास का 95 %), द्रव्यमान (पृथ्वी के द्रव्यमान का 80 %) एवं आकार पृथ्वी से थोड़ा ही छोटा है। दोनो ग्रहो में क्रेटर (उल्कापार से बने विशाल गढ्ढे) कम है। दोनो का घनत्व और रासायनिक संयोजन समान है। इन समानताओ से यह सोचा जाता था कि बादलो के निचे शुक्र ग्रह पृथ्वी के जैसे होगा और शायद वहां पर जिवन होगा। लेकिन बाद के निरिक्षणो से ज्ञात हुआ कि शुक्र पृथ्वी से काफ़ी अलग है और यहां जिवन की संभावना न्युनतम है।

इतिहास

प्राचीन काल से ही खगोल वैज्ञानिकों को इस ग्रह की जानकारी थी। ग्रीक मिथको के अनुसार शुक्र ग्रह प्रेम और सुंदरता की देवी है। यह नाम शुक्र ग्रह के सभी ग्रहो में सबसे ज़्यादा चमकिले होने के कारण दिया गया है। (इसे यूनानी में Aphrodite तथा बेबीलोन निवासी में Ishtar कहते थे।) हिन्दू मिथको / पुराणों के अनुसार शुक्र असुरो के गुरु है। इनके पिता का नाम कवि और इनकी पत्नी का नाम शतप्रभा है। दैत्य गुरु शुक्र दैत्यों की रक्षा करने हेतु सदैव तत्पर रहते हैं। ये बृहस्पति की तरह ही शास्त्रों के ज्ञाता, तपस्वी और कवि हैं। इन्हें सुंदरता का प्रतीक माना गया है।

1962 में शुक्र ग्रह की यात्रा करने वाला पहला अंतरिक्ष यान मैरीनर 2 था। उसके बाद 20 से ज़्यादा शुक्र ग्रह की यात्रा पर जा चुके हैं; जिसमे पायोनियर, वीनस और सोवियत यान वेनेरा 7 है जो कि किसी दूसरे ग्रह पर उतरने वाला पहला यान था। 1966 में, सोवियत संघ का वेनेरा 3 अंतरिक्ष यान शुक्र पर जानेवाला सबसे पहला मानव निर्मित यान था। साल 2020 की बाद नासा एवं रूस की स्पेस एजेंसी एक साथ मिलकर शुक्र ग्रह पर मिशन भेजने कि तयारी कर रहे हैं।

शुक्र ग्रह से जुड़े रोचक तथ्य

- शुक्र ग्रह की चमकीलापन के वजह से सुंदरता और प्यार की देवी के नाम से जाना जाता है। (इसे यूनानी मे Aphrodite तथा बेबीलोन निवासी मे Ishtar कहते थे।) चांद के बाद कोई सबसे चमकीला है तो वो यही ग्रह है।
- इसका एक दिन 243 पृथ्वी के दिन के बराबर है जो कि शुक्र के एक वर्ष से कुछ ज्यादा है। इसका घुर्णन विचित्र है, यह काफी धीमा है। इसलिए पृथ्वी एवं शुक्र को जुड़वा ग्रह भी कहा जाता है, लेकिन शुक्र में जीवन की बहुत कम सम्भावना हैं।
- शुक्र पृथ्वी दोनो की सतह मे क्रेटर कम है और सतह अपेक्षाकृत नयी है। इसका घनत्व तथा रासायनिक संरचना समान है।
- शुक्र गृह का अधिकतम तापमान 450◦ सेल्सियस छू जाता है। वहां का वायुमंडल इतना गर्म है कि कोई भी बाहरी वस्तु को पल भार में जला देती है। इसके वायुमंडल को सौर मंडल का सबसे घना वायुमंडल माना गया है।
- शुक्र एक ऐसा ग्रह है जो पृथ्वी एवं दूसरे ग्रहों की मुकाबले उलटे दिशा में सूर्य की परिक्रमा करता है।

- सौर मण्डल का सबसे चमकदार और गर्म ग्रह शुक्र ग्रह है।
- शुक्र ग्रह अपने पतले वायुमंडल और ग्रीन हाउस प्रभाव की वजह से सबसे गर्म ग्रह है।
- शुक्र ग्रह के वायुमंडल में कार्बन डाईऑक्साइड सबसे अधिक मात्रा में है।
- शुक्र ग्रह की ऊपर वाली लेयर सल्फ्यूरिक एसिड और सल्फर डाइऑक्साइड के बादलों से इस ग्रह को ढके हुए हैं, जिसकी वजह से शुक्र ग्रह पर अम्ल वर्षा (एसिड रेन) हमेशा होती रहती है।
- शुक्र ग्रह में वायुमंडल का दवाब पृथ्वी के मुकाबले 92 गुना ज्यादा है।
- सूर्य का प्रकाश शुक्र ग्रह तक पहुंचने में 6 मिनिट लेता है और पृथ्वी तक पहुंचने में 8 मिनिट।
- शुक्र ग्रह को पृथ्वी की छोटी बहिन माना जाता है। क्योंकि दोनों का आकार कक्षा और संरचना लगभग बराबर है।
- पृथ्वी का व्यास 12742 किलोमीटर है और शुक्र ग्रह का 12104 किलोमीटर है।
- शुक्र ग्रह का द्रव्यमान पृथ्वी के द्रव्यमान का 81% है।
- शुक्र ग्रह की कोर पृथ्वी की तरह पिघली हुई है।
- NASA का मानना है कि 3 बिलियन साल पहले शुक्र ग्रह का तापमान पृथ्वी के जैसा ही था।
- शुक्र ग्रह की सूर्य से दूरी 10 करोड़ 82 लाख किलोमीटर है और ध्रुवीय व्यास 12,104 किलोमीटर है।
- शुक्र ग्रह का एक साल पृथ्वी के 224.7 दिन के बराबर है।
- शुक्र ग्रह का द्रव्यमान 4,867,320,000,000,000 अरब किलोग्राम है।
- शुक्र ग्रह करीब साढ़े 4 अरब साल पुराना है।
- इस ग्रह का कोई भी उपग्रह नहीं है और ना ही शुक्र ग्रह पर शनि ग्रह की तरह कोई वलय है।
- शुक्र ग्रह को पृथ्वी से बिना किसी टेलिस्कोप से देखा जा सकता है वो भी नंगी आखों से।
- शुक्र ग्रह पर सल्फ्यूरिक एसिड (Sulphuric Acid) के बादल बने हुए हैं जिसके कारण शुक्र ग्रह का रंग हल्का पीला दिखाई देता है।
- शुक्र ग्रह का नाम एक महिला के नाम पर है, यह प्यार और सुंदरता के प्रतीक रोमन देवता Venus के नाम पर रखा गया है।

- शुक्र ग्रह पर 1600 से भी ज्यादा ज्वालामुखी हैं जो बाकि ग्रहों की तुलना में कहीं अधिक है।
- शुक्र ग्रह पर हवाओं की गति 724 KM/घंटा तक पहुंच जाती है जो कि पृथ्वी के किसी भी बवंडर से ज्यादा है।
- अभी तक शुक्र ग्रह पर मनुष्य द्वारा निर्मित कोई चीज 127 मिनिट से ज्यादा नहीं टिक पाई है।
- इसकी सतह इतनी गर्म है कि एक 16 इंच का पिज्जा 7 सेकंड में बन जाये।
- यदि आपका वजन पृथ्वी पर 100 किलो है तो वहां पर आपका वजन 90 किलो ही होगा।

7

पृथ्वी(Earth)

EARTH

पृथ्वी सूर्य से तीसरा ग्रह और ज्ञात ब्रह्माण्ड में एकमात्र ग्रह है जहाँ जीवन उपस्थित है। यह सौर मंडल में सबसे घना और चार स्थलीय ग्रहों में सबसे बड़ा ग्रह है। रेडियोधर्मी डेटिंग और साक्ष्य के अन्य स्त्रोतों के अनुसार पृथ्वी की आयु लगभग 4.54 बिलियन साल है। पृथ्वी की गुरुत्वाकर्षण में अन्य पिंड के साथ परस्पर प्रभावित रहती है विशेष रूप से सूर्य और चन्द्रमा से जो पृथ्वी का एकमात्र

प्राकृतिक उपग्रह है।

सूर्य के चारों ओर परिक्रमण के दौरान पृथ्वी अपनी कक्षा में 365 बार घुमती है। इस तरह से पृथ्वी का एक साल लगभग 365.26 दिन लंबा होता है। पृथ्वी के परिक्रमण के दौरान इसकी धुरी में झुकाव होता है जिसकी वजह से ही ग्रह की सतह पर मौसमी विविधताएँ पाई जाती हैं।

पृथ्वी और चन्द्रमा के मध्य गुरुत्वाकर्षण की वजह से समुद्र में ज्वार-भाटे आते हैं यह पृथ्वी को इसकी अपने अक्ष पर स्थिर करता है तथा इसके परिक्रमण की धीमा कर देता है। पृथ्वी सिर्फ मानव का ही नहीं अपितु अन्य लाखों प्रजातियों का भी घर है और साथ ही ब्रह्मांड में एकमात्र वह स्थान है जहाँ पर जीवन का अस्तित्व पाया जाता है।

इसकी सतह पर जीवन का प्रस्फुटन लगभग एक अरब साल पहले प्रकट हुआ। पृथ्वी पर जीवन की उत्पत्ति के लिए आदर्श दशाएं न सिर्फ पहले से उपलब्ध थीं बल्कि जीवन की उत्पत्ति के बाद से विकास क्रम में जीवधारियों ने इस ग्रह के वायुमंडल और अन्य अजैवकीय परिस्थितियों को भी बदला है और इसके पर्यावरण को वर्तमान रूप दिया है।

पृथ्वी के वायुमंडल में ऑक्सीजन की वर्तमान प्रचुरता वस्तुतः जीवन की उत्पत्ति का कारण नहीं बल्कि परिणाम भी है। जीवधारी और वायुमंडल दोनों अन्योन्याश्रय के संबंध द्वारा विकसित हुए हैं। पृथ्वी पर श्ववशनजीवी जीवों के प्रसारण के साथ ओजोन परत का निर्माण हुआ जो पृथ्वी के चुंबकीय क्षेत्र के साथ हानिकारक विकिरण को रोकने वाली दूसरी परत बनाती है और इस तरह से पृथ्वी पर जीवन की अनुमति देता है।

पृथ्वी का भूपटल कई कठोर खंडों या विवर्तनिक प्लेटों में विभाजित है जो भूगर्भीय इतिहास के दौरान एक स्थान से दुसरे स्थान को विस्थापित हुए हैं। क्षेत्रफल की दृष्टि से धरातल का लगभग 71% नमकीन जल के सागर से आच्छादित है शेष में महाद्वीप और द्वीप तथा मीठे पानी की झीलें आदि अवस्थित हैं। पानी सभी ज्ञात जीवन के लिए आवश्यक है जिसका अन्य किसी ब्रह्मांडीय पिंड के सतह पर अस्तित्व ज्ञात नहीं है।

पृथ्वी की आंतरिक रचना तीन प्रमुख परतों में हुई है भूपटल, भूप्रावार और क्रोड। इसमें से बाह्य क्रोड़ तरल अवस्था में है और एक ठोस लोहे और निकल के आंतरिक कोर के साथ क्रिया करके पृथ्वी में चुंबकीय या चुंबकत्व क्षेत्र को पैदा करता है। पृथ्वी बाह्य अंतरिक्ष में सूर्य और चंद्रमा के साथ अन्य वस्तुओं के साथ क्रिया करता है वर्तमान में पृथ्वी मोटे तौर पर अपनी धुरी का लगभग 366.26 बार

चक्कर काटती है इस वक्त की लंबाई एक नाक्षत्र वर्ष है जो 365.26 सौर दिवस के बराबर है पृथ्वी की घूर्णन की धुरी इसके कक्षीय समतल से लंबवत 23.4 की दूरी पर झुका है जो एक उष्णकटिबंधीय वर्ष की अवधि में ग्रह की सतह पर मौसमी विविधता पैदा करता है।

पृथ्वी का एकमात्र प्राकृतिक उपग्रह चंद्रमा है जिसने इसकी परिक्रमा 4.53 बिलियन साल पूर्व शुरू की। यह अपनी आकर्षण शक्ति द्वारा समुद्री ज्वार पैदा करता है, ध्रुवीय झुकाव को स्थिर रखता है और धीरे-धीरे पृथ्वी के घूर्णन को धीमा करता है। ग्रह के आरंभिक इतिहास के दौरान एक धूमकेतु की बमबारी ने महासागरों के गठन में भूमिका निभाई। बाद में क्षुद्रग्रह के प्रभाव ने सतह के पर्यावरण पर महत्वपूर्ण बदलाव किया।

नाम और व्युत्पति :

पृथ्वी अथवा पृथिवी एक संस्कृत का एक शब्द है जिसका अर्थ निकलता है एक विशाल धरा। एक अलग पौराणिक कथा के अनुसार महाराज पृथु के नाम पर इसका नाम पृथ्वी रखा गया। इसके अन्य नामों में धरा, भूमि, धरित्री, रसा, धरती, रत्नगर्भा आदि शामिल हैं। अन्य भाषाओं में इसे जैसे अंग्रेजी में अर्थ और लातिन भाषा में टेरा कहा जाता है। हालाँकि सभी नामों में इसका अर्थ लगभग सामान ही रहा है।

प्रथ्वी का आकार :

पृथ्वी की आकृति अंडाकार है। घुमाव की वजह से पृथ्वी भौगोलिक अक्ष में चिपटा हुआ और भूमध्य रेखा के आसपास उभर लिया हुआ प्रतीत होता है। भूमध्य रेखा पर पृथ्वी का व्यास, अक्ष-से-अक्ष के व्यास से 43 किलोमीटर अधिक बड़ा है। इस प्रकार पृथ्वी के केंद्र से सतह की सबसे लंबी दूरी, इक्वाडोर के भूमध्यवर्ती चिंबोराजो ज्वालामुखी के शिखर तक ही है।

इस प्रकार पृथ्वी का औसत व्यास 12,742 किलोमीटर है। कई जगहों की स्थलाकृति इस आदर्श पैमाने से अलग नजर आती है हालाँकि वैश्विक पैमाने पर यह पृथ्वी की त्रिज्या की तुलना नजरंदाज ही दिखाई देता है। सबसे अधिकतम विचलन 0.17% का मारियाना गर्त में है जबकि माउंट एवरेस्ट 0.14% का विचलन दर्शाता है।

अगर पृथ्वी एक बिलियर्ड गेंद के आकार में सिकुड़ जाए तो पृथ्वी के कुछ क्षेत्रों जैसे बड़े पर्वत श्रंखलाएं और महासागरीय खाइया, छोटे खामियों के समान महसूस होंगे जबकि ग्रह का ज्यादातर भूभाग जैसे – विशाल हरे मैदान और सूखे पठार आदि चिकने महसूस होंगे।

रासायनिक संरचना :

पृथ्वी की रचना में बहुत से तत्वों ने अपना योगदान दिया है। पृथ्वी की रचना में आयरन 34.6%, ऑक्सीजन 29.5%, सिलिकन 15.2%, मैग्नीशियम 12.7%, निकेल 2.4%, सल्फर 1.9%, टाइटेनियम 0.05% और बाकी शेष बचे हुए तत्व होते हैं। पृथ्वी का घनत्व पूरे सौरमंडल में सबसे अधिक है बाकी चट्टानी ग्रह की संरचना कुछ अंतरो के साथ पृथ्वी के जैसी ही है।

चंद्रमा का केन्द्रक छोटा है, बुध का केंद्र उसके कुल आकार की तुलना में विशाल है, मंगल और चंद्रमा का मेंटल कुछ मोटा है, चंद्रमा और बुध से रासायनिक रूप से भिन्न भूपटल नहीं है केवल पृथ्वी का अंतः और बाह्य मेंटल परत अलग है।

आंतरिक संरचना :

पृथ्वी की आंतरिक संरचना शल्कीय यानि परतों के रूप में है जैसे प्याज के छिलके परतों के रूप में होते हैं। इन परतों की मोटाई का सीमांकन रासायनिक विशेषताओं तथा यांत्रिक विशेषताओं के आधार पर किया जा सकता है। यांत्रिक लक्षणों के आधार पर पृथ्वी, स्थल मंडल, दुर्बलता मंडल, मध्यवर्ती आवरण, बाह्य सत्व और आंतरिक सत्व से बन हुआ है।

रासायनिक संरचना के आधार पर इसे भूपर्पटी, ऊपरी आवरण, निचला आवरण, बाहरी सत्व और आंतरिक सत्व में बांटा गया है। पृथ्वी की ऊपरी परत भूपर्पटी एक ठोस परत है, मध्यवर्ती आवरण बहुत अधिक गाढ़ी परत है और बाह्य सत्व तरल तथा आंतरिक सत्व ठोस अवस्था में है। आंतरिक सत्व की त्रिज्या पृथ्वी की त्रिज्या का लगभग पांचवां हिस्सा है।

पृथ्वी के अंतरतम की यह परतदार संरचना भूकंपीय तरंगों के संचलन और उनके परावर्तन तथा प्रत्यावर्तन पर आधारित है जिनका अध्धयन भूकंपलेखी के आंकड़ों से किया जाता है। भूकंप द्वारा उत्पन्न प्राथमिक एवं द्वितीयक तरंगें पृथ्वी के भीतर स्नेल के नियम के अनुसार प्रत्यावर्तित होकर वक्राकार पथ पर

चलती हैं।

जब दो परतों के बीच घनत्व अथवा रासायनिक संरचना का अचानक परिवर्तन होता है तो तरंगों की कुछ ऊर्जा वहाँ से परावर्तित हो जाती है। परतों के मध्य ऐसी जगहों को दरार कहते हैं। परतों की आंतरिक संरचना के विषय में जानकारी के स्त्रोतों को दो हिस्सों में बांटा जा सकता है।

प्रत्यक्ष स्त्रोत जैसे – ज्वालामुखी से निकले पदार्थों का अध्धयन, वेधन से प्राप्त आंकड़े आदि कम गहराई तक ही जानकारी उपलब्ध करा पाते हैं। दूसरी तरफ अप्रत्यक्ष स्त्रोत के रूप में भूकंपीय तरंगों का अध्धयन ज्यादा गहराई की विशेषताओं के विषय में जानकारी देता है।

पृथ्वी में ऊष्मा :

पृथ्वी की आंतरिक गर्मी, अवशिष्ट गर्मी के संयोजन से आती है ग्रहों में अनुवृद्धि से और रेडियोधर्मी क्षय के माध्यम से ऊष्मा उत्पन्न होती है। पृथ्वी के अंदर प्रमुख ताप उत्पादक समस्थानिक में पोटेशियम-40, युरेनियम-238 और थोरियम-232 शामिल है। पृथ्वी के केंद्र का तापमान 6000 डिग्री सेल्सियस तक हो सकता है और दबाव 360 जीपीए तक पहुंच सकता है।

क्योंकि सबसे अधिक गर्मी रेडियोधर्मी क्षय द्वारा उत्पन्न होती है, वैज्ञानिको का मानना है कि पृथ्वी के इतिहास के आरंभ में कम या आधा जीवन के समस्थानिक के समाप्त होने से पूर्व पृथ्वी का ऊष्मा उत्पादन बहुत अधिक था। धरती से औसतन ऊष्मा का क्षय 87 एमडब्ल्यू एम -2 है वही वैश्विक ऊष्मा का क्षय 4.42×1013 डब्ल्यू हैं।

कोर की थर्मल ऊर्जा का एक हिस्सा मेंटल प्लम्स द्वारा पृष्ठभोग की तरफ ले जाया जाता है इन प्लम्स से प्रबल ऊर्जबिंदु तथा असिताश्म बाढ़ का निर्माण होता है। ऊष्माक्षय का अंतिम प्रमुख माध्यम लिथोस्फियर से प्रवाहकत्त्व के माध्यम से होता है जिसमे से अधिकांश महासागरों के नीचे होता है क्योंकि यहाँ भू-पर्पटी, महाद्वीपों की तुलना में बहुत पतली होती है।

विवर्तनिक प्लेटें :

पृथ्वी का कठोर भूपटल कुछ ठोस प्लेटो में विभाजित है जो निचले द्रव मेंटल पर स्वतंत्र रूप से बहते रहते है जिन्हें विवर्तनिक प्लेटें कहते है। ये प्लेटें एक कठोर

खंड के समान है जो परस्पर तीन प्रकार की सीमाओं से एक दूसरे की ओर बढ़ते हैं – अभिसरण सीमाएं, जिस पर दो प्लेटें एक साथ आती हैं, भिन्न सीमाएं जिस पर दो प्लेटें अलग हो जाती हैं और सीमाओं को बदलना जिसमें दो प्लेटें एक दूसरे के उपर-नीचे स्लाइड करती हैं।

इन प्लेट सीमाओं पर भूकंप, ज्वालामुखीय गतिविधि, पहाड़ निर्माण और समुदी खाई का निर्माण हो सकता है। जैसे ही विवर्तनिक प्लेटों स्थानांतरित होती हैं, अभिसरण सीमाओं पर महासागर की परत किनारों के नीचे घटती जाती है। उसी वक्त भिन्न सीमाओं से ऊपर आने का प्रयास करते मेंटल पदार्थ, मध्य-समुद्र में उभार बना देते है।

इन प्रक्रियाओं के संयोजन से समुद्र की परत फिर से मेंटल में पुनर्नवीनीकरण हो जाती है। इन्हीं पुनर्नवीनीकरण की वजह से अधिकांश समुद्र की परत की उम्र 100 मेगा साल से भी कम हैं। सबसे पुरानी समुद्री परत पश्चिमी प्रशांत सागर में स्थित है जिसकी अनुमानित उम्र 200 मेगा साल है।

वर्तमान में 8 प्रमुख प्लेटें :

1. उत्तर अमेरिकी प्लेट – उत्तरी अमेरिकी, पश्चिमी उत्तर अटलांटिक और ग्रीनलैंड
2. दक्षिण अमेरिकी प्लेट – दक्षिण अमेरिका और पश्चिमी दक्षिण अटलांटिक
3. अंटार्कटिक प्लेट – अंटार्कटिका और दक्षिणी महासागर
4. यूरेशियाई प्लेट – पूर्वी उत्तर अटलांटिक, यूरोप और भारत के अलावा एशिया
5. अफ्रीकी प्लेट – अफ्रीका, पूर्वी दक्षिण अटलांटिक और पश्चिमी हिंद महासागर
6. भारतीय-ऑस्ट्रेलियाई प्लेट – भारत, ऑस्ट्रेलिया, न्यूजीलैंड और हिंद महासागर के अधिकांश
7. नाज्का प्लेट – पूर्वी प्रशांत महासागर से सटे दक्षिण अमेरिका
8. प्रशांत प्लेट – प्रशांत महासागर के सबसे अधिक

50 से 55 मिलियन साल पूर्व ऑस्ट्रेलिया प्लेट, भारतीय प्लेट के साथ जुड़ गई। सबसे तेजी से बढ़ते प्लेटों में महासागर की प्लेटें हैं जिसमें कोकोस प्लेट 75 मिमी/वर्ष की दर से बढ़ रही है और वही प्रशांत प्लेट 52 से 69 मिमी/वर्ष की दर से आगे बढ़ रही है। वहीं दूसरी तरफ सबसे धीमी गति से चलती प्लेट यूरेशियन प्लेट है जो 21 मिमी/वर्ष की एक विशिष्ट दर से बढ़ रही है।

पृथ्वी की सतह :

पृथ्वी का कुल सतह क्षेत्र लगभग 510 मिलियन किमी2 है जिसमें से 70.8% या 361.13 मिलियन किमी2 क्षेत्र समुद्र तल से नीचे है और जल से भरा हुआ है। महासागर की सतह के नीचे महाद्वीपीय शेल्फ का ज्यादा हिस्सा है, महासागर की सतह, महाद्वीपीय शेल्फ, पर्वत, ज्वालामुखी, समुद्री खंदक, समुद्री तल दर्रे, महासागरीय पठार, अथाह मैदानी इलाके और मध्य महासागर रिड्ज प्रणाली से भरी पड़ी हैं।

शेष 29.2% जो पानी से ढका हुआ नहीं है, जगह-जगह पर बहुत भिन्न है और पहाड़ों, रेगिस्तान, मैदानी, पठारों और अन्य भू-प्राकृतिक रूप में बटा हुआ है। भूगर्भीय समय पर पृथ्वी की सतह को लगातार नई आकृति प्रदान करने वाली प्रक्रियाओं में विवर्तनिकी और क्षरण, ज्वालामुखी विस्फोट, बाढ़, अपक्षय, हिमाच्छेद, प्रवाल भित्तियों का विकास और उल्कात्मक प्रभाव इत्यादि शामिल हैं।

महाद्वीपीय परत कम घनत्व वाली सामग्री जैसे अग्निमय चट्टानों ग्रेनाइट और एंडसाइट के बने होते हैं। वही बेसाल्ट प्राय: काम पाए जाने वाला एक सघन ज्वालामुखीय चट्टान है जो समुद्र के तल का मुख्य घटक है। अवसादी शैल तलछट के संचय से बनती है जो एक साथ दफन और समेकित हो जाती है।

महाद्वीपीय सतहों का लगभग 75% भाग अवसादी शैल से ढका हुआ है हालाँकि यह संपूर्ण भी पटल का लगभग 5% हिस्सा ही है। पृथ्वी पर पाए जाने वाले चट्टानों का तीसरा रूप कायांतरित शैल है जो पूर्व मौजूदा शैल के उच्च दबावों, उच्च तापमान या दोनों के कारण से परिवर्तित होकर बनता है।

पृथ्वी की सतह पर प्रचुर मात्रा में पाए जाने वाले सिलिकेट खनिजों में स्फटिक, स्फतीय, एम्फिबोले, अभ्रक, प्योरॉक्सिन और ओलिवीइन शामिल हैं। आम कार्बोनेट खनिजों में कैल्साइट और डोलोमाइट शामिल हैं। भूमि की सतह की ऊँचाई, मृत सागर में सबसे कम -418 मीटर और माउंट एवरेस्ट के शीर्ष पर सबसे ज्यादा 8848 मीटर है।

समुद्र तल से भूमि की सतह की औसत ऊँचाई 840 मीटर है। पेड़ोस्फीयर पृथ्वी की महाद्वीपीय सतह की सबसे बाहरी परत है और यह मिट्टी से बना हुआ है तथा मिट्टी के गठन की प्रक्रियाओं के अधीन कुल कृषि योग्य भूमि, भूमि की सतह का 10.9% हिस्सा है जिसके 1.3% हिस्से पर स्थाई रूप से फसलें ली जाती हैं। धरती की 40% भूमि की सतह का उपयोग चरागाह और कृषि के लिए किया जाता है।

जल मंडल :

पृथ्वी की सतह पर पानी की बहुतायत एक अनोखी विशेषता है जो सौर मंडल के अन्य ग्रहों से इस नीले ग्रह को अलग करती है। पृथ्वी के जलमंडल में मुख्यतः महासागर हैं लेकिन तकनीकी रूप से दुनिया में उपस्थित अन्य जल के स्त्रोत जैसे – अंतर्देशीय समुद्र, झीलों, नदियों और 2000 मीटर की गहराई तक भूमिगत जल के साथ इसमें शामिल हैं।

पानी के नीचे की सबसे गहरी जगह 10,911.4 मीटर की गहराई के साथ प्रशांत महासागर में मरियाना ट्रेंच की चैलेंजर डीप है। महासागरों का द्रव्यमान लगभग 1.35×1018 मीट्रिक टन या पृथ्वी के कुल द्रव्यमान का 1/4400 हिस्सा है। महासागर औसतन 3682 मीटर की गहराई के साथ 3.618×108 किमी2 का क्षेत्रफल में फैला हुआ है जिसकी अनुमानित मात्रा 1.332 ×109 किमी3 हो सकती है।

अगर सभी पृथ्वी की उबड-खाबड़ सतह यदि एक समान चिकने क्षेत्र के रूप में हो तो महासागर की गहराई 2.7 से 2.8 किलोमीटर होगी। लगभग 97.5% पानी खारा है शेष 2.5% ताजा पानी है ज्यादातर ताजा पानी लगभग 68.7% बर्फ के पहाड़ों और ग्लेशियरों के बर्फ के रूप में मौजूद है।

पृथ्वी के महासागरों की औसत लवणता लगभग 35 ग्राम नमक प्रति किलोग्राम समुद्री जल होती है। ये अधिकांशतः ज्वालामुखीय गतिविधि से निकालकर या शांत अग्निमय चट्टानों से निकलकर सागर में मिलते हैं। महासागर विघटित वायुमंडलीय गैसों के लिए एक भंडार की तरह भी है जो कई जलीय जीवन के बदलाव, मौसम बदलाव में गडबडी की वजह हो सकती है जैसे – एल नीनो।

पृथ्वी पर वायुमंडल :

पृथ्वी के वातावरण में 77% नाईट्रोजन, 21% ऑक्सीजन और कुछ मात्रा में आर्गन, कार्बन-डाई-ऑक्साइड और जल वाष्प है। पृथ्वी पर निर्माण के वक्त कार्बन-डाई-ऑक्साइड की मात्रा अधिक रही होगी जो चट्टानों में कार्बोनेट के रूप में जम गई, कुछ मात्रा सागर द्वारा अवशोषित कर ली गई, शेष कुछ मात्रा जीवित प्राणियों द्वारा प्रयोग में आ गई होगी।

प्लेट टेकटानिक और जैविक गतिविधि कार्बन-डाई-ऑक्साइड का थोड़ी मात्रा का उत्सर्जन और अवशोषण करते रहते है। कार्बन-डाई-ऑक्साइड पृथ्वी की सतह के तापमान को ग्रीन हॉउस प्रभाव द्वारा नियंत्रण करती है। ग्रीन हॉउस प्रभाव द्वारा सतह का तापमान 35 डिग्री सेल्सियस होता है नहीं तो वह -21 डिग्री सेल्सियस से 14 डिग्री सेल्सियस रहा है इसके न रहने पर समुद्र जम जाते और जीवन असंभव हो जाता।

जल वाष्प भी एक आवश्यक ग्रीन हॉउस गैस है। रासायनिक दृष्टि से मुक्त ऑक्सीजन भी जरूरी है। सामान्य परिस्थिति में ऑक्सीजन विभिन्न तत्वों से क्रिया कर विभिन्न यौगिक बनाती है। पृथ्वी के वातावरण में ऑक्सीजन का निर्माण और नियंत्रण विभिन्न जैविक प्रक्रियाओ से होता है। जीवन के बिना मुक्त ऑक्सीजन संभव नहीं है।

मौसम और जलवायु :

पृथ्वी के वायुमंडल की कोई निश्चित सीमा नहीं है, यह आकाश की ओर धीरे-धीरे पतला होता जाता है और बाह्य अंतरिक्ष में लुप्त हो जाता है। वायुमंडल के द्रव्यमान का तीन-चौथाई हिस्सा सतह से 11 किलोमीटर के अंदर ही निहित है। सबसे निचली परत को ट्रोफोस्फीयर कहा जाता है। सूर्य की ऊर्जा से यह परत और इसके नीचे तपती है जिसकी वजह से हवा का विस्तार होता है।

यह कम घनत्व वाली वायु ऊपर की तरफ जाती है और ठंडे, उच्च घनत्व वायु में प्रतिस्थापित हो जाती है। इसके परिणामस्वरूप ही वायुमंडलीय परिसंचरण बनता है जो तापीय ऊर्जा के पुनर्वितरण के माध्यम से मौसम और जलवायु को चलाता है। प्राथमिक वायुमंडलीय परिसंचरण पट्टी 30० अक्षांश से नीचे के भूमध्य रेखा क्षेत्र में और 30० तथा 60० के बीच मध्य अक्षांशों में पश्चमी हवा की व्यापारिक पवन से मिलकर बने होते हैं।

जलवायु को निर्धारण करने में महासागरीय धाराएँ भी एक महत्वपूर्ण कारक हैं विशेष रूप से थर्मोहेलिन परिसंचरण जो भूमध्यवर्ती महासागरों से ध्रुवीय क्षेत्रों तक थर्मल ऊर्जा वितरित करती है। सतही वाष्पीकरण से उत्पन्न जल वाष्प परिसंचरण तरीकों द्वारा वातावरण में पहुंचाया जाता है।

जब वायुमंडलीय स्थितियों की वजह से गर्म और आर्द्र हवा ऊपर की तरफ जाती है तो यह वाष्प सघन हो वर्षा के रूप में दुबारा सतह पर आ जाती हैं। तब अधिकांश पानी नदी प्रणालियों द्वारा नीचे की तरफ ले जाया जाता है और

आमतौर पर महासागरों या झीलों में जमा हो जाती है। यह जल चक्र भूमि पर जीवन हेतु एक महत्वपूर्ण तंत्र है और कालांतर में सतही क्षरण का एक प्राथमिक कारक है।

वर्षा का वितरण व्यापक रूप से भिन्न हैं, कहीं पर कई मीटर पानी प्रति वर्षा तो कहीं पर एक मिलीलीटर से भी कम वर्षा होती है। वायुमंडलीय परिसंचरण, स्थलाकृतिक विशेषताएं और तापमान में अंतर, हर क्षेत्र में औसत वर्षा का निर्धारण करती है। बढ़ते अक्षांश के साथ पृथ्वी की सतह तक पहुंचने वाली सौर ऊर्जा की मात्रा कम होती जाती है।

उच्च अक्षांशों पर सूरज की रोशनी निम्न कोण से सतह तक पहुंचती है और इसे वातावरण के मोटे कतार के माध्यम से गुजरना होता है। परिणामस्वरूप समुद्री स्तर पर औसत वार्षिक हवा का तापमान, भूमध्य रेखा की तुलना में अक्षांशों में लगभग 0.4 डिग्री सेल्सियस प्रति डिग्री कम होता है।

पृथ्वी की सतह को विशिष्ट अक्षांशु पट्टी में लगभग समरूप जलवायु से विभाजित किया जा सकता है। भूमध्य रेखा से लेकर ध्रुवीय क्षेत्रों तक ये उष्णकटिबंधीय, उपोष्णकटिबंधीय, शीतोष्ण और ध्रुवीय जलवायु में बता हुआ है। महासागरों की निकटता जलवायु को नियंत्रित करती है। उदाहरण के लिए स्कैंडिनेवियाई प्रायद्वीप में उत्तरी कनाडा के समान उत्तरी अक्षांशों की तुलना में आशिक उदार जलवायु है।

चुंबकीय क्षेत्र :

पृथ्वी का अपना एक चुंबकीय क्षेत्र है जो बाह्य केंद्रक के विद्युत प्रवाह से निर्मित होता है। सौर वायु पृथ्वी के चुंबकीय क्षेत्र और ऊपरी वातावरण मिलकर औरोरा बनाते है। इन सभी कारकों में आई अनियमितताओं से पृथ्वी के चुंबकीय ध्रुव गतिमान रहते है और कभी-कभी विपरीत भी हो जाते हैं।

पृथ्वी का चुंबकीय क्षेत्र और सौर वायु मिलकर वान एंडरसन विकिरण पट्टा बनाते है जो प्लाज्मा से बनी हुई डोनेट आकार के छल्लों की जोड़ी होती है और जो पृथ्वी के चारों की वलयाकार में है। बाह्य पट्टा 19,000 किलोमीटर से 41,000 किलोमीटर तक है जबकि अत: पट्टा 13,000 किलोमीटर से 7600 किलोमीटर तक है।

प्रथ्वी का परिक्रमण :

सूर्य के सापेक्ष पृथ्वी की परिक्रमण अवधि 86,400 सेकेण्ड की होती है। अभी पृथ्वी में सौर दिन 19 वीं शताब्दि की अपेक्षा प्रत्येक दिन 0 और 2 एसआई एमएस ज्यादा लंबा होता है जिसकी वजह से ज्वारीय मंदी का होना जाता है। स्थित तारों के सापेक्ष पृथ्वी की परिक्रमण अवधि जिसे अंतर्राष्ट्रीय पृथ्वी परिक्रमण और संदर्भ सिस्टम सेवा द्वारा एक तारकीय दिन भी कहा जाता है औसत सौर समय 86,164.0989091 सेकेण्ड या 23 घंटे 56 मिनट और 4.098909191986 सेकेण्ड का होता है। वातावरण और निचली कक्षाओं के उपग्रहों के अंदर उल्काओं के अतिरिक्त पृथ्वी के आकाश में आकाशीय निकायों की मुख्य गति पश्चिम की तरफ 15 डिग्री/घंटे = 15'/ मिनट की दर से होती है।

प्राकृतिक संसाधन और भूमि उपयोग :

पृथ्वी में ऐसे कई संसाधन हैं जिसका मनुष्यों द्वारा शोषण किया गया है अनवीकरणीय संसाधन जैसे – जीवाश्म ईंधन, सिर्फ भूवैज्ञानिक समयकालों पर नवीनीकृत होते हैं। कोयला, पेट्रोलियम और प्राकृतिक गैस आदि जीवाश्म ईंधन के बड़े भंडार पृथ्वी की सतह के अंदर से प्राप्त होते हैं।

मनुष्यों द्वारा इन संसाधनों का उपयोग उर्जा उत्पादन तथा फीडस्टॉक के तौर पर रासायनिक उत्पादन के लिए किया जाता है। अयस्क उत्पत्ति की प्रक्रिया के माध्यम से खनिज अयस्क निकायों का भी निर्माण यही होता है। पृथ्वी में मनुष्य के लिए कई उपयोगी कई जैविक उत्पादों जैसे – भोजन, लकड़ी, औषधि, ऑक्सीजन और कई जैविक अपशिष्टों के पुनर्चक्रण सहित का उत्पादन होता है।

भूमि आधारित पारिस्थितिकी तंत्र, ऊपरी मिट्टी और ताजे पानी पर निर्भर करता है और समुद्री पारिस्थितिकी तंत्र जमीन से बहकर आए पोषक तत्वों पर निर्भर करता है। सन् 1980 में पृथ्वी की जमीन की सतह के 5,053 मिलियन हैक्टेयर क्षेत्र पर जंगल थे, 6,788 मिलियन हैक्टेयर पर घास के मैदान और चरागाह थे और 1501 मिलियन हैक्टेयर क्षेत्र पर फसल उगाई जाती थी। सन् 1993 में सिंचित भूमि का अनुमानित क्षेत्र 2,481,250 वर्ग किलोमीटर था। भवन निर्माण करके मनुष्य भी भूमि पर ही रहते हैं।

प्राकृतिक और पर्यावर्णीय खतरे :

पृथ्वी की सतह का एक सबसे बड़ा क्षेत्र, चरम मौसम जैसे – उष्णकटिबंधीय चक्रवात, तूफान या आंधी के अधीन हैं जो उन क्षेत्रों में जीवन को प्रभावित करते है। सन् 1980 से 2000 के मध्य इन घटनाओं की वजह से औसत प्रति साल 11,800 मानव मारे गए हैं।

कई स्थान भूकंप, भूस्खलन, सुनामी, ज्वालामुखी विस्फोट, बवंडर, सिंकहोल, बर्फानी तूफान, बाढ़, सूखा, जंगली आग और अन्य आपदाओं की अधीन हैं। कई स्थानीय क्षेत्रों में वायु एवं जल प्रदुषण, अम्ल वर्षा और जहरीले पदार्थ, फसल का नुकसान, वन्यजीवों की हानि, प्रजातियाँ विलुप्त होने, मिट्टी की क्षमता में गिरावट, मृदा अपरदन और क्षरण आदि सभी मानव निर्मित हैं।

एक वैज्ञानिक सहमति है कि भूमंडलीय तापक्रम वृद्धि के लिए मानव गतिविधियाँ ही जिम्मेदार हैं जैसे – औद्योगिक कार्बन-डाई-ऑक्साइड उत्सर्जन। जिसकी वजह से ग्लेशियरों और बर्फ की चादरों के पिघलने जैसे परिवर्तनों की भविष्यवाणी की गई है, अधिक चरम तापमान पर पर्वतमाला के बर्फों का पिघलना, मौसम में महत्वपूर्ण बदलाव और औसत समुद्री स्तरों में वैश्विक वृद्धि आदि सम्मिलित हैं।

पृथ्वी का एकमात्र प्राकृतिक उपग्रह :

चंद्रमा पृथ्वी का एकमात्र प्राकृतिक उपग्रह है। यह सौरमंडल का पांचवां सबसे विशाल प्राकृतिक उपग्रह है जिसका व्यास पृथ्वी का एक चौथाई तथा द्रव्यमान 1/81 है। वृहस्पति के उपग्रह लो के बाद चंद्रमा दूसरा सबसे ज्यादा घनत्व वाला उपग्रह है। सूर्य के बाद आसमान में सबसे ज्यादा चमकदार निकाय चंद्रमा है।

समुद्री ज्वार और भाटा चंद्रमा की गुरुत्वाकर्षण शक्ति की वजह से आते हैं। चंद्रमा की तात्कालिक कक्षीय दूरी, पृथ्वी के व्यास का 30 गुना है इसलिए आसमान में सूर्य और चंद्रमा का आकार हमेशा एक जैसा नजर आता है। पृथ्वी के मध्य से चंद्रमा के मध्य तक कि दूरी 384,803 किलोमीटर है।

यह दूरी पृथ्वी की परिधि के 30 गुना है। चंद्रमा पर गुरुत्वाकर्षण पृथ्वी से 1/6 है। यह पृथ्वी की परिक्रमा 27.3 दिन में पूरा करता है और अपने अक्ष के चारो ओर एक पूरा चक्कर भी 27.3 दिन में लगाता है। यही वजह है कि हम हमेशा चंद्रमा का एक ही पहलू पृथ्वी से देखते हैं।

अगर चंद्रमा पर खड़े होकर पृथ्वी को देखे तो पृथ्वी साफ-साफ अपने अक्ष पर घूर्णन करती हुई नजर आएगी लेकिन आसमान में उसकी स्थिति हमेशा स्थिर बनी रहेगी यानि पृथ्वी को कई सालों तक निहारते रहे वह अपनी जगह से टस-से-मस नहीं होगी। पृथ्वी-चंद्रमा-सूर्य ज्यामिति की वजह से चंद्र दशा प्रत्येक 29.5 दिनों में बदलती है।

क्षुद्रग्रह और कृत्रिम उपग्रह :

3753 क्रुथने और 2002 एए29 के साथ पृथ्वी में कम-से-कम पांच सह-कक्षीय क्षुद्रग्रह हैं। एक ट्रोजन क्षुद्रग्रह 2010 टिके7, अग्रणी लैग्रेज त्रिकोणीय बिंदु एल4 के आसपास पृथ्वी की कक्षा में सूर्य के चारों ओर भ्रमण करता रहता है। पृथ्वी के समीप एक छोटा क्षुद्रग्रह हर बीस साल में पृथ्वी चंद्रमा प्रणाली के लगभग समीप पहुंच जाता है।

इस दौरान यह संक्षिप्त अवधि के लिए पृथ्वी की परिक्रमा करने लगता है। जून 2016 तक 1419 मानव निर्मित उपग्रह पृथ्वी की परिक्रमा कर रहे हैं। वर्तमान समय में कक्षा में सबसे पुराना और निष्क्रिय उपग्रह वैनगार्ड 1 और 16,000 से भी ज्यादा अंतरिक्ष मलबे के टुकड़े भी घूम रहे हैं। पृथ्वी का सबसे बड़ा कृत्रिम उपग्रह, अंतर्राष्ट्रीय अंतरिक्ष स्टेशन है।

पृथ्वी जैसा दूसरा ग्रह :

दूसरी दुनिया की खोज में लगे वैज्ञानिकों को एक बहुत ही महत्वपूर्ण सफलता प्राप्त हुई है। वैज्ञानिकों ने पृथ्वी के समान दिखने वाले एक नए ग्रह की खोज की है। यह ग्रह G2 नामक तारे की परिक्रमा कर रहा है और इन दिनों के मध्य भी उतनी ही दुरी है जितनी की सूर्य और पृथ्वी के मध्य। G2 सूर्य के समान ही एक सितारा है।

नासा ने एक बयाँ को जारी करके बताया है कि यह ग्रह न ही तो अधिक ठंडा है और न ही अधिक गर्म इसलिए इस ग्रह पर जीवन की संभवनाओं से इनकार नहीं किया जा सकता। इस ग्रह की खोज केपलर टेलिस्कोप की सहायता से की गई है जो वर्ष 2009 में दूसरी दुनिया की खोज में लगा हुआ है।

वैज्ञानिकों के अनुसार यह नया ग्रह हमारी प्रथ्वी से 1400 प्रकाश वर्ष की दुरी पर स्थित है। नासा वालों ने बताया है कि इस नए ग्रह पर जीवन के लिए

पर्याप्त परिस्थितियाँ हैं। इस ग्रह पर समुद्र और ज्वालामुखी भी हैं और इसका गुरुत्वाकर्षण पृथ्वी से दुगना है। यह ग्रह अपने सूर्य का एक चक्कर 385 दिनों में पूरा करता है।

वैज्ञानिकों ने पाया है कि इस ग्रह के कई स्वभाव पृथ्वी के स्वभाव से मेल खाते हैं। इस ग्रह को पृथ्वी का बड़ा भाई और G2 को सूर्य का भाई करार दिया गया है। वर्ष 2009 में आरंभ किए गए केपलर मिशन का उद्देश्य पृथ्वी की तरह के दूसरे ग्रह को खोजना था। इस खोज के दौरान वैज्ञानिकों को कई नए ग्रह और खगोलीय घटनाएँ देखने को मिलीं।

इस पुरे मिशन में अब तक नासा लगभग 600 मिलियन डॉलर मतलब लगभग 3,836 करोड़ रूपए खर्च कर चुकी है। जेनेवाः खगोलविदों ने सिर्फ 11 प्रकाश वर्ष की दुरी पर अनुकूल जलवायु वाले पृथ्वी के आकार के ग्रह की खोज की है जिसका जंक एक शांत तारा है और संभवतः यह जीवन की संभावना वाला सबसे निकटम ज्ञात स्थान भी हो सकता है।

चिली के ला सिला ऑब्जर्वेटरी में हाई एक्यूरेसी रेडियल वेलॉसिटी प्लानेट सर्चर के साथ कार्य करने वाले एक दल ने देखा कि कम द्रव्यमान वाला ग्रह प्रत्येक 9 वें दिन लाल बौने तारे रॉस 128बी की कक्षा में घूर्णन करता है। माना जाता है कि पृथ्वी की तरह का यह ग्रह संयमित होगा और इसकी सतह भी पृथ्वी की सतह की तरह ही सकती है।

रॉस 128बी सबसे शांत निकटम तारा है। स्विट्जरलैंड लैंड में यूनिवर्सिटी ऑफ जेनेवा से निकोला एस्टूडिल्लो-डेफ्रु ने बताया है कि यह खोज एचएआरपीएस की एक दशक से भी ज्यादा समय की गहरी निगरानी पर आधारित है जिसके लिए आधुनिक आंकड़ा संग्रह एवं विश्लेषण तकनीक का प्रयोग किया गया है।

लाल बौने ब्रह्मांड के सबसे शीतल, धुंधले तारों में से एक हैं। यही गुण उन्हें खगोलविदों के लिए खोज का सबसे अच्छा लक्ष्य बनाता है। फ्रांस में यूनिवर्सिटी ऑफ ग्रेनोबल से जेवियर बोनाफिल्स ने कहा कि सूर्य की तरह मिलते-जुलते तारों की तुलना में इन तारों के इर्दगिर्द धरती की तरह छोटे शीतल ग्रहों की पहचान करना आसान होता है। जेवियर एस्ट्रोफिजिक्स पत्रिका में प्रकाशित अनुसंधान के मुख्य लेखक हैं।

पृथ्वी के समीप आएगा वरुण ग्रह :

खगोलीय घटनाओं के अंतर्गत सौरमंडल का आखिरी और तीसरा सबसे बड़ा ग्रह वरुण आज शाम पृथ्वी के सबसे करीब होगा। आठवे स्थान के सूर्य से 4 अरब 50 करोड़ किलोमीटर की दूर वरुण को आमतौर पर बड़ी दूरबीन से देख पाना बहुत ही मुश्किल होता है परन्तु 20 अगस्त की रात को वरुण ग्रह पर वैज्ञानिक अवलोकन करना संभव हो सकेगा।

वराह मिहिर वैज्ञानिक धरोहर और शोध संस्थान के खगोल वैज्ञानिक संजय केथवास ने बताया कि वरुण ग्रह को सौरमंडल में राजा सूर्य की परिक्रमा पूरी करने में 165 साल लगते हैं जबकि पृथ्वी तेजी से सूर्य की परिक्रमा लगाते हुए हर साल अगस्त और सितंबर के महीने में वरुण ग्रह के करीब से होकर गुजरती है।

सौरमंडल परिवार का सबसे बड़ा ग्रह वरुण ग्रह इस महीने होने वाली दूसरी खगोलीय घटना के तहत आज पृथ्वी के सबसे नजदीक दिखाई देगा। खगोल वैज्ञानिकों के अनुसार सौरमंडल परिवार के 8 ग्रहों में से आठवां ग्रह हर साल पृथ्वी के पास से होकर गुजरता है। वरुण ग्रह आमतौर पर साल में एक बार कुछ दिनों तक ही दिखाई देता है।

आज वह नीले रंग की छोटी गेंद की तरह दिखाई देगा पर इसे दूरबीन के माध्यम से ही देखा जा सकता है। केथवास ने बताया है कि वरुण ग्रह जब सूर्य के दूसरी तरफ होता है तब उसकी पृथ्वी से अधिकतम दुरी 4 अरब 65 किलोमीटर होती है और आज वरुण की सूर्य से दूरी 30 करोड़ किलोमीटर हो जाएगी। इस दौरान सूर्य के एक ओर वरुण ग्रह और दूसरी ओर पृथ्वी रहेगी।

वरुण ग्रह तरल हाईड्रोजन गैस का गोला है और शनि ग्रह के समान इसका भी वलय होता है। इस ग्रह की पतली रिंग होती है परन्तु वह दूरबीन के द्वारा देखी नहीं जा सकती है। वरुण ग्रह पर आंकड़े जुटाने के लिए वैज्ञानिक सालभर इस वक्त का इंतजार करते हैं।

नीले रंग का बहुत सुंदर वरुण ग्रह 20 अगस्त को पृथ्वी के इतने समीप होने के बाद भी अन्तरिक्ष में इतना दूर है कि उसे केवल शक्तिशाली दूरबीन से ही देखा जा सकता है। वरुण ग्रह सूर्यास्त के बाद पूर्व दिशा में उदित होगा और रात भर गहरे अन्तरिक्ष में अपनी चमक को बिखेरता रहेगा लेकिन हम उसे कोरी आँखों से नहीं देख सकेंगे। इसके लिए टेलिस्कोप का होना बहुत जरूरी है और साथ ही मौसम साफ होना भी बहुत जरूरी है।

पृथ्वी की मुख्य विशेषताएं :

पृथ्वी के वातावरण में 77% नाईट्रोजन, 21%ऑक्सीजन और कुछ मात्रा में आर्गन, कार्बन-डाई-ऑक्साइड और जलवाष्प है। पृथ्वी सूर्य का तीसरा निकटतम ग्रह है। पृथ्वी की सूर्य से औसत दूरी 14,95,97,900 किलोमीटर है। पृथ्वी के सबसे निकटतम ग्रह शुक्र ग्रह है। पृथ्वी का औसत वेग 29.79 किलोमीटर/सेकेण्ड है।

पृथ्वी से वृहस्पति 11 गुना बड़ा है। पृथ्वी शुक्र ग्रह और मंगल ग्रह के बीच में है। पृथ्वी के गुरुत्वाकर्षण के खिलाफ जाने के लिए रोकेट के लिए जरूरी वेग 8 किलोमीटर/सेकेण्ड है। पृथ्वी का उपग्रह चंद्रमा है। पृथ्वी को जल की उपस्थिति की वजह से नीला ग्रह भी कहा जाता है।

पृथ्वी की परिक्रमा अवधि 365 दिन 5 घंटे 48 मिनट 45.5 सेकेण्ड है। पृथ्वी द्वारा सूर्य का चक्कर लगाने को वर्षिकी गति कहते हैं। पृथ्वी एक मात्र एक ऐसा ग्रह है जिस पर जीवन संभव है। पृथ्वी आकार में बुध से 3 गुना और यम से 2 गुना बड़ी है। पृथ्वी अपने अक्ष पर 231/2 डिग्री झुकी हुई है।

पृथ्वी से जुड़े रोचक तथ्य :

- हम सभी मनुष्य अलग-अलग घरों में रहते हैं लेकिन एक घर ऐसा भी है जिसे हम सभी मनुष्य एक साथ साझा करते हैं वह हमारी पृथ्वी है जो इस सौरमंडल में एकमात्र और ब्रह्मांड में अब तक का ज्ञात ऐसा ग्रह है जिस पर जीवन संभव है। पृथ्वी पर कुल 500 सक्रिय ज्वालामुखी ऐसे है जिन्होंने पृथ्वी की सतह के निचले और उतले भाग का 80% हिस्सा अपनी ज्वालामुखी राख से बनाया है।
- आज से लगभग 450 करोड़ वर्ष पूर्व सूर्य मंडल में मंगल के आकार का एक ग्रह था जो पृथ्वी के साथ एक ही ग्रहपथ पर सूर्य की परिक्रमा करता था। परन्तु यह ग्रह किसी वजह से धरती से टकराया और एक तो पृथ्वी मुड़ गई और दूसरा इस टक्कर के फलस्वरूप जो पृथ्वी का हिस्सा अलग हुआ था उससे चाँद बन गया।
- पृथ्वी के गुरुत्वाकर्षण की वजह से पर्वतों का 15,000 मीटर से ऊँचा संभव नहीं है। पृथ्वी के सभी महाद्वीप पहले 2.5 करोड़ साल से गति कर रहे है। यह गति टैकटोनिक प्लेटों की लगातार गति के कारण है। प्रत्येक महाद्वीप दूसरे महाद्वीप से अलग चाल से गति कर रहा है जैसे प्रशांत प्लेट 4 सेंटीमीटर प्रति साल जबकि उत्तरी 1 सेंटीमीटर प्रति साल गति करती है।

- पृथ्वी पर उपस्थित प्रत्येक प्राणी में कार्बन जरुर है। पृथ्वी के सभी मनुष्य 1 वर्ग किलोमीटर के घन में समा सकते है। अगर हम एक वर्ग मीटर में एक व्यक्ति को खड़ा करे तो एक वर्ग किलोमीटर में दस लाख व्यक्ति खड़े हो सकते हैं। पृथ्वी पर ताप का स्त्रोत सिर्फ सूर्य नहीं है बल्कि पृथ्वी का अंदरूनी भाग पिघले हुए पदार्थों से बना है जो निरंतर पृथ्वी के अंदरूनी ताप स्थिर रखता है।
- एक अनुमान के अनुसार इस अंदरूनी भाग का तापमान 5000 से 7000 डिग्री सेल्सियस है जो सूर्य की सतह के तापमान के बराबर है। क्या आप जानते है कि पृथ्वी के सभी महाद्वीप आज से 6.5 करोड़ साल पूर्व एक दूसरे से जुड़े हुए थे। वैज्ञानिकों का मानना है कि पृथ्वी पर कोई उल्का पिंड गिरने जा फिर लगातार ज्वालामुखीयों ओत शक्तिशाली भूकंपों की वजह से ये महाद्वीप एक-दूसरे से अलग होने लगे इसी वजह से पृथ्वी से डायनासोरो का अंत हुआ था।
- पृथ्वी पर प्रतिदिन 4500 बादल गरजते है। पृथ्वी पर आकाश गंगा का एकमात्र ऐसा ग्रह है जिसमें टैकटोनिक प्लेटों की व्यवस्था है। लगभग प्रत्येक वर्ष 30,000 बाहरी अंतरिक्ष के पिंड पृथ्वी के वायुमंडल में दाखिल होते है लेकिन इनमें से अधिकतर पृथ्वी के वायुमंडल के अंदर पहुंचने पर घर्षण की वजह से जलने लगते है जिन्हें हम आमतौर पर टूटता तारा भी कहते है।
- आमतौर पर माना जाता है कि शुक्र, सौर मंडल का सबसे चमकीला ग्रह है पर ऐसा नहीं है। अगर एक खास दूरी से सौर मंडल के सभी ग्रहों को देखा जाए तो पृथ्वी सबसे अधिक चमकीली नजर आती है। ऐसा इसलिए होता है क्योंकि पृथ्वी का पानी सूर्य के प्रकाश को परिवर्तित कर देता है जिससे वह एक खास दूरी से सबसे चमकीली नजर आती है।
- मनुष्य के द्वारा सबसे अधिक गहराई तक खोदा जाने वाला गड्ढा सन् 1989 में रूस में खोदा गया था जिसकी गहराई 12.262 किलोमीटर थी। पृथ्वी की सतह पर केवल 11% हिस्सा ही भोजन उत्पादित करने के लिए इस्तेमाल किया जाता है। पृथ्वी पूरी तरह से गोल नहीं है बल्कि इसके भूमध्य रेखीय और ध्रुवीय व्यासों में 41 किलोमीटर का अंतर है।
- पृथ्वी ध्रुवों से थोड़ी सी चपटी है जबकि भूमध्य रेखा से थोड़ी सी बाहर की ओर उभरी हुई है। चाँद के साथ कई ग्रह और उपग्रह ऐसे भी हैं जिन पर पानी उपस्थित है लेकिन पृथ्वी ही एकमात्र ऐसा पिंड है जहाँ पानी तीनों अवस्थाओं में पाया जाता है मतलब ठोस, द्रव और गैस।
- आज से 25 करोड़ वर्ष बाद पृथ्वी अपने अक्ष पर अब से धीमी गति करने लगेगी जिसके फलस्वरूप जो दिन वर्तमान समय में लगभग 24 घंटों का होता

है वह 25 करोड़ वर्ष बाद 25.5 घंटों का होगा। पृथ्वी अपनी धुरी पर 1600 किलोमीटर प्रति घंटा की रफ्तार से घूम रही है जबकि सूर्य के आसपास यह 29 किलोमीटर प्रति सेकेण्ड की रफ्तार से चक्कर लगा रही है।

- सारी पृथ्वी के प्रत्येक स्थान पर गुरुत्वाकर्षण एक जैसा नहीं है बल्कि पृथ्वी के प्रत्येक स्थान पर यह अलग-अलग है। इसकी वजह से है सभी स्थानों की पृथ्वी के केंद्र से दूरू भिन्न-भिन्न है। इसी वजह से भूमध्य रेखा पर आपका वजन ध्रुवों से थोडा अधिक होगा। पृथ्वी की तीन चौथाई सतह पर पानी है लेकिन इसकी गहराई पृथ्वी की त्रिज्या की तुलना में कुछ भी नहीं है।
- पृथ्वी के पूरे पानी से बनी गेंद की त्रिज्या लगभग 700 किलोमीटर होगी जो चंद्रमा की त्रिज्या के आधे से भी कम है। यह मात्रा शनि के चंद्रमा रीआ से थोड़ी अधिक है, रीआ पानी की बर्फ से बना है। युरोपा में पानी की मात्रा पृथ्वी पर पानी की मात्रा से भी ज्यादा है। युरोपा पर पानी उसकी सतह के नीचे लगभग 80 से 100 किलोमीटर की गहराई तक है।
- युरोपा के पानी से बनी गेंद का व्यास 877 किलोमीटर होगा इसलिए वैज्ञानिक आजकल युरोपा में जीवन की संभावना देख रहे हैं। पृथ्वी पर हर साल लगभग 1000 टन अंतरिक्ष धूल-कण पृथ्वी में दाखिल होते है। पृथ्वी के अपने अक्ष के सापेक्ष घूमने की वजह से ही यह एक चुंबक की तरह व्यवहार करता है।
- पृथ्वी का उत्तरी ध्रुव इसके चुंबकीय क्षेत्र का दक्षिणी पासा है जबकि दक्षिणी ध्रुव इसके चुंबकीय क्षेत्र का उत्तरी पासा। पृथ्वी का वजन लगभग 5.974.000.000.000.000.000.000.000 किलोग्राम है जो ब्लू व्हेल के वजन 54,807,399,449,541,284,403 के लगभग एक समान है। ब्लू व्हेल पृथ्वी का सबसे भारी प्राणी है। आम धारणा के अनुसार पृथ्वी 24 घंटों में एक चक्कर पूरा करती है लेकिन वास्तव में पृथ्वी एक चक्कर पूरा करने में 23 घंटे, 56 मिनट और 4 सेकेण्ड का समय लेती है और खगोलविद इसे एक नक्षत्र दिन कहते हैं।
- पृथ्वी का एक साल 365 दिनों का नहीं होकर 365.2564 दिनों का होता है जिसे प्रत्येक वर्ष फरवरी के अंत में जोड़ा जाता है इसलिए हर 4 सालों में एक दिन अलग जोड़ा जाता है। पृथ्वी पर उपस्थित 70% पानी का 97% पानी खारा है इसका मतलब ये है कि केवल 3% पानी ही पीने के योग्य है। इस 3% पानी का 2% से भी ज्यादा बर्फ की परतों तथा ग्लेशियरों में रहता है जिसका अर्थ है 1%से भी कम पानी झीलों और नदियों में है।

- पृथ्वी के ज्यादातर भूभाग पर पानी होने की वजह से सूर्य की किरणों को प्रतिबिंबित करता है इसी वजह से दूर से देखने पर पृथ्वी प्रतिभाशाली दिखाई देती है। पृथ्वी तीन अलग-अलग परतों से मिलकर बनी है जो पपड़ी, मेंटल और कोर। ये तीनों परतें विभिन्न तत्वों से मिलकर बने हुए हैं।
- पपड़ी में 32% लोहा, 30%ऑक्सीजन, 15% सिलिकोन, 14% मैग्नीशियम, 3% सल्फर, 2% निकल और बाकी शेष बचा हुआ 4% में कैल्शियम, एल्युमिनियम और अन्य विवध तत्वों की मात्रा से बने हुए होते हैं। मेंटल पृथ्वी की सबसे बड़ी परत है और यह लगभग 2970 किलोमीटर मोटी है। यह पृथ्वी की कुल मात्रा की 84% है।
- पृथ्वी की कोर दो परतों से मिलकर बनी हुई है एक बाहरी परत और दूसरी भीतरी परत। दोनों परतें मुख्य रूप से लोहे और निकल से मिलकर बनी हुई है। पृथ्वी के केंद्र की बाहरी परत तरल और भीतरी परत सूर्य की तरह गर्म और ठोस मानी जाती है। पृथ्वी हमारे सौरमंडल का एक मात्र ऐसा ग्रह है जिसका नाम यूनानी और रोमन देवता के नाम पर नहीं रखा गया है पृथ्वी का पूरा नाम Goddess Terra Mater जो पृथ्वी पर पहली देवी और युरेनस की माँ थी के साथ जुड़ा हुआ है।
- पृथ्वी की सतह का एक तिहाई या आंशिक रूप से या पूरी तरह से रेगिस्तान है। पृथ्वी पर प्रत्येक सेकेण्ड 100 बार बिजली गिरती है मतलब एक दिन में 8.6 लाख बार। ब्रिटेन की रानी पृथ्वी की भूमि की सतह के छठे भाग का कानूनी मालिक है। हमारे पूरे सौरमंडल में सूर्यग्रहण केवल पृथ्वी पर ही हो सकता है किसी दूसरे ग्रह पर नहीं।
- पृथ्वी पर जीवन का अस्तित्व 150 से 200 मिलियन साल से है जबकि पृथ्वी 5 अरब साल पुरानी है। पृथ्वी मोटे तौर पर 66 डिग्री पर झुक जाती है। अगर आप एक सुरंग पृथ्वी के आर-पार बना कर उसमें कूदे तो आपको इस पार से उस पार तक जाने में 42 मिनट का समय लगता है। हमारे सौरमंडल में सभी ग्रहों में से पृथ्वी सबसे अधिक घनत्व 5.52 ग्राम प्रति घन सेंटीमीटर के साथ सबसे घना है।
- हमारे सौरमंडल में दूसरा सबसे ज्यादा घनत्व वाला ग्रह 5.427 ग्राम प्रति घन सेंटीमीटर के एक घनत्व के साथ बुध है। पृथ्वी का सबसे ऊँचा स्थान है माउन्ट एवरेस्ट जिसके बारे में मैं अभी तक बता चुका हूँ और पृथ्वी पर सबसे गहरा स्थान है मरिअनस ट्रेंच। यह समुद्र के सबसे समीप 11 किलोमीटर गहरा है।

- 2017 के हिसाब की किताब के अनुसार पृथ्वी की जनसंख्या लगभग 740 करोड़ है लेकिन जिस तरह से पृथ्वी की जनसंख्या दिन-प्रतिदिन बढती जा रही है उस हिसाब से पृथ्वी की जनसंख्या 2050 तक 920 करोड़ तक पहुंच जाएगी। अटलांटिक महासागर में जीता पानी है उतना ही पानी अंटार्कटिका के बर्फ के रूप में मौजूद है।
- द ग्रेट वाल ऑफ चाइना इंसानों द्वारा बनाई गई एक ऐसी दीवार है जिसे अंतरिक्ष से भी देखा जा सकता है। हमारी पृथ्वी पर इतना सोना है जिससे पूरी पृथ्वी की सतह को 1.5 फीट की गहराई तक ढका जा सकता है। पृथ्वी पर एक बार सबसे विशाल उल्कापिंड गिरा था इसका नाम होबा मिटिऑराइट रखा गया था।
- वैसे तो पृथ्वी पर प्रत्येक साल लगभग लाखों भूकंप आते है लेकिन इनमे से केवल 1 लाख भूकंप ही महसूस किए जाते है और सिर्फ 100 भूकंप ही विनाशकारी होते हैं। पृथ्वी पर सबसे पहले जीवन की शुरुआत पानी से ही हुई थी इसीलिए कहा जाता है जल ही जीवन है। पृथ्वी पर उपस्थित प्रत्येक प्राणी में कार्बन जरुर है।
- वैज्ञानिकों का मानना है कि अंतरिक्ष में मौजूद कचरे का एक टुकड़ा पृथ्वी पर गिरता है। पृथ्वी की सतह पर केवल 11% हिस्सा ही कृषि कार्य के लिए उपयोगी है। पृथ्वी पर सबसे पहले चीनी को शुद्ध करने का तरीका ढूंढने वाला देश भारत है। पृथ्वी पर रोज लगभग 2,00,000 लोग जन्म लेते हैं। पृथ्वी पर हर साल लाख लोगों का बोझ बढ़ जाता है।
- पृथ्वी का निर्माण लगभग 4.54 बिलियन साल पहले हुआ था और पृथ्वी को लेकर वैज्ञानिको का अनुमान है कि इस गृह पर लगभग 4.1 बिलियन वर्ष पहले जीवन का अस्तित्व आंरभ हुआ था|
- 3,959 मील की त्रिज्या के साथ, Earth हमारे सौर मंडल का पांचवा सबसे बड़ा ग्रह है|
- पृथ्वी को अंतरिक्ष में, 6 बिलियन किलोमीटर की दूरी से देखने पर एक नीले रंग के तारे जैसे प्रतिक होता है व् आकाश से पृथ्वी का नीला होने का कारण इस गृह पर मौजूद जल है|
- पृथ्वी को बाहरी अंतरिक्ष से अपने नीले रंग की उपस्थिति के कारण "Blue Planet" के रूप में भी जाना जाता है|
- पृथ्वी कि सतह पर 70% से अधिक पानी है, लेकिन क्या आप जानते है यह पृथ्वी के द्रव्यमान के 1% से भी कम है|पृथ्वी का द्रव्यमान

5,972,190,000,000,000,000,000,000 किग्रा है|

- पृथ्वी का कोर लगभग 85-88% लोहे से बना है और इसकी परत पर लगभग 47% ऑक्सीजन है|
- Earth सौरमंडल का एकमात्र ग्रह है जिसकी सतह के नीचे टेक्टोनिक प्लेट्स मौजूद हैं| ये प्लेटें पृथ्वी के अंदर मैग्मा के ऊपर तैर रही हैं, जब ये प्लेटें आपस में टकराती हैं, तो पृथ्वी पर कंपन पैदा होती है जिसे आम भाषा में भूकंप कहते है|
- पृथ्वी एकमात्र ऐसा ग्रह है जिसका नाम ग्रीक या रोमन देवता के नाम पर नहीं रखा गया था| उदाहरण के तोर पर बृहस्पति गृह का नाम रोमन देवताओं के राजा और यूरेनस गृह का नाम आकाश के ग्रीक देवता के नाम पर रखा गया है लेकिन पृथ्वी का नाम अंग्रेजी/ जर्मन से आया है, जिसका अर्थ है "भू".
- पृथ्वी को कभी ब्रह्मांड का केंद्र माना जाता था और वैज्ञानिकों का मानना था कि सूर्य और अन्य ग्रह इसके चारों ओर घूमते हैं हालाँकि, वैज्ञानिकों द्वारा पृथ्वी के संदर्भ में निरंतर कि गई खोजो ने इस धारणा को गलत साबित कर दिया.
- आंतरिक निकेल-आयरन कोर की उपस्थिति के कारण, पृथ्वी के पास एक मजबूत चुंबकीय क्षेत्र है, यह चुंबकीय क्षेत्र पृथ्वी पर भारी सौर हवाओं को बहने से रोकने के लिए जिम्मेदार है|
- बरमूडा त्रिकोण पर होने वाले हादसों को लेकर वैज्ञानिको का मानना है कि ये सभी हादसे पृथ्वी कि मजबूत चुंबकीय शक्ति के कारण होते है|
- Earth के पास एक मात्र प्राकृतिक उपग्रह है जिसका नाम चंद्रमा है, आपकी जानकारी लिए बता दे बृहस्पति गृह में कुल 67 चंद्रमा हैं|
- पृथ्वी के चंद्रमा कि त्रिज्या 1,738 किलोमीटर है जोकि सौर मंडल का पांचवां सबसे बड़ा चंद्रमा है|
- पृथ्वी पर समुद्रों में आने वाला ज्वार-भाटा, पृथ्वी और चंद्रमा के बीच गुरुत्वाकर्षण बल के कारण होता है|
- चंद्रमा जब पृथ्वी के नजदीक होता है तो अपनी गुरुत्वाकर्षण शक्ति के द्वारा पृथ्वी के समुद्रों के जल को अपनी और खींचता है जिस कारण समुंद्र में ज्वार कि स्थिति उत्पन हो जाती है और पृथ्वी का गुरुत्वकर्षण जल को नीचे कि और ढकेलता है और इस प्रकार समुंद्र में भाटा आ जाता है|
- चंद्रमा का एक ही पक्ष हमेशा पृथ्वी का सामना कर रहा है, जिसका अर्थ है कि चंद्रमा पृथ्वी के साथ समकालिक रोटेशन में है|

- पृथ्वी के चंद्रमा का आकार पृथ्वी के आकार का लगभग 27% है|
- पृथ्वी पर तरल रूप में पानी का अस्तित्व पृथ्वी पर मौजूद तापमान अवधि के कारण बना है, जिसमे पानी 100 डिग्री सेल्सियस पर उबलने लगता है और इस प्रकार पृथ्वी का तापमान इसे गैस में परिवर्तित करता है और इसे मनुष्यों, जानवरों और पक्षियों आदि जीवित प्राणियों तक बदलो के माध्यम से पंहुचा देता है|
- क्या आप जानते है हम सभी सूर्य के चारों ओर 107,182 किलोमीटर प्रति घंटे के औसत वेग से यात्रा कर रहे हैं और हम एक विशाल गति के साथ इसके चारो और घूम रहे हैं|
- पृथ्वी पर मौजूद महासागरों में से 95% से अधिक महासागर आज भी इंसानो कि पहुंच से दूर है|
- Earth पर अरबो साल पहले पाई जाने वाली जीवो कि कुल प्रजातियों में से 99% प्रजातियाँ अब विलुप्त हो चुकी हैं|
- पृथ्वी के घूमने की गति धीरे-धीरे धीमी हो रही है; इसका अर्थ है कि अब से लगभग 140 मिलियन वर्षों में, पृथ्वी पर एक दिन की लंबाई 25 घंटे होगी.
- पृथ्वी के आंतरिक कोर का तापमान 5400 और 6000 डिग्री सेल्सियस के बीच है, इसका एकमात्र उदाहरण पृथ्वी के आंतरिक कोर से ज्वालामुखी के द्वारा निकलने वाला मेग्मा है|
- आपकी जानकारी के लिए बता दे, पृथ्वी के आंतरिक कोर का तापमान सूर्य कि सतह के तापमान से भी अधिक है|
- पृथ्वी चार मुख्य परतों से बनी है, जिनके नाम क्रमश : आंतरिक कोर, बाहरी कोर, मेंटल और क्रस्ट है|
- पृथ्वी की सभी चार परतों में सबसे मोटी परत Metal है, जो 2900 किलोमीटर मोटी है व् सबसे पतली परत Crust है जो पृथ्वी कि सतह से औसतन 30 किलोमीटर की गहराई पर है|
- पृथ्वी सौर मंडल के सबसे अधिक घनत्व वाले ग्रहो में गिना जाता है और इसका औसत घनत्व 5.51 ग्राम प्रति घन सेंटीमीटर है|
- उत्तरी ध्रुव से दक्षिणी ध्रुव तक Earth का व्यास भूमध्य रेखा के पार इसके व्यास से 43 किमी कम है
- पृथ्वी के वायुमंडल में पाँच परतें हैं - ट्रोपोस्फीयर, स्ट्रैटोस्फीयर, मेसोस्फीयर, थर्मोस्फीयर, और एक्सोस्फ़ेयर। पृथ्वी का वायुमंडल जमीनी स्तर से 50 किमी की ऊँचाई तक सबसे मोटा है और इसका विस्तार 10,000 किमी तक है

- हवाई जहाज अधिकतम 60,000 फीट की ऊंचाई पर उड़ते हैं जो लगभग 18.288 किमी है|
- Earth एकमात्र ऐसा ग्रह है जिसके वायुमंडल में 21% ऑक्सीजन है और इसकी सतह पर तरल पानी है|
- पृथ्वी सूर्य से 1 AU की दूरी पर है, AU (सूर्य से पृथ्वी की दूरी) सूर्य से आकाशीय पिंडों की दूरी मापने की मानक इकाई है और सूर्य के प्रकाश को पृथ्वी तक पहुंचने में 8 मिनट 20 सेकंड का समय लगता है|
- पृथ्वी आकार और द्रव्यमान के मामले में पांचवां सबसे बड़ा ग्रह है|
- पृथ्वी के वायुमंडल में ओजोन परत पाई जाती है जो इसे सूर्य की शक्तिशाली और हानिकारक UV किरणों से बचाती है|
- क्या आप जानते है अगर पृथ्वी की सतह से दबाव और घनत्व नष्ट हो जाएं तो सभी जीवित व् निर्जीव वस्तुए पृथ्वी को छोड़ कर अंतरिक्ष कि तरफ उड़ने लगेंगे और कभी वापस पृथ्वी पर नहीं आ पाएंगे|
- Earth के वायुमंडल की अंतिम परत, एक्सोस्फीयर का विस्तार 700 किमी एओव से है जिसका मतलब यह परत समुद्र तल से 10,000 किमी तक बाहरी अंतरिक्ष में स्थित है|
- क्या आपने कभी सोचा है पृथ्वी पर हर चार साल में एक लीप वर्ष क्यों होता है? ऐसा इसलिए है क्योंकि पृथ्वी पर एक वर्ष ठीक 365 दिन नहीं बल्कि 365.2564 दिन का होता है, यह अतिरिक्त 0.2564 दिन हर चार साल में फरवरी के महीने में एक अतिरिक्त दिन (लीप दिन) के साथ समायोजित किया जाता है|
- Earth की सतह का लगभग 70% महासागरों द्वारा कवर किया जाता है जिसमें इस गृह का 97% पानी होता है, ये महासागर महान रहस्यों और भौगोलिक विशेषताओं से भरे पड़े है| उदाहरण के तोर पर पृथ्वी की सबसे लंबी पर्वत श्रृंखला भी पानी के नीचे है|
- वैज्ञानिको का यह मानना है कि, 3.8 अरब साल पहले महासागरों में जलीय जीवन की शुरुआत हुई थी. जिसमे मछलिया, समुंद्री किट इत्यादि सबसे पहले उत्पन हुए थे.
- प्रशांत महासागर की सतह के नीचे जापान के दक्षिण पूर्व में "मारियाना ट्रेंच" नामक खाई पृथ्वी पर सबसे गहरी ज्ञात खाई है जोकि लगभग सात मील गहरी है|

- अंटार्कटिका में पाई जाने वाली सूखी घाटियाँ Earth के सबसे शुष्क स्थानों में से एक है जोकि 4800 वर्ग किलोमीटर क्षेत्र में फैला है व् इस स्थान पर पिछले 2 मिलियन वर्षों से वर्षा नहीं हुई है|
- नील नदी पृथ्वी की सबसे लंबी नदी है जो बुरुंडी में अपने स्रोत से 6,695 किलोमीटर दूर भूमध्य सागर तक फैली हुई है, हालांकि, अमेजन पानी स्टोरेज के मामले में दुनिया की सबसे बड़ी नदी है|
- पृथ्वी पर होने वाले मौसम का बदलाव इसके सूर्य के चारो और घूर्णन गति के कारण होते है|
- Earth के Rotation की धुरी सूर्य के चारों ओर घूमने के संबंध में 23.4 डिग्री झुकी हुई है और पृथ्वी का सूर्य के चारों ओर कक्षा का आकार 149,598,262 किमी है|
- भूमध्य रेखा के दक्षिण में एक डिग्री पर स्थित माउंट चिम्बोराजो का शिखर, पृथ्वी का सबसे ऊंचा बिंदु है| इस बिंदु पर, पृथ्वी का उभार सबसे बड़ा है|
- Earth कि भूमध्यरेखीय परिधि 40,030.2 किमी व् इसका आयतन 1,083,206,916,846 घन किलोमीटर है|
- पृथ्वी का घनत्व 5.513 ग्राम प्रति घन सेंटीमीटर व् भूतल क्षेत्र 510,064,472 वर्ग किलोमीटर है|
- पृथ्वी कि सतह का औसत तापमान -88/58 (न्यूनतम / अधिकतम) डिग्री सेल्सियस है|
- Earth कि सतह का अब तक का सबसे गर्म दिन 56.7 ° C (134 ° F) डिग्री सेल्सियस था, जिसे 10 जुलाई 1913 को ग्रीनलैंड रंच, डेथ वैली, कैलिफोर्निया, में रिकॉर्ड किया गया था|
- पृथ्वी का सबसे ठंडा स्थायी रूप से बसा हुआ स्थान: रूस के साइबेरिया के एक गाँव ओयमकॉन है, जहाँ का सर्दियों में तापमान -68 डिग्री सेल्सियस तक पहुँच जाता है|
- धरती पर अब तक का सबसे ठंडा तापमान अंटार्कटिका के वोस्तोक स्टेशन पर था जोकि शून्य से -89.2 डिग्री सेल्सियस दर्ज किया गया था|
- Earth पर सबसे अधिक वर्षा वाला स्थान मेघालय का मासिनराम है, इस स्थान पर 11,871 मिमी औसत वार्षिक वर्षा होती है|
- मालदीव दुनिया का सबसे समतल देश है, जिसका औसत समुद्र स्तर 2.4 मीटर से अधिक है|

- वैज्ञानिकों ने हाल ही में गणना की है कि पृथ्वी पर 1500 से अधिक खनिज प्रदार्थ ऐसे है जिन्हे अभी तक खोजा नहीं जा सका है| आपकी जानकारी के लिए बता दे कि मनुष्य पृथ्वी पर पाए जाने वाले 5000 से अधिक खनिजों से अवगत हैं|
- हमारे ग्रह पृथ्वी पर कुछ चट्टानें अपने आप चलती हैं| हालांकि, वैज्ञानिक इन चट्टानों की वास्तविक गति को पकड़ने में अभी तक विफल रहे हैं|
- पृथ्वी के वायुमंडल और बाहरी अंतरिक्ष के बीच की सीमा को कर्मन रेखा के रूप में जाना जाता है व् यह सीमा पृथ्वी के समुद्र स्तर से 100 किमी की दूरी पर स्थित है| इस सीमा को पार करने वालो को ही अंतरिक्ष यात्री कहाँ जाता है|
- पृथ्वी और सूर्य के बीच की न्यूनतम दूरी 147.5 मिलियन किलोमीटर है और पृथ्वी और सूर्य के बीच की अधिकतम दूरी (उदासीनता) 152.1 मिलियन किलोमीटर है|
- वैज्ञानिको का ऐसा मानना है कि कि कुछ क्षुद्रग्रह / धूमकेतु भविष्य में Earth से टकरा सकते हैं और इस गृह के जीवन को पूरी तरह तबाह कर सकते हैं| क्या आप जानते है डायनासोर काल में एक ऐसी ही घटना घट चुकी है जिश्ने डायनासोर कि प्रजाति को पृथ्वी से मिटा दिया था|
- वैज्ञानिकों ने हाल ही में अनुमान लगाया है कि पृथ्वी की सतह के नीचे 1,000 किमी की दूरी पर पानी का एक महासागर मौजूद है|

8

चंद्रमा(Moon)

MOON

एस्ट्रोनॉमी के अनुसार जो पिण्ड् सूर्य के चारों ओर चक्कर लगाता है, उसे ग्रह कहते हैं और जो पिण्ड किसी ग्रह के चारों ओर चक्कर लगाता है, उसे उपग्रह अथवा उस ग्रह का चन्द्रमा कहते हैं। इसलिए हमारा चांद वास्तव में हमारे पृथ्वी के चारों ओर चक्कर लगाने वाला एक मात्र उपग्रह है, इसलिए ये हमारी पृथ्वी का इकलौता चन्द्रमा है।

चंद्रमा लगभग 4.5 करोड़ वर्ष पूर्व धरती और थीया ग्रह (मंगल के आकार का एक ग्रह) के बीच हुई भीषण टक्कर से जो मलबा पैदा हुआ, उसके अवशेषों से बना था। यह मलबा पहले तो धरती की कक्षा में घूमता रहा और फिर धीरे-धीरे एक जगह इकट्टा होकर चांद की शक्ल में बदल गया। अपोलो के अंतरिक्ष यात्रियों द्वारा लाए गए पत्थरों की जांच से पता चला है कि चंद्रमा और धरती की उम्र में कोई फर्क नहीं है। इसकी चट्टानों में टाइटेनियम की मात्रा अत्यधिक पाई गई है। एक अन्य परिकल्पना विखंडन सिद्धांत पर आधारित है, जिसके अनुसार पृथ्वी की सतह के करीब 2900 किलोमीटर नीचे एक नाभिकीय विखंडन के फलस्वरूप पृथ्वी की धूल और पपड़ी अंतरिक्ष में उड़ी और इस मलबे ने इकट्ठा होकर चांद को जन्म दिया। हालांकि यह सिद्धांत विवादित है।

चन्द्रमा की जानकारी और इतिहास

Moon / चन्द्रमा पृथ्वी का एकमात्र उपग्रह है। यह सौर मंडल का पांचवां सबसे विशाल प्राकृतिक उपग्रह है। पृथ्वी के बीच से चन्द्रमा के मध्य तक कि दूरी 384,403 किलोमीटर है यह दूरी पृथ्वी की परिधि के 30 गुना है। चन्द्रमा पर गुरुत्वाकर्षण पृथ्वी से 1/6 है। यह प्रथ्वी के परिक्रमा में 27.3 दिन पूरा हो और अपनी आंखों के चारों ओर एक पूर्ण चक्कर भी 27.3 दिन में लगाया जाता है। यही कारण है कि चंद्रमा का एक हिस्सा या चेहरे पर हमें पृथ्वी की ओर होता है। यदि चन्द्रमा पर खड़े होकर पृथ्वी को देखे तो पृथ्वी साफ़ साफ़ अपनी आंख पर घूमता हुआ दिखता है लेकिन आसमान में उसकी स्थिति सदा स्थिर बनी रहेंगे अर्थात् पृथ्वी को कई वर्षों तक निहारते रहो वह अपनी जगह से टस से मस नहीं होगा।

पृथ्वी- चन्द्रमा-सूर्य ज्योतिति के कारण "चन्द्र दशा" हर 29 .5 दिन में बदलते हैं। आकार के हिसाब से अपने स्वामी ग्रह के संबंध में यह सौर मंडल में सबसे बड़ा प्राकृतिक उपग्रह है जिसका विषाणु पृथ्वी का एक चौथाई और द्रव्यमान 1/81 है। बृहस्पति की सैटेलाइट लो के बाद चन्द्रमा दूसरा सबसे अधिक घनत्व वाला उपग्रह है।

सूर्य के बाद आसमान में सबसे अधिक चमकदार निकाय चन्द्रमा है समुद्री ज्वार और भाटा चन्द्रमा की गुरुत्वाकर्षण शक्ति का कारण आते है। चन्द्रमा की तात्कालिक कक्षीय दूरी, पृथ्वी के व्यास का 30 गुना है इसलिये आसमान में सूर्य और चंद्रमा का आकार हमेशा सामान दिखता है। वह पृथ्वी से चंद्रमा का 59% भाग दिखता है जब चंद्रमा में कक्षा में घूमता हुआ सूर्य और पृथ्वी के बीच से होकर

गुजरता है और सूर्य को पूरी तरह से ढकेगा तो उसे सूर्यग्रहण कहते हैं।

सोवियत राष्ट्र की लूना -1 पहले अन्तरिक्ष यान था जो चन्द्रमा पास से गुजरा था लेकिन लुना -2 पहले यान था जो चन्द्रमा की धरती पर उतरा था। 1968 में केवल नासा अपोलो कार्यक्रम ने उस समय मानव मिशन के लिए उपलब्धि हासिल की थी और पहले मानवयुक्त 'चंद्रा परिक्रमा मिशन' की शुरुआत अपोलो -8 के साथ हुई थी। 1969 से 1972 के बीच में छह मानवयुक्त यान ने चन्द्रमा की धरती पर कदम रखा जिसमें से अपोलो -11 ने सबसे पहले कदम रखा था। इन मिशनों ने वापसी के दौरान 380 कि ग्रा। से अधिक चंद्र चट्टानों को साथ लौटने के लिए जिसका इस्तेमाल चंद्रमा का उत्पत्ति, उसकी आंतरिक संरचना का निर्माण और उसके बाद के इतिहास का विस्तृत भूवैज्ञानिक समझ विकसित करना था। ऐसा माना जाता है कि लगभग 4.5 अरब साल पहले पृथ्वी के साथ विशाल टक्कर की घटना ने इसकी स्थापना की है।1972 में अपोलो -17 मिशन के बाद से चंद्रमा का दौरा केवल मानव रहित अंतरिक्ष यान से ही किया गया जिसमें से विशेष रूप से अंतिम सोवियत लुनोखोद रोवर द्वारा किया गया है। 2004 से बाद में, जापान, चीन, भारत, संयुक्त राज्य अमेरिका और यूरोपीय अंतरिक्ष एजेंसी में से प्रत्येक ने चंद्र परिक्रमा के लिए भेजा है। इन अंतरिक्ष अभियानों में चंद्रमा पर जल-बर्फ की खोज की पुष्टि के लिए विशिष्ट योगदान दिया गया है। चंद्रमा के भविष्य के लिए मानवयुक्त मिशन योजना सरकार के साथ निजी वित्त पोषित प्रयासों से बनाया गया है। चंद्रमा 'बाहय अंतरिक्ष संधि' के तहत रहना है जिससे यह शांतिपूर्ण उद्देश्यों की खोज के लिए सभी राष्ट्रों के लिए स्वतंत्र है।

आतंरिक संरचना

चंद्रमा एक विभेदित निकाय है जिसका भूरसायानिक रूप से तीन भाग क्रश, मेटल और कोर है। चंद्रमा का 240 किलोमीटर त्रिज्या का लोहे की बहुलता युक्त एक ठोस अंतररे कोर है और यह आंतरिक कोर का बाहरी भाग मुख्य रूप से लगभग 300 किलोमीटर की त्रिज्या के साथ तरल लोहे से बना हुआ है। कोर के चारों ओर 500 किलोमीटर की त्रिज्या के साथ एक आंशिक रूप से पिघली हुई सीमा परत है। चंद्रमा की खुरदुरी सहत पर बेहद अस्थिर और हल्का वायुमंडल होने की संभावना व्यक्त की जाती है और यहां पानी भी ठोस रूप में मौजूद होने के सबूत मिले हैं। यहां की धूल चिपचिपी है जिसके चलते वैज्ञानिकों के उपकरण खराब हो जाते हैं। यदि कोई अंतरिक्ष यात्री वहां जाएगा तो उसके कपड़ों पर धूल जल्दी से चिपक

जाएगी और फिर उसे निकालना मुश्किल होता है।

एक नजर में चन्द्रमा की जानकारी

- चन्द्रमा पृथ्वी का एकमात्र उपग्रह, जो वायुमंडल विहीन है और जिसकी पृथ्वी से दूरी 3,84,365 कि.मी. है।
- यह सौरमण्डल का पाचवाँ सबसे विशाल प्राकृतिक उपग्रह है।
- चन्द्रमा की सतह और उसकी आन्तरिक सतह का अध्ययन करने वाला विज्ञान सेलेनोलॉजी कहलाता है।
- इस पर धूल के मैदान को शान्तिसागर कहते हैं। यह चन्द्रमा का पिछला भाग है, जो अंधकारमय होता है।
- चन्द्रमा का उच्चतम पर्वत लीबनिट्ज पर्वत है, जो 35000 फुट (10,668 मी0) ऊँचा है। यह चन्द्रमा के दक्षिणी ध्रुव पर स्थित है।
- चन्द्रमा को जीवाश्म ग्रह भी कहा जाता है।
- इसके प्रकाश को पृथ्वी में आने में 1.3 सेकंड लगता है।
- चन्द्रमा, पृथ्वी की एक परिक्रमा लगभग 27 दिन और 8 घंटे में पूरी करता है और इतने ही समय में अपने अक्ष पर एक घूर्णन करता है। यही कारण है कि चन्द्रमा का सदैव एक ही भाग दिखाई पड़ता है। पृथ्वी से चन्द्रमा का 57% भाग देखा जा सकता है।
- चन्द्रमा द्वारा पृथ्वी के चारो ओर घुमने में लगा समय (परिभ्रमण काल) 27 घंटा 7 मिनिट 43 सेकंड है।
- चन्द्रमा का अक्ष तल पृथ्वी के अक्ष के साथ 58.48^{o} का अक्ष कोण बनाता है। चन्द्रमा पृथ्वी के अक्ष के लगभग समानान्तर है।
- चन्द्रमा का धरातल असमतल और इसका व्यास 3,476 कि.मी है तथा द्रव्यमान, पृथ्वी के द्रव्यमान का लगभग 1/8 है।
- पृथ्वी के समान इसका परिक्रमण पथ भी दीर्घ वृत्ताकार है।
- सूर्य के संदर्भ में चन्द्रमा की अवधि 29.53 दिन (29 दिन, 12 घंटे, 44 मिनट और 2.8 सेकेण्ड) होती है। इस समय को एक चन्द्रमास या साइनोडिक मास कहते हैं।
- नक्षत्र समय के दृष्टिकोण से चन्द्रमा लगभग 27½ दिन (27 दिन, 7 घंटे, 43 मिनट और 11.6 सेकेण्ड) में पुनः उसी स्थिति में होता है। 27½ दिन की यह

अवधि एक नाक्षत्र मास कहलाती है।

- ज्वार उठने के लिए अपेक्षित सौर एवं चन्द्रमा की शक्तियों के अनुपात 11:5 हैं।
- ओपोलो के अंतरिक्ष यात्रियों द्वारा लाए गए चट्टानों से पता चला है कि चन्द्रमा भी उतना ही पुराना है, जितनी की पृथ्वी (लगभग 460 करोड़ वर्ष)। इसकी चट्टानों में टाइटेनियम की मात्रा अत्यधिक मात्रा में पायी गयी है।
- चंद्रमा हर वर्ष धरती से 3.78 सेंटीमीटर दूर होता जा रहा है। एक निश्चित दूरी होने पर पर चंद्रमा धरती की परिक्रमा करने में 28 दिन की बजाए 47 दिन लगाएगा। यह भी आशंका व्यक्त की जा सकती है कि यदि चांद इसी तरह से ज्यादा दूर होता जाएगा तो धरती की गुरुत्वाकर्षण शक्ति और कक्षा से दूर होकर अंतरिक्ष में कहीं खो सकता है। ऐसे में धरती पर दिन महज 6 घंटे के लिए रह जाएगा। मतलब बाकी समय रात रहेगी?
- चंद्रमा का सबसे बड़ा पर्वत दक्षिणी ध्रुव पर स्थित लीबनिट्ज पर्वत है, जो 35,000 फुट (10,668 मी.) ऊंचा है।

चंद्रमा के बारे में रोचक तथ्य

- चांद धरती के आकार का केवल 27% ही है।
- चाँद का क्षेत्रफल अफ्रीका के क्षेत्रफल के बराबर है।
- चंद्रमा का आकार देखने में गोल लगता हैं, लेकिन इसका आकार गोल नही है। बल्कि यह अंडे के आकार का है।
- चंद्रमा 2300 मील/घंटे (3700 किलोमीटर/घंटे) की औसत गति से पृथ्वी की परिक्रमा करता है।
- पृथ्वी, सूर्य और चंद्रमा की पारस्परिक गुरुत्वाकर्षण शक्ति की क्रियाशीलता के कारण सागरीय जल में ज्वार-भाटा उत्पन्न होता है।
- चंद्रमा पर कदम दूसरा कदम बज़ एड्रियन (Buzz Adrian) ने रखा था, जो 1969 में अपोलो-11 मिशन पर नील आर्मस्ट्रांग के साथी थे।
- चंद्रमा की गुरुत्वाकर्षण शक्ति कम है। किसी भी तरह का वायुमंडल का न होने का मतलब है कि सौर वायु और उल्कापिंड के आने का खतरा लगातार बना रहता है।

- चाँद पर पानी भारत की खोज है। भारत से पहले भी कई वैज्ञानिको का मानना था कि चांद पर पानी होगा परन्तु किसी ने खोजा नहीं था।
- चंद्रमा पर कदम रखने वाले अंतिम व्यक्ति 1972 में अपोलो-17 मिशन पर गए जीन सर्नन (Gene Cernan) थे।
- 1969 से 1972 तक चंद्रमा पर 6 मानवयुक्त यान भेजे गए। 1972 के उपरांत चंद्रमा पर मानव रहित अंतरिक्ष यान ही भेजे गए हैं।
- Mans Huygons चाँद की सबसे ऊँची चोटी है। इसकी लंम्बाई लगभग 4700 मीटर है।
- पृथ्वी का परिभ्रमण करने के दौरान चंद्रमा की विभिन्न प्रावस्थाएँ, जो पृथ्वी, चंद्रमा तथा सूर्य की सापेक्ष स्थिति में होने वाले परिवर्तनों के कारण उत्पन्न होती हैं। चंद्रमा की इन्हीं प्रावस्थाओं को नवचंद्र, पूर्णचंद्र आदि की संज्ञा दी जाती है।
- पृथ्वी के मध्य से चन्द्रमा के मध्य तक कि दूरी 384, 403 किलोमीटर है।
- चाँद का वजन लगभग 81,00,00,00,000 (81 अरब) टन है।
- चाँद का क्षेत्रफल (Moon Area) अफ्रीका के क्षेत्रफल के बराबर है।
- टेलीस्कोप से चंद्रमा जिस तरह का दिखाई पड़ता है, उसका मानचित्र ब्रिटिश खगोलशास्त्री थॉमस हैरियट (Thomas Harriot) द्वारा सबसे पहले बनाया गया था।
- नील आर्मस्ट्रांग जब पहली बार चांद पर चले थे, तो उनके पास Wright Brothers के पहले हवाई जहाज का एक टुकड़ा था।
- चंद्रमा (Moon) पृथ्वी का एकमात्र प्राकृतिक उपग्रह है। सौरमंडल के 181 उपग्रहों में यह पांचवा सबसे बड़ा उपग्रह है। सौरमंडल का सबसे बड़ा उपग्रह ब्रहस्पति का Ganymede है, जो दो ग्रहों प्लूटो (Pluto) और बुध (Mercury) से भी बड़ा है।
- नील आर्मस्ट्रोग ने चाँद पर जब अपना पहला कदम रखा तो उससे जो निशान चाँद की जमीन पर बना वह अब तक है और अगले कुछ लाखों सालो तक ऐसा ही रहेगा। क्योंकि चांद पर हवा नहीं है।
- खबरों के मुताबिक 1950 में अमेरिका ने चांद को एटम बम से उड़ाने की योजना बनाई थी। अमेरिका के सैन्य अधिकारियों ने यह सनसनीखेज़ योजना अपने धुर विरोधी रूस को अपनी ताकत से खौफ़जदा करने के लिए रची जब दोनों देशों के बीच शीत युद्ध अपने चरम पर था।

- चंद्रमा पर झंडा फ़हराने वाला भारत विश्व का चौथा देश है। इसरो (ISRO) एक चन्द्र-अन्वेषण कार्यक्रम के अंतर्गत भारत ने चंद्रमा पर अपना पहला अंतरिक्ष यान "चंद्रयान-1" (Chandrayaan-1) भेजा था। यह एक मानवरहित यान था, जिसे 12 अक्टूबर 2008 में भेजा गया था। चंद्रयान ऑर्बिटर मून इम्पैक्ट प्रोब (MIP) 14 नवंबर 2008 को चंद्रमा की सतह पर उतरा था। "चंद्रयान-1" (Chandrayaan-1) का उद्देश्य चंद्रमा की सतह के नक़्शे, पानी के अंश और हीलियम की तलाश करना था। इसका कार्यकाल 2 वर्ष का था। लेकिन नियंत्रण कक्ष से संपर्क टूटने की वजह से इसे 1 वर्ष में ही बंद कर दिया गया था।
- धरती से अगर चांद गायब हो जाए तो पृथ्वी पर दिन महज छह घंटे के लिए होगा।
- चंद्रमा की गुरुत्वाकर्षण शक्ति पृथ्वी से कम होती है। अगर आंकड़ों में बात की जाए तो चांद पर इंसान का वजन 16.5% कम होता है। यही कारण है कि चांद पर अंतरिक्ष यात्री ज्यादा उछलकूद कर सकते हैं।
- खबरों के मुताबिक 1950 में अमेरिका ने चांद को एटम बम से उड़ाने की योजना बनाई थी। अमेरिका के सैन्य अधिकारियों ने यह सनसनीखेज़ योजना अपने धुर विरोधी रूस को अपनी ताकत से खौफ़जदा करने के लिए रची जब दोनों देशों के बीच शीत युद्ध अपने चरम पर था।
- अगर आप अपने इंटरनेट की स्पीड से खुश नहीं हैं। तो आप चांद का रुख कर सकते है। जी हां, नासा ने वर्ल्ड रिकॉर्ड बनाते हुए चांद पर वाई-फाई कनेक्शन की सुविधा उपलब्ध कराई है जिसकी 19 एमबीपीएस की स्पीड बेहद हैरतअंगेज है।
- चंद्रमा की सतह पर धूल का गुबार सूर्योदय और सूर्यास्त के समय पर मंडराता रहता है। इसका असली कारण अभी तक पता नहीं चल सका है।
- चंद्रमा पर मनुष्य द्वारा छोडे गए 96 बैग ऐसे है जिनमें मल, मूत्र और उल्टी है।
- "चंद्रयान-2" (Chandrayaan-2) 14 जुलाई 2019 में लांच किया गया। लेकिन तकनीकी ख़राबी एक कारण लांच के 56 मिनट पहले ही इसे बंद कर दिया गया। 22 जुलाई 2019 में इसे पुनः लांच किया गया। 6 सितंबर 2019 को लगभग 1.53 बजे इसका संपर्क इसरो के नियंत्रण कक्ष से टूट गया। इसका चंद्रमा की सतह से 2.1 किलोमीटर की ऊँचाई पर होने का अनुमान है।

- चांद पर करीब 1 लाख 81 हजार 400 किलो का मानव निर्मित मलबा पड़ा हुआ है जिसमें 70 से अधिक अंतरिक्ष यान और दुर्घटनाग्रस्त कृत्रिम उपग्रह भी शमिल हैं।
- अगर आप का वजन धरती पर 60 किलो है तो चाँद की low gravity की वजह से चाँद पर आपका वजन 10 किलो ही होगा।
- अभी तक जिन उपग्रहों के घनत्व ज्ञात हैं, उनमें Moon दूसरा सबसे अधिक घनत्व वाला उपग्रह है। पहले स्थान पर बृहस्पति का उपग्रह आता है।
- पृथ्वी पर अगर चंद्र ग्रहण लगा है तो चांद पर सूर्य ग्रहण होगा।
- चांद धरती के आकार का सिर्फ 27% हिस्सा ही है।
- पूरा चाँद आधे चाँद से 9 गुना ज्यादा चमकदार होता है।
- जब सारे अपोलो अंतरिक्ष यान चाँद से वापिस आए तब वह कुल मिलाकर 296 चट्टानों के टुकड़े लेकर आए जिनका द्रव्यमान (वजन) 382 किलो था।
- चाँद धरती के ईर्ध-गिर्द घूमते समय अपना सिर्फ एक हिस्सा ही धरती की तरह रखता है। इसलिए चाँद का दूसरा हिस्सा आज तक धरती से किसी मनुष्य ने नहीं देखा। हालाँकि बाकि हिस्से का फोटो लिया जा चूका हैं।
- जिन उपग्रहों के घनत्व ज्ञात हैं, उनमें चंद्रमा दूसरा सबसे अधिक घनत्व वाला उपग्रह है। पहले स्थान पर बृहस्पति का उपग्रह आयो (Io) है।
- चंद्रमा को पृथ्वी का परिक्रमा करने में 27.3 दिन का समय लगता है।
- अमेरिकी सरकार ने चांद पर आदमी भेजने और ओसामा बिन लादेन को ढूंढने में बराबर टाइम और पैसा खर्च किया : 10 साल और 100 बिलियन US$.
- Apollo-11 यान का चंद्रमा लैंडिग के समय बनाया गया Original टेप मिट गया था। यह गलती से दोबारा इस्तेमाल कर लिया था।
- यह आश्चर्यजनक हो सकता है। लेकिन चांद की सतह पर बेहद अस्थिर और हल्का वायुमंडल मौजूद है। चांद पर पानी भी तरल नहीं बल्कि सॉलिड फॉर्म में मौजूद है। नासा के एलएडीईई प्रोजेक्ट के मुताबिक यह हीलियम, नीयोन और ऑर्गन गैसों से बना हुआ है।
- चंद्रमा पृथ्वी से हर साल 3.78 सेमी दूर होता जा रहा है और अगले 50 अरब साल तक ऐसा ही होता रहेगा। ऐसा होने पर चांद पृथ्वी की परिक्रमा करने में 47 दिन लगाएगा।
- अपने बैग और एक अमेरिकन झंडे के अलावा एपोलो 11 के अंतरिक्ष यात्री चांद की धरती पर कुछ यादगार निशानी भी छोड़ गए थे।

- चंद्रमा से आसमान नीला नहीं बल्कि काला दिखायी देता है। क्योंकि वहां प्रकाश का प्रकीर्णन नहीं है।
- 2 जनवरी 1959 में सोवियत संघ द्वारा लांच किया गया मानव रहित यान लूना-1 पहला अंतरिक्ष यान था, जो चंद्रमा की सतह के करीब से गुजरा था। तकनीकी खामियों के कारण यह चंद्रमा की सतह पर लैंड नहीं कर पाया, बल्कि 5995 किलोमीटर दूर से गुजर गया। लूना परियोजना के अंतर्गत छोड़ा गया दूसरा याह लूना-2 सफ़लतापूर्वक चंद्रमा की सतह पर पहुँचा (13 सितंबर 1959).
- चंद्रमा का व्यास 3476 किमी है, जो पृथ्वी के व्यास का लगभग 1/4 है। चंद्रमा का आकार बृहस्पति (Jupiter) और शनि (Saturn) के उपग्रहों से भी बहुत छोटा है।
- हालांकि चंद्रमा रात में चमकता दिखाई पड़ता है। लेकिन उसका स्वयं का कोई प्रकाश नहीं होता। वह सूर्य के प्रकाश से प्रकाशित होता है।
- चंद्रमा का स्वयं का कोई प्रकाश नहीं होता। वह सूर्य के प्रकाश का परावर्तन करता है। यह प्रकाश पृथ्वी तक पहुँचने में 1.3 सेकंड लगते हैं।
- चंद्रमा का गुरुत्वाकर्षण पृथ्वी के गुरुत्वाकर्षण का मात्र छठा हिस्सा है। इसका अर्थ यह हुआ कि चंद्रमा की सतह पर किसी व्यक्ति का भार पृथ्वी की तुलना में 1/6 (16.5%) होगा। वजन कम महसूस होने के कारण चंद्रमा पर कोई भी व्यक्ति बहुत ऊँची छलांग लगा सकता है।
- चंद्रमा दिन के समय अत्यंत गर्म और रात में अत्यंत ठंडा होता है। यहाँ दिन का औसत तापमान 134 डिग्री सेल्सियस और रात का -153 डिग्री सेल्सियस रहता है।
- पृथ्वी से देखने पर सूर्य और चंद्रमा दोनों एक ही आकार के दिखाई पड़ते हैं। लेकिन वास्तव में चंद्रमा सूर्य से 400 गुना छोटा है। सूर्य की तुलना में पृथ्वी से 400 गुना करीब होने के कारण चंद्रमा आकार में सूर्य जितना प्रतीत होता है।
- हमेशा चंद्रमा का एक ही भाग पृथ्वी के सामने होता है। ऐसा इसलिए है क्योंकि चंद्रमा के अपने अक्ष पर घूर्णन की अवधि और पृथ्वी की कक्षा में परिक्रमा की अवधि एकसमान है। हम हमेशा चंद्रमा का 50% भाग ही देख पाते हैं।
- चंद्रमा का क्षेत्रफल अफ्रीका के क्षेत्रफल के बराबर है।
- चंद्रमा की सतह से पृथ्वी को देखने पर यह अपने मूल आकार से 4 गुना अधिक बड़ी दिखाई पड़ती है। साथ ही यह पूर्णिमा के चाँद की तुलना में 45 से 100 गुना अधिक चमकदार भी दिखाई पड़ती है।

- चंद्रमा की ही गुरुत्वाकर्षण शक्ति के कारण पृथ्वी (Earth) के सागरीय जल में ज्वार-भाटा उत्पन्न होता है।
- चंद्रग्रहण वह खगोलीय स्थिति है, जब पृथ्वी सूर्य और चंद्रमा के मध्य आ जाती है। जब पृथ्वी, सूर्य और चंद्रमा एक सीध में होते हैं, तब चंद्रग्रहण पड़ता है। जब पृथ्वी पर चंद्रग्रहण होता है, तब चंद्रमा पर सूर्यग्रहण होता है।
- जब अंतरिक्ष यात्री एलन सैपर्ड चांद पर थे तब उन्होंने एक golf ball को hit मारा जोकि तकरीबन 800 मीटर दूर तक गई।
- चन्द्रमा 4.5 अरब साल पहले पृथ्वी और थीया (मार्स के आकार का तत्व) के बीच हुए भीषण टकराव के बाद बचे हुए अवशेषों के मलबे से बना था।
- पृथ्वी पर आने वाले भूकंपों (earthquakes) की तरह चंद्रमा की सतह पर भी कंपन होता है, जिसे moonquakes कहा जाता हैं। Moonquakes आने का कारण पृथ्वी का गुरुत्वाकर्षणीय प्रभाव है। पृथ्वी पर आने वाले भूकंप की अवधि कुछ ही मिनट की होती है। लेकिन चंद्रमा पर moonquakes आधे से एक घंटे तक आ सकता है।
- चाँद के दिन का तापमान 180 डिगरी सेलसीयस तक पहुँच जाता है। जब कि रात का -153 डिगरी सेलसीयस तक।
- यह जानकर हैरानी होगी कि आपके मोबाइल फोन में अपोलो 11 यान के चंद्रमा लैंडिग के समय यूज किये गए कंप्यूटर की तुलना में अधिक कंप्यूटिंग शक्ति है।
- चंद्रमा पर बनने वाले इंद्रधनुष को चंद्र-इन्द्रधनुष कहा जाता है। Moonbows का निर्माण चंद्रमा की सतह द्वारा प्रकाश परावर्तित करने के फलस्वरूप होता है। नग्न आँखों के लिए यह प्रकाश बहुत धुंधला होता है, इसलिए moonbows सफेद दिखाई पड़ते हैं।
- चंद्रमा की सतह के गड्ढो के नाम वैज्ञानिक, अविष्कारक, कलाकार या खोजकर्ताओं के नाम पर रखे जाते हैं। इसकी शुरूवात 1645 में ब्रुसेल्स के एक इंजीनियर माइकल वैन लैंग्रेन ने की थी।
- पिछले 41 साल से चांद पर कोई आदमी नहीं गया है और अब तक मात्र 12 लोग चाँद पर गए हैं।
- चंद्रमा की फोटो में अपने कही-कही गड्डे देखे होंगे। ये गड्डे चंद्रमा की सतह से टकराने वाले क्षुद्रग्रह और धूमकेतु के कारण बने हैं।

9

मंगल ग्रह(Mars)

MARS

मंगल सौरमंडल में सूर्य से चौथा ग्रह है। पृथ्वी से इसकी आभा रक्तिम दिखती है, जिस वजह से इसे "लाल ग्रह" के नाम से भी जाना जाता है। सौरमंडल के ग्रह दो तरह के होते हैं – "स्थलीय ग्रह" जिनमें ज़मीन होती है और "गैसीय ग्रह" जिनमें अधिकतर गैस ही गैस है। पृथ्वी की तरह, मंगल भी एक स्थलीय धरातल वाला ग्रह है। इसका वातावरण विरल है। इसकी सतह देखने पर चंद्रमा के गर्त और पृथ्वी के ज्वालामुखियों, घाटियों, रेगिस्तान और ध्रुवीय बर्फीली चोटियों की याद दिलाती है। हमारे सौरमंडल का सबसे अधिक ऊँचा पर्वत, ओलम्पस मोन्स मंगल पर ही स्थित है। साथ ही विशालतम कैन्यन वैलेस मैरीनेरिस भी यहीं पर स्थित है। अपनी भौगोलिक विशेषताओं के अलावा, मंगल का घूर्णन काल और मौसमी चक्र पृथ्वी के समान हैं। मंगल को रात में नंगी आंखों से देखा जा सकता है। मंगल

ग्रह को युद्ध का भगवान भी कहते हैं।

मंगल ग्रह के बारे में महत्वपूर्ण जानकारी

मंगल के दो चन्द्रमा, फ़ोबोस और डिमोज़ हैं, जो छोटे और अनियमित आकार के हैं। ऐसा प्रतीत होता है कि यह 5261 यूरेका के समान, क्षुद्रग्रह है जो मंगल के गुरुत्व के कारण यहाँ फंस गये हैं। मंगल को पृथ्वी से नंगी आँखों से देखा जा सकता है। इसका आभासी परिमाण -2.9, तक पहुँच सकता है और यह् चमक सिर्फ शुक्र, चन्द्रमा और सूर्य के द्वारा ही पार की जा सकती है, यद्यपि अधिकांश समय बृहस्पति, मंगल की तुलना में नंगी आँखों को अधिक उज्जवल दिखाई देता है।

मंगल ग्रह सूर्य से लगभग 22.80 करोड़ किलोमीटर दूर है (कक्षा :1.52: 227,940,000 किमी = ए.यू. सूर्य से)। यह सूर्य की परिक्रमा बिल्कुल गोल नहीं बल्कि अंडाकार पथ पर करता है। इसलिए कभी तो सूर्य से लगभग 24.90 करोड़ किलोमीटर दूर हो जाता है और कभी सूर्य से उसकी दूरी केवल क़रीब 20.70 करोड किलोमीटर रह जाती है। मंगल के गोले का व्यास 6794 किलोमीटर है और द्रव्यमान 6.4219e23 किलो है। वह अपनी धुरी पर 24 घंटे, 37 मिनट और 22.1 सेकेंड में घूम जाता है। उसका एक दिन हमारी पृथ्वी के 1.026 दिन के बराबर होता है। वह सूर्य की परिक्रमा हमारी पृथ्वी के दिनों के हिसाब से 686.98 दिन में करता है। यानी, उसका एक वर्ष हमारे 2 वर्षों से भी बड़ा होता है।

मंगल की कक्षा दिर्घवृत्त में है जिसके कारण इसके तापमान में सूर्य से दूरस्थ बिन्दू और निकटस्थ बिन्दू के मध्य 30 डिग्री सेल्सीयस का अंतर आता है। इससे मंगल के मौसम पर असर होता है। मंगल पर औसत तापमान 218 डिग्री केल्वीन (– 55 डिग्री सेल्सीयस) है। इसलिए मंगल ग्रह का दिन में अधिकतम औसत तापमान 27 डिग्री सेल्सियस और न्यूनतम औसत तापमान शून्य से 133 डिग्री सेल्सियस तक नीचे होता है। मंगल पृथ्वी से बहुत छोटा है लेकिन उसकी सतह का क्षेत्रफल पृथ्वी की सतह के क्षेत्रफल के बराबर ही है, क्योंकि मंगल पर सागर नहीं है ।

मंगल, पृथ्वी के व्यास का लगभग आधा है। यह पृथ्वी से कम घना है, इसके पास पृथ्वी का 15 % आयतन और 11 % द्रव्यमान है। हालांकि मंगल, बुध से बड़ा और अधिक भारी है पर बुध की सघनता ज्यादा है। फलस्वरूप दोनों ग्रहों का सतही गुरुत्वीय खिंचाव लगभग एक समान है। मंगल ग्रह की सतह का लाल- नारंगी रंग लौह आक्साइड (फेरिक आक्साइड) के कारण है, जिसे सामान्यतः हैमेटाईट या

जंग के रूप में जाना जाता है। यह बटरस्कॉच भी दिख सकता है, तथा अन्य आम सतह रंग, भूरा, सुनहरा और हरे शामिल करते है जो कि खनिजों पर आधारित होता है।

हाल ही में वैज्ञानिक अध्ययनों ने साबित कर दिया कि मंगल भी हमारी पृथ्वी की तरह एक ठोस ग्रह है और यहाँ की सतह रूखी और पथरीली हैं। मंगल की सतह पर मैदान, पहाड़ और घाटियां हैं। वहां धूल के भयंकर तूफ़ान उठते रहते हैं। चाँद की तरह मंगल ग्रह के दक्षिणी गोलार्ध में उच्चभूमि है और उत्तरी गोलार्ध में मैदान हैं। इस ग्रह के भीतरी भाग में 1700 किलोमीटर रेडियस का कोर (त्रिज्या का केन्द्रक) है, उसके चारो पिघली चट्टानो का पिघला मैन्टल है जो पृथ्वी से मैंटल से ज़्यादा घना है, इनके बाहर एक पतला भूपृष्ठ है।

मार्स ग्लोबल सर्वेयर के आंकड़ो से भूपृष्ठ की मोटाई दक्षिणी गोलार्ध में 80 किलोमीटर मोटा है लेकिन उत्तरी गोलार्ध में केवल 35 किलोमीटर मोटा है। चट्टानी ग्रहों में मंगल का कम घनत्व यह दर्शाता है कि इसके केन्द्रक में सल्फर की मात्रा लोहे की मात्रा से ज़्यादा है। मंगल का दक्षिणी गोलार्ध चन्द्रमा के जैसे क्रेटरों से भरा हुआ उठा हुआ और प्राचीन है। इसके विपरित उत्तरी गोलार्ध नये पठारो का बना और निचला है। इन दोनो की सीमा पर उंचाई में एक आकस्मिक उंचाई में बदलाव दिखायी देता है। इस आकस्मिक उंचाई में बदलाव के कारण अज्ञात है। मार्श ग्लोबल सर्वेयर यान ने जो 3 आयामी मंगल का नक्शा बनाय है इन सभी रचनाओ को दिखाता है। मंगल के दोनों ध्रुवो पर बर्फ़ की परत है। यह बर्फ़ की परत पानी और कार्बन डाय आक्साईड की बर्फ़ है। उत्तरी गोलार्ध की गर्मीयो में कारबन डायाअक्साईड की बर्फ़ पिघल जाती है और पानी की बर्फ़ की तह रह जाती है। मार्स एक्सप्रेस ने यह अब दक्षिणी गोलार्ध में भी देखा है। अन्य स्थानो पर भी पानी की बर्फ़ के होने की आशा है।

मंगल पर ज़मीन खिसकने की घटनाएँ भी आम तौर पर होती हैं, मंगल ग्रह पर गुरुत्वाकर्षण भी पृथ्वी के मुक़ाबले काफ़ी कम है। बुध और चन्द्रमा की तरह मंगल में भी क्रियाशील प्लेट टेक्टोनिक्स नहीं है क्योंकि मंगल में मोड़दार पर्वत (पृथ्वी पर हिमालय) नहीं है। प्लेट की गतिविधी ना होने से सतह के नीचे के गर्म स्थान अपनी जगह रहते हैं, तथा कम गुरुत्व के कारण थारसीस उभार जैसे उभारो तथा ज्वालामुखी की संभावना ज़्यादा रहती है। हालिया ज्वालामुखीय गतिविधी के कोई प्रमाण नहीं मीले है। मार्स ग्लोबल सर्वेयर के अनुमानो से मंगल में किसी समय टेक्टानिक गतिविधी रही होंगी। इतिहास में मंगल पृथ्वी जैसा रहा होगा।

इतिहास

धर्म ग्रंथो और पुराणों में — मंगल ग्रह प्राचीनकाल से ही मानव का ध्यान आकर्षित करता रहा है। हमारी पौराणिक कथाओं में इसे पृथ्वी का पुत्र माना गया है। शिव पुराण में कहा गया है कि यह शिव के पसीने की बूंद से पैदा हुआ और देवता बन कर आकाश में स्थापित हो गया। रोम और यूनान के प्राचीन निवासी लाल रंग के कारण इसे युद्द का देवता (यूनानी: Ares) मानते थे। रोमन देवता मार्स कृषि देवता का देवता था। इसलिए मार्च महीने का नाम भी मंगल ग्रह से लिया गया है।

चन्द्रमा के अलावा मंगल अकेला ग्रह है जिस पर मानव निर्मित यान पहुंचा है। 1960 के दशक में पहली बार अंतरिक्ष यान यहाँ उतरा था, 1990 के आख़िर तक मंगल के सतह की पूरी तस्वीर खींची जा चुकी थी। सबसे पहले मंगल पर 1965 में मैरीनर – 4 यान भेजा गया था। उसके बाद इस ग्रह पर मार्स 2 (Mars 2) जो मंगल पर उतरा भी था, के अलावा बहुत सारे यान भेजे गये है। 1976 में दो वाइकिंग यान भी मंगल पर उतरे थे। इसके 20 वर्ष पश्चात 4 जुलाई 1997 को मार्श पाथफाईंडर मंगल पर उतरा था। 2004 में मार्स एक्स्पेडीसन रोवर प्रोजेक्ट के दो वाहन स्प्रिट तथा ओपरच्युनिटी मंगल पर भौगोलिक आंकड़े और तस्वीरे भेजने उतरे थे। 2008 में फिनिक्स यान मंगल के उत्तरी पठारो में पानी की खोज के लिये उतरा था। मंगल की कक्षा में मार्स रीकानैसेन्स ओर्बीटर मार्स ओडीसी तथा मार्स एक्सप्रेस यान है। भारतीय वैज्ञानिक भविष्य में मंगल अभियान की योजना बना रहे हैं।

यहां से लाएं मिट्टी के एवं अन्य नमूनों के अध्ययन के आधार पर वैज्ञानिकों ने यह कहा है कि मंगल का वायुमंडल पहले बहुत घना एवं गाढ़ा था जहाँ जिसके कारण इसके सतह पर पानी के स्रोत थे।

मंगल ग्रह से जुड़े तथ्य

- मंगल ग्रह पर कंपकंपा देने वाली ठंड और धूल भरी आंधी का गुबार पृथ्वी के मुकाबले कहीं ज्यादा है। गर्मियों में तो यहां का तापमान 30 डिग्री सेल्सियस के आसपास रहता है, लेकिन जाड़े में यह शून्य से घटकर 140 डिग्री सेल्सियस तक चला जाता है। धरती की तरह ही मंगल ग्रह पर भी साल में चार मौसम आते हैं- पतझड़, ग्रीष्म, शरद और शीत।

- इस ग्रह पर सौर मंडल के सबसे विशालतम सक्रिय ज्वालामुखी स्थित हैं जिसका नाम Olympus Mons है। इसका व्यास 600 किमी है। यह एक ढाल के रूप में विराजमान है जो बहते हुए लावा के सुख जाने पर बने होंगे। यहाँ कई अन्य सक्रिय ज्वालामुखी भी हैं।
- पृथ्वी और मंगल ग्रह पर गुरुत्वाकर्षण शक्ति अलग-अलग हैं। इस कारण धरती पर अगर किसी व्यक्ति का वजन 50 kg होगा तो मंगल ग्रह पर जाकर उसका वजन 19 kg हो जाएगा।
- पृथ्वी के जैसा ही मंगल ग्रह के पास चन्द्रमा हैं, बस फर्क इतना हैं की मंगल ग्रह के पास दो चांद हैं, जिनका नाम फोबोस और डेमियोस है। इसमें फोबोस का व्यास 13.8 मील है तो डेमियोस का व्यास 7.8 मील है।
- पृथ्वी और मंगल ग्रह करीब दो साल में एक दूसरे के सबसे ज्यादा करीब होते हैं। इस दौरान धरती से नंगी आंखों से भी मंगल को देखा जा सकता है।
- पृथ्वी से देखे जाने की तुलना में सूर्य का आकार मंगल से लगभग आधा ही दिखाई देता है।
- क्या आप जानते है March महीने का नाम Mars से ही निकला है।
- मंगल ग्रह का व्यास 6792 किलोमीटर है।
- ऐसा माना जाता है कि एलियन जीवो का खोपड़ी मंगल ग्रह पर मिला था।
- मंगल ग्रह के चंद्रमाओं की खोज 1877 में आसफ हॉल नामक एक अमेरिकी खगोलशास्त्री द्वारा की गई थी।
- जब मंगल ग्रह सूर्य के ज्यादा नजदीक आता है तब ऐसे तूफ़ान और बढ़ जातेहै।
- क्या आप जानते है Mars पृथ्वी के व्यास के आधे से भी कम है।
- मंगल ग्रह का ध्रुवीय व्यास: 6,752 किलोमीटर व् द्रव्यमान: 6.42 x 10 ^ 23 किग्रा है।
- मंगल ग्रह की कोर को लेकर अभी तक अंतरिक्ष विज्ञानिको को पूरी सफलता नहीं मिली है। आपकी जानकारी के लिए बता दे मंगल ग्रह की सतह ठोस, तरल या दो अलग-अलग परतों से बनी है। इस पर विज्ञानिको में मतभेद रहे है।
- मंगल ग्रह का व्यास पृथ्वी के व्यास के आधे से भी कम है।
- नासा समूचे विश्व में एकमात्र अंतरिक्ष अन्वेषण एजेंसी है जो अब तक मंगल पर उतरने में कामयाब रही है।
- मंगल ग्रह का पड़ोसी ग्रह जिसे बृहस्पति ग्रह के नाम से जाना जाता है। अपने विशाल आकार के कारन मंगल की कक्षा को प्रभावित करने की क्षमता रखता है।

- मंगल ग्रह पर जीवन की खोज करने के लिए अभी तक कुल 8 अभियान किए गएहै। जिसमें 7 अभियान अमेरिका ने और एक अभियान भारत ने किया है।
- मंगल ग्रह के उपग्रह फोबोस पर एक बड़ा क्रेटर स्टीकनी है। इसका नाम उसके खोज करने वाले वैज्ञानिक हाल की पत्नी के नाम पर रखा गया है।
- मंगल ग्रह का पड़ोसी ग्रह जिसे बृहस्पति ग्रह के नाम से जाना जाता है। अपने विशाल आकार के कारन मंगल की कक्षा को प्रभावित करने की क्षमता रखता है।
- मंगल ग्रह की अधिक जानकारी जुटाने के लिए अब तक 39 अंतरिक्ष मिशनों को अंजाम दिया जा चूका है, लेकिन इन सभी मिशनों में से से केवल 16 ही सफल रहे है।
- मंगल की सतह का गुरुत्वाकर्षण पृथ्वी पर पाया जाने वाला गुरुत्वाकर्षण का लगभग 37% है।
- मंगल का गुरुत्वाकर्षण पृथ्वी के गुरुत्वाकर्षण से कम होने के कारन मंगल ग्रह पर आप पृथ्वी की तुलना में 3x अधिक उछल सकतेहै।
- मंगल ग्रह की कोर को लेकर अभी तक अंतरिक्ष विज्ञानिको को पूरी सफलता नहीं मिली है। आपकी जानकारी के लिए बता दे मंगल ग्रह की सतह ठोस, तरल या दो अलग-अलग परतों से बनी है। इस पर विज्ञानिको में मतभेद रहे है।
- मंगल सूर्य से चौथा ग्रह है और स्थलीय ग्रहों में अंतिम ग्रह के रूप में जाना जाता है। जोकि सूर्य से लगभग 227,940,000 किलोमीटर दूर है।
- युद्ध के रोमन देवता Mars के नाम पर इस ग्रह का नाम Mars Planet पड़ा।
- सौरमंडल में ज्ञात सबसे ऊँचा ज्वालामुखी पर्वत मंगल ग्रह पर है। Olympus Mons एक 21 किलोमीटर ऊंचा और 600 किलोमीटर व्यास का ढाल ज्वालामुखी है जो अरबों साल पहले बना था।
- हाल ही में NASA JPL के Mars Orbiter द्वारा मंगल की सतह पर कृमि जैसे एलियंस को देखा गया है, आपकी जानकारी के लिए बता दे यह अंतरिक्ष यान पिछले 11 वर्षों से मंगल की परिक्रमा कर रहा है।
- मंगल में हवा, पानी, बर्फ और भूविज्ञान की एक प्रणाली है, अन्य शब्दों में, इसका एक वातावरण, एक जलमंडल, एक क्रायोस्फीयर और एक स्थलमंडल है।
- "Seek Signs Of Life" नासा की एक अन्वेषण रणनीति है। जिसे नासा वर्तमान में मंगल पर जीवन की संभावनाओं का पता लगाने के लिए अनुसरण कर रहा है।

- नासा के अनुसार, पृथ्वी से मंगल की यात्रा करने में लगभग ढाई साल लगते है।
- गैलीलियो गैलीली ने सर्वप्रथम 1609 में एक मूल दूरबीन के साथ मंगल ग्रह का अवलोकन किया था।
- पृथ्वी और मंगल के बीच की दूरी बदलती रहती है। क्योंकि इसकी कक्षा (orbit) गोल नही बल्कि अंडाकार है।
- आपको जानकर हैरानी होगी नासा की 2030 के अंत तक मंगल पर एक पृथ्वी स्वतंत्र कॉलोनी बनाने की योजना है।
- मंगल पर उपलब्ध भूमि की सतह की मात्रा पृथ्वी पर उपलब्ध भूमि की सतह के लगभग बराबर है।
- Mars Planet का रंग लाल होने के कारण इस ग्रह को आक्रामकता से जोड़ा जाता है।
- विज्ञानिको के अनुसार मंगल गृह पर पानी मौजूद है। जोकि ठोस अवस्था में इस गृह पर पाया जाता है, आपकी जानकारी के लिए बता दे पृथ्वी के इलावा मंगल ही एक मात्र ऐसा ग्रह है जिस पर ठोस अवस्था में जल मौजूद है।
- मंगल ग्रह को पृथ्वी की सतह से रात के समय नग्न आंखों के साथ देखा जा सकता है।
- वाइकिंग 1 और वाइकिंग 2 दो अंतरिक्ष यानहै जिन्हें नासा द्वारा 1975 में मंगल ग्रह पर इसकी सतह का अध्ययन करने और इसकी संरचना और संरचना के बारे में महत्वपूर्ण जानकारी इकट्ठा करने के उद्देश्य से भेजा गया था।
- मंगल पर वातावरण का दबाव पृथ्वी की तुलना में बहुत कम है इसलिए वहां जीवन होने की कम संभावनाएं है।
- मंगल ग्रह का औसत तापमान -55 डिग्री सेल्सियस है। सर्दियों के दिनों में यहां का तापमान -87 डिग्री सेल्सियस और गर्मियों में माइनस -5 डिग्री सेल्सियस हो जाता है।
- मंगल ग्रह पर समुद्र या महासागर नहीं है। इसलिए कोई समुद्र स्तर नहीं है।
- विज्ञानिको का मानना है की यह ज्वालामुखी वर्तमान में भी सक्रिय है।
- नासा समेत पुरे विश्व के अंतरिक्ष विज्ञानियों में मंगल ग्रह को लेकर विशेष रूचि देखीं जाती है, मंगल पर जीवन की संभावना को खोजने के प्रयास में, वैज्ञानिक आमतौर पर मंगल ग्रह पर पानी और जीवों के प्रमाण खोजने में रुचि रखतेहै।

- मंगल ग्रह पर जल होने की प्रबल संभावनाएंहै। जो कृत्रिम उपग्रह अभी तक मनुष्य द्वारा मंगल ग्रह पर भेजे गएहै उससे मंगल की सतह पर द्रव वस्तु होने के सबूत मिलेहै। वैज्ञानिकों के अनुसार यह बड़ी झीलें और महासागर हो सकतेहै।
- मेरिनर 9 की तस्वीरों में मंगल पर पानी के स्त्रोत, गड्ढे, विशालकाय ज्वालामुखी, कोहरा, पानी और हवा की वजह से बने जंग के निशान आदि देखे जा सकतेहै।
- Viking 1 और 2 सन 1976 में मंगल की सतह पर सफलतापूर्वक लैंड करने वाला पहला मंगल मिशन है।
- मार्स पर कोई भी चुम्बकीय क्षेत्र (magnetic field) नही है। हालांकि माना जाता है की आज से लगभग 4 अरब साल पहले यहाँ भी पृथ्वी की तरह चुम्बकीय क्षेत्र पाए जाते थे।
- भारतीय अंतरिक्ष अनुसंधान संगठन (ISRO) ने भी 24 सितंबर 2014 को मंगल ग्रह पर अपना पहला अंतरिक्ष मिशन सुरक्षित रूप से पूरा किया, ऐसा करने से, भारत अपने पहले प्रयास में अंतरिक्ष यान को मंगल की कक्षा में स्थापित करने वाला दुनिया का पहला देश बन गया। यह मिशन 5 नवंबर 2013 को लॉन्च किया गया था।
- मंगल ग्रह पर कभी-कभी धूल भरे तूफान उड़ते रहते है। ये मंगल ग्रह को पूरी तरह घेर लेतेहै।
- मंगल का अक्षीय झुकाव 25.19 डिग्री है। यह पृथ्वी के अक्षीय झुकाव से अधिक है।
- मंगल ग्रह पर पृथ्वी के समान ही ऋतुएं पाई जाती है परंतु उनका समय दोगुना होता है।
- फोबोस उपग्रह पर गुरुत्वाकर्षण बल पृथ्वी के गुरुत्वाकर्षण का 1000 वां हिस्सा है। यदि पृथ्वी पर कोई वस्तु 68 किलोग्राम की है तो उसका वजन फोबोस पर 68 ग्राम होगा।
- मंगल ग्रह के लिए शुरू किए गए मिशन में से 1/3 मिशन ही सफल हुएहै। Mariner 9 नाम के कृत्रिम उपग्रह ने 13 नवंबर 1971 को मंगल ग्रह की कक्षा में प्रवेश किया था। इसने मंगल ग्रह की 7329 तस्वीरें ली थी और 349 दिनों के लिए यह मंगल की कक्षा में रुका था।
- इस समय मनुष्य द्वारा बनाई गई 12 वस्तुएं मंगल ग्रह परहै।

- पृथ्वी की भूपर्पटी 40 किलोमीटर मोटी है, जबकि मंगल ग्रह की भूपर्पटी 50 से 125 किलोमीटर मोटी है।
- ग्रीक (यूनान) देश में मंगल ग्रह को एरेस कहा जाता है।
- मंगल ग्रह की मिट्टी में लौह खनिज में जंग लगने के कारण यह लाल रंग का दिखाई देता है।
- मंगल ग्रह पर 1 साल में 687 दिन (23 महीने के बराबर) होतेहै।
- मंगल ग्रह के दोनों ध्रुवों पर बर्फ पाई जाती है। वहां पानी और कार्बन डाइऑक्साइड की बर्फ की परत दिखाई देती है। मार्स एक्सप्रेस नाम के कृत्रिम उपग्रह ने मंगल ग्रह की कक्षा में चक्कर काटते हुए यह जानकारी दी थी।
- सूर्य से दूर होने के कारण मंगल ग्रह का तापमान पृथ्वी की तुलना में बहुत ही कम होता है।
- Mariner 9 उपग्रह को 30 मई 1971 को लांच किया गया था जो की 13 नवंबर सन 1971 को मंगल पर पहुंचा और आधिकारिक तौर पर मंगल की कक्षा में जाने वाला पहला कृत्रिम उपग्रह बन गया।
- जब Mariner 9 मंगल की कक्षा पर पहुँचा तब वहां धुल की भयंकर आंधी आई हुई थी, वैज्ञानिको के अनुसार ऐसा तूफ़ान पहली बार देखा गया था।
- मेरिनर 9 मंगल ग्रह की सतह का 100% मानचित्र तैयार करने में सक्षम था और उसने मंगल के चंद्रमाओं फोबोस और डीमोस की पहली नज़दीकी तस्वीरें लीं थीं। 349 दिनों तक मंगल की कक्षा में रहकर इसने मंगल की 7,329 तस्वीरें लीं।
- मंगल गृह पर एक दिन की लंबाई 24 घंटे 37 मिनट की होती है और एक वर्ष 687 दिन का होता है।
- मंगल ग्रह द्वारा सूर्य की परिक्रमा की औसत गति 14.5 मील प्रति सेकंड के करीब है।
- मंगल ग्रह का औसत घनत्व 3,933 किलोग्राम/मीटर क्यूब (पृथ्वी के औसत घनत्व का लगभग 71%) के करीब है।
- Mars ग्रह का औसत तापमान -81 डिग्री सेल्सियस और इस ग्रह पर गैसों में ज्यादातर कार्बन डाइऑक्साइड, आर्गन, ऑक्सीजन, नाइट्रोजन गैस मौजूदहै।
- वैज्ञानिक ने मंगल पर पौधों को उगाने की कोशिश की है और वह टमाटर, मटर और राई उगाने के अपने प्रयास में सफल भी रहे है। अब लगता है। वह दिन दूर नही जब इंसान मंगल पर अपनी जिंदगी बिताएगा।

- सौरमंडल में फोबोस उपग्रह अपने ग्रह से सबसे कम दूरी वाला उपग्रह है। मंगल की सतह से फोबोस ग्रह की दूरी मात्र 6000 किलोमीटर है जबकि पृथ्वी की चंद्रमा से दूरी 3,84000 किलोमीटर है।
- 24 सितंबर 2014 को भारतीय कृत्रिम उपग्रह मार्स आर्बिटर मिशन (मंगलयान) मंगल की कक्षा में पहुंच गया। इसके साथ ही भारत अमेरिका, रूस और यूरोपीय संघ के साथ मार्शियन इलीट क्लब में शामिल हो गया। देश के लिए यह एक महान उपलब्धि है।
- मंगल ग्रह का गुरुत्वाकर्षण पृथ्वी के गुरुत्वाकर्षण का एक तिहाई (1/3) है। इसका अर्थ है कि यदि मंगल पर कोई वस्तु या चट्टान गिरती है तो वह बहुत धीमी रफ्तार से गिरेगी।
- फोबोस उपग्रह धीरे धीरे मंगल ग्रह की ओर झुक रहा है। यह 100 साल में मंगल की तरफ 1.8 मीटर झुक जाता है। वैज्ञानिकों ने अनुमान लगाया है कि 5 करोड़ों साल में फोबोस मंगल से टकराएगा और टूट जाएगा। यह मंगल के चारों ओर एक घेरा (Ring) बना लेगा।
- मंगल ग्रह का व्यास लगभग 6791 किलोमीटर है और यह ग्रह सौरमंडल का चोथा ग्रह है। यह ग्रह सूरज से करीब 14.2 करोड़ मिल की दुरी पर है।
- क्या आपको पता है भारत द्वारा भेजा गया मिशन मंगलयान अब तक का पूरी दुनिया द्वारा भेजे गए सभी मिशन से सस्ता है. मंगलयान मिशन की लागत 450 करोड़ रुपए हुई थी।
- मंगल ग्रह पर भी पृथ्वी की तरह ही साल में 4 मौसम आते है. पतझड, ग्रीष्म, शरद और शीत. गरमी में यहाँ का तापमान 30 डीग्री सेल्सियस के आसपास रहेता है हालाकी जब शरदि का मौसम आता है तब इसका तापमान -145 डीग्री सेल्सियस तक चला जाता है. वो अलग-अलग जगह पर ज्यादा और कम होता है.
- मंगल ग्रह के पास दो उपग्रह है जिसका नाम फोबोस(Phobos) और डिमोस(Deimos) है. जिनमे फोबोस का व्यास करीब 13.8 मिल है वही डिमोस का व्यास 7.8 मिल है.
- सौरमंडल में 2 तरह के ग्रह होते है एक गैस के बादलो से बना होता है दूसरा जमीन यानी की भूमि से बना होता है। मंगल ग्रह भी पृथ्वी की तरह भूमि से बना हुआ है। इसी लिए यहाँ पर जीवन संभव हो सकता है।
- मंगल के वातावरण में 95.32% कार्बन डाइ ओक्साइड, 1.93% ऑर्गन, 0.13% ओक्सीजन और 2.7% नाइट्रोजन मोजूद है।

- यदि कोई भी अंतरीक्ष यात्री बिना स्पेस शूट के मंगलपर खड़ा होता है तो तुरंत ही उसकी मृत्यु हो जाएगी।
- क्या आपको पता है की मंगल ग्रह से पृथ्वी और चन्द्रमा दोनों नंगी आँखों से दिखाई देते है पर यह दोनों ग्रह सिर्फ एक छोटे से तारे जैसे दीखते है।
- अगर मंगल पर जीवन की शुरुआत होती भी है तो भी इन्सानों के लिए जीना बेहद मुस्किल होगा क्यूंकि जहा सूरज के अल्ट्रा वायोलेट किरण को रोकने के लिए पृथ्वी के सतह पर ओजोन स्तर मोजूद है। वही मंगल ग्रह पर सूरज के अल्ट्रा वायोलेट किरण सीधे ही गिरते है जो इन्सानों के लिए बेहद ही घातक और जानलेवा है।
- मंगल ग्रह की सतह पर वायुमंडलीय दबाव बेहद कम है, यही कारण है कि इसकी सतह पर लंबे समय तक तरल पानी मौजूद नहीं रह सकता।
- मंगल ग्रह को सूर्य के चारों ओर एक पूर्ण चक्रर लगाने में पृथ्वी से दोगुना समय लगता है।
- यदि हम पृथ्वी के साथ मंगल के घनत्व की तुलना करतेहै, तो हम पाएंगे कि यह पृथ्वी की तुलना में 100 गुना कम है।
- क्या आप जानते है पृथ्वी की सतह से बुध, बृहस्पति, मंगल, शनि, और शुक्र को नग्न आंखों से देखा जा सकता है।
- मंगल की खोज के लिए शुरू किए गए मिशनों की सफलता की दर 66% के लगभग है।
- मंगल की पृथ्वी से निकटता और उस पर जीवन स्थापित करने की आशा के कारण, मंगल का वर्तमान में बड़े पैमाने पर अध्ययन किया गया है।
- सौरमंडल में सबसे लंबी और सबसे गहरी घाटी मंगल पर मौजूद है - जिसका नाम " Valles Marineris" है।
- Valles Marineris की अधिकतम लंबाई - 4000 किलोमीटर, अधिकतम चौड़ाई - 200 किलोमीटर और अधिकतम गहराई - 7 किलोमीटर है।
- Mars Planet से हर शाम छिपता सूरज नीले रंग का दिखाई देता है।
- सौर संधि, पृथ्वी और मंगल के बीच सूर्य के आने का वर्णन करने के लिए इस्तेमाल किया जाने वाला एक शब्द है, जिसके तहत मंगल और पृथ्वी पर अंतरिक्ष यान के बीच संचार बहुत कम हो जाता है।
- प्राचीन बेबीलोनियों ने सप्ताह का निर्माण किया था और एक सप्ताह को सात दिनों में विभाजित किया, उन्होंने सप्ताह के प्रत्येक दिन को आकाश में सात ज्ञात पिंडों पर नाम दिया: जो क्रमशः सूर्य, चंद्रमा, मंगल, बुध, शुक्र, बृहस्पति

और शनि से सम्बन्धित है। जिसमे मंगलवार को मंगल गृह का दिन कहा जाता है।

10

बृहस्पति ग्रह(jupiter)

JUPITER

बृहस्पति यानी जुपिटर ग्रह (jupiter planet) सौर मंडल (solar system) का सबसे बड़ा ग्रह है। बृहस्पति का अंग्रेजी नाम जुपिटर रोमन भगवन के नाम पर रखा गया था। हिंदी नाम बृहस्पति भारतीय मान्यता के आधार पर रखा गया है।

बृहस्पति ग्रह की जानकारी 16वी शताब्दी तक बहुत कम थी। इसे सिर्फ एक बड़े ग्रह के रूप में देखा जाता था। इसी दौरान गैलीलियो नामक एक वैज्ञानिक नें बृहस्पति ग्रह के चार चंद्रमा की खोज की थी। इसी दौरान यह बात भी साफ़ की गयी कि सभी ग्रह पृथ्वी का चक्कर नहीं लगाते हैं, बल्कि सूर्य का चक्कर लगाते हैं।

बृहस्पति की भौतिक जानकारी

जुपिटर सभी ग्रहों में सबसे बड़ा ग्रह है। यह इतना बड़ा है कि यदि हम बाकी बचे हुए सभी ग्रहों को जोड़ लें, फिर भी ये जुपिटर के मुकाबले आधे ही होंगें। बृहस्पति ग्रह इतना बड़ा है कि यदि यह सिर्फ 80 गुना और बड़ा बन जाए, तो इसे एक तारा कहा जा सकता है।बृहस्पति ग्रह का वातावरण सूरज के सामान है और यह मुख्य रूप से हाइड्रोजन और हीलियम जैसी गैसों से मिलकर बना है। बृहस्पति ग्रह के चार चंद्रमा हैं और अन्य कई छोटे चंद्रमा भी हैं, जो ग्रह का चक्कर लगाते हैं।जुपिटर के मंडल को एक छोटा सौर मंडल भी कहा जा सकता है।यदि बृहस्पति की तुलना पृथ्वी से करते हैं, तो बृहस्पति ग्रह में 1300 पृथ्वी समायी जा सकती हैं।ज्यादातर समय बृहस्पति ग्रह पर तेज हवाएं चलती रहती हैं, जिनकी गति करीबन 640 किमी प्रति घंटा से भी तेज होती है।गृह पर अमोनिया जमा हुआ है, जो बादलों का रूप ले लेता है। इसी कारण से जुपिटर की सतह पर सफेद बादल दिखाई देते हैं। यह भी कहा जाता है कि बृहस्पति ग्रह के भीतरी वातावरण में हीरों की बारिश होती है।

बृहस्पति ग्रह के बार एमें सबसे रोचक जानकारी यह है कि करीबन 300 सालों तक यहाँ एक बड़े लाल रंग का धब्बा दिखाई दिया था। इसे बाद में एक बवंडर का नाम दिया गया था। यह धरती से तीन गुना ज्यादा बड़ा था। वर्तमान के समय में यह धब्बा धीरे-धीरे छोटा होता जा रहा है।बृहस्पति ग्रह का चुम्बकीय बल सभी ग्रहों में सबसे ज्यादा है। यह धरती के चुम्बकीय बल का 20,000 गुना ज्यादा है। यह बल इतना ज्यादा है कि ग्रह के चंद्रमा के आस-पास मौजूद भी किसी पदार्थ को यह एक बड़े बल के साथ अपनी ओर खींच लेता है।बृहस्पति ग्रह अपनी धुरी पर बाकी ग्रहों के मुकाबले सबसे तेजी से घूमता है। यह ग्रह अपनी धुरी पर एक परिक्रमा सिर्फ 10 घंटे में पूरी कर लेता है। इतनी तेजी से घुमने की वजह से ग्रह बीच में से मोटा हो गया है और उपरी और नीचले भाग से छोटा हो गया है।जुपिटर ग्रह इतनी मजबूत रेडियो तरंग छोड़ता है कि उन्हें धरती पर भी पकड़ा जा सकता है। इन्हीं तरंगों की मदद से वैज्ञानिक जुपिटर पर महासागर होने पर जांच कर रहे हैं।

बृहस्पति ग्रह की बनावट

वातावरण: 89 फीसदी हाइड्रोजन, 10 फीसदी हीलियम, कम मात्रा में मीथेन, अमोनिया, हाइड्रोजन सल्फाइड, एथेन, पानी आदि तत्व

चुम्बकीय बल: धरती के मुकाबले 20,000 गुना ज्यादा

रासायनिक: जुपिटर की बाहरी सतह मुख्य रूप से हीलियम और हाइड्रोजन से मिलकर बनी है। इसका वातावरण हाइड्रोजन के कणों से बना है।

आंतरिक: बृहस्पति की आंतरिक सतह पृथ्वी की सतह से 10 गुना पतली है। इसके भीतर लगभग 80 से 90 फीसदी हाइड्रोजन भरी है।

सूर्य की परिक्रमा और जानकारी

सूर्य से बृहस्पति ग्रह की दूरी: 778,412,020 किमी (धरती से 5 गुना ज्यादा)

सूर्य से सबसे कम दूरी: 740,276,600 किमी

सूर्य से सबसे ज्यादा दूरी: 816,081, 400 किमी

बृहस्पति ग्रह (जुपिटर) के चंद्रमा

जुपिटर के कम से कम 63 चाँद हैं। इनमें से ज्यादातर के नाम रोमन भगवानों के नाम पर दिए गए हैं। जुपिटर के चार सबसे बड़े चंद्रमा की खोज खुद गैलीलियो नें की थी।जुपिटर का एक चंद्रमा, गेनीमेड, सौर मंडल का सबसे बड़ा चंद्रमा है। यह बुध और शुक्र ग्रह से भी बड़ा है। यह एकमात्र चंद्रमा है जिसका खुद का चुम्बकीय बल है। यह कहा जाता है कि इस चंद्रमा की सतह बर्फ से ढकी हुई है, जिसके भीतर महासागर होने की संभावनाएं हैं। साल 2022 में पृथ्वी से एक मिशन छोड़ा जाएगा जो जुपिटर के इस चंद्रमा की जानकारी हासिल करेगा।

बृहस्पति ग्रह की रिंग्स

साल 1979 में नासा (nasa) नें जुपिटर के चारों और मौजूद रिंग की खोज की थी। इसके चारों और तीन रिंग हैं जो गोल हैं।मुख्य रिंग चपटी है और लगभग 30 किमी मोती और 6400 किमी चोड़ी है। इन रिंग्स को बृहस्पति ग्रह का सुरक्षा कवच कहा जाता है और यह शनि ग्रह की रिंग्स की तरह ही हैं।

खोज एवं जाँच पड़ताल

नासा द्‌वारा बृहस्पति ग्रह पर अब तक 7 मिशन भेजे जा चुके हैं – पायनियर 10, पायनियर 11, वोयेज़र 1, वोयेज़र 2, युलाईसेस, कैस्सीनी और न्यू होराइजन। नासा के दो मिशन – गैयलिलियो एवं जूनो मिशन ने इस ग्रह की परिक्रमा भी की है।

ज्यूपिटर के चंद्रमाओं का अध्ययन करने के लिए दो मिशनों की योजना की जा रही है – नासा का यूरोपियन क्लिपर मिशन (जो 2020 के दशक में प्रक्षेपण होगा) और दूसरा है युरोपियन स्पेस मिशन का ज्यूपिटर Icy Moon Explorer (JUICE) जो 2022 में लांच होगा एवं साल 2030 तक ज्यूपिटर के सतह तक Ganymede, Callisto and Europa का अध्ययन करने के लिए पहुँच जायगा।

मिशन पायनियर 10 के द्‌वारा यह पता चला कि जुपिटर का विकिरण बेल्ट बहुत ही खतरनाक है। पायनियर 11 के कारण गहरे लाल धब्बों और इस ग्रह के ध्रुवीय क्षेत्रों के बारे में पता चला। वोईजर 1 एवं 2 की मदद से वैज्ञानिकों ने गैलिलियन उपराग्रहों का पहला विस्तृत मानचित्र तैयार किया, ज्यूपिटर के रिंगों की खोज हुई, सल्फर ज्वालामुखियों की खोज हुई और वहां के बादलों में बिजली कड़कने के दृश्यों को भी रिकॉर्ड किये गए। युलाईसेस मिशन के द्‌वारा यह पता चला कि सौर हवाओं का ज्यूपिटर के चुम्बकीय वायुमंडल पर बहुत गहरा असर पड़ता है। न्यू होराइजन मिशन के द्‌वारा ज्यूपिटर के सतहों का एवं इसके चंद्रमाओं का काफी करीबी से फोटो लिया गया।

साल 1995 में गैलिलियो मिशन के द्‌वारा वहां के वायुमंडल का सीधा मापीकरण किया गया और वहाँ उपस्थित पानी एवं दूसरे केमिकलों का भी माप लिया गया। जब गैलिलियो यान का ईंधन ख़त्म हो गया तो इसे ज्यूपिटर के वायुमंडल में ही दुर्घटित कर दिया गया।

जूनो मिशन अकेला एक ऐसा मिशन है जो अभी भी ज्यूपिटर पर मौजूद है। इसके द्‌वारा ग्रह के ध्रुवीय सतह का अध्ययन चालू है जिससे यह पता चल सकेगा कि सौर मंडल कैसे बना और यह भी पता चला कि ज्यूपिटर का कोर वैज्ञानिकों के अनुमान से बहुत बड़ा है।

सौर मंडल पर ज्यूपिटर के गुरुत्वाकर्षण बल का प्रभाव

क्योंकि ज्यूपिटर सौर मंडल का सबसे बड़ा और भारी ग्रह है, अतः इसके खिचाव का सौर मंडल पर गहरा प्रभाव पड़ता है। नेचर पत्रिका में प्रकाशित लेख के हिसाब से कई गणनाओं के आधार पर यह माना गया है कि ज्यूपिटर के गुरुत्वाकर्षण के

प्रभाव के कारण यूरेनस एवं नेप्चून ग्रह हिंसात्मक रूप से बाहर की ओर धकेल दिए गए।

इस बात का भी अनुमान लगाया गया है कि शनि ग्रह के साथ मिलकर ज्यूपिटर ग्रह ने अंतरिक्ष में पाए जाने वाले बहते हुए मलबों को सौर मंडल के बनने के शुरुआती दिनों में अंदर की तरफ खींच लिया होगा जिसके कारण हर ग्रह के इधर उधर क्षुदग्रह पाए जाते हैं। कई शोध यह भी बताते हैं कि इस ग्रह से धूमकेतु टकराते रहते हैं। आखिरी बार शूमेकर-9 नामक धूमकेतु इस ग्रह से टकराया था।

ज्यूपिटर कि तेज गुरुत्वाकर्षण बल एवं खिंचाव के कारण कई क्षुदग्रह आके ज्यूपिटर की परिक्रमा करने लग गए हैं। इनको ट्रोजन क्षुदग्रह कहा जाता है। तीन ऐसे क्षुदग्रहों के उदहारण हैं – अगमेम्नोन ,अचिल्लेस एवं हेक्टर।

ज्यूपिटर ग्रह पर जीवन की सम्भावना

अगर इस ग्रह के वायुमंडल का ध्यान से अवलोकन किया जाये तो यह पाया जाता है कि जितना नीचे की ओर जायेंगे, तापमान गर्म होता जाएगा। इसके सतह का तापमान 21◦ C है और वायुमंडल का दबाव पृथ्वी के गुना 10 गुना ज्यादा है। वैज्ञानिक ऐसा मानते हैं कि अगर इस ग्रह पर जीवन की सम्भावना हुई तो वह हवा के माध्यम से संभव हो सकेगा। अभी तक के खोजों के हिसाब से इस ग्रह पर जीवन के कोई संकेत नहीं मिले हैं।

बृहस्पति ग्रह के बारे में रोचक तथ्य

- पृथ्वी के चंद्रमा और शुक्र के बाद बृहस्पति रात के आकाश में चमकने वाला तीसरा सबसे चमकीला ग्रह है।
- बृहस्पति का वायुमंडल और सतह मुख्य रूप से हाइड्रोजन, हीलियम और अन्य तरल पदार्थों से समृद्ध है।
- वैज्ञानिकों द्वारा बृहस्पति (Jupiter) को गैसीय ग्रह की श्रेणी में रखा गया है। क्योंकि इस ग्रह की सतह विभिन्न गैसों से ढकी हुई है।
- बृहस्पति ग्रह का भीतरी व्यास: 139,822 KM और ध्रुवीय व्यास: 133,709 KM है।

- बृहस्पति के वलय मुख्य रूप से धूमकेतु और क्षुद्रग्रहों और धूल के कणों के वे टुकड़े हैं जो बृहस्पति द्वारा अपने वातावरण से निकाले गए थे।
- बृहस्पति ग्रह के वलय बादल की चोटी से लगभग 92,000 किमी ऊपर शुरू होते हैं और ग्रह से 225,000 किमी तक फैला हैं।
- बृहस्पति ग्रह के वातावरण में रंगीन बादल पाए जाते हैं जो लाल, भूरे, पीले और सफेद रंग के होते हैं। ये बादल ग्रह पर धारियों के रूप में दिखाई देते हैं और बृहस्पति को एक बहुत ही विशिष्ट रूप देते हैं।
- 7 दिसंबर 1995 को नासा के गैलीलियो ऑर्बिटर द्वारा बृहस्पति के वायुमंडल के पहले नमूने एकत्र किए गए थे, यह जांच अंतरिक्ष यान द्वारा बृहस्पति के वायुमंडल के 200 किमी तक अंदर जाकर की गई थी. और यह परीक्षण अंतरिक्ष यान के नष्ट होने से पहले 58 मिनट तक चली।
- बृहस्पति का चुंबकीय क्षेत्र सूर्य की ओर 600,000 से 2 मिलियन मील तक फैला हुआ है। यह विशाल चुंबकीय क्षेत्र अपने ध्रुवों पर शानदार अरोरा बनाता है।
- नासा के वैज्ञानिकों ने बृहस्पति ग्रह के ऊपरी वायुमंडल को क्लाउड बेल्ट और जोन में विभाजित किया है। जिसके तहत यह क्षेत्र मुख्य रूप से अमोनिया क्रिस्टल, सल्फर और दो यौगिकों के मिश्रण से बना है।
- बृहस्पति की भूमध्य रेखा के 22° दक्षिण में स्थित ग्रेट रेड स्पॉट, बृहस्पति का इतना बड़ा तूफान है जो कम से कम 350 वर्षों से लगातार बना हुआ है।
- बृहस्पति (Jupiter) की आंतरिक सतह चट्टान, धातु और हाइड्रोजन यौगिकों के मिश्रण से बनी है बृहस्पति (Jupiter) के विशाल वातावरण (जो मुख्य रूप से हाइड्रोजन से बना है) के नीचे संपीड़ित हाइड्रोजन गैस (Hydrogen Gas), तरल धातु हाइड्रोजन (Liquid Metal Hydrogen) और बर्फ, चट्टान और धातुओं का एक कोर है।
- बृहस्पति का चंद्रमा गैनीमेड सौरमंडल का सबसे बड़ा चंद्रमा है। बृहस्पति के चंद्रमाओं को जोवियन उपग्रह भी कहा जाता है, जिनमें से सबसे बड़े गैनीमेड, कैलिस्टो, टू मून यूरोपा हैं।
- शनि ग्रह की तरह बृहस्पति ग्रह पर भी वलय हैं, लेकिन ये वलय नाममात्र के ही दिखाई देते हैं।
- बृहस्पति (Jupiter) गृह का न्यूनतम तापमान 148 °C तक चला जाता है।
- बृहस्पति ग्रह का वातावरण लगभग उसी अनुपात में हाइड्रोजन और हीलियम से बना है, जो सूर्य में पाया जाता है। हालांकि, इसमें अमोनिया, मीथेन और

पानी जैसी अन्य अंतरिक्ष गैसों की बहुत कम मात्रा होती है, और बृहस्पति के वायुमंडल का 90% (एक विशाल अनुपात) हाइड्रोजन से बना होता है।

- बृहस्पति ग्रह के वातावरण में मनुष्य एक क्षण भी नहीं रह सकता है और मनुष्य के लिए इस ग्रह पर सांस लेना असंभव है। इस कारण वैज्ञानिकों के लिए इस ग्रह पर जीवन की खोज की योजना बनाना असंभव है।
- बृहस्पति अपनी कक्षा में तेजी से घूमने के लिए भी जाना जाता है। यह ग्रह अपनी धुरी पर एक चक्कर 9 घंटे 55 मिनट में पूरा करता है।
- बृहस्पति के आंतरिक भाग में तीन क्षेत्र हैं, पहला ठोस तत्वों से बना एक चट्टानी कोर है, दूसरा विद्युत प्रवाहकीय तरल हाइड्रोजन की एक परत है और तीसरा क्षेत्र हीलियम के साथ सरल हाइड्रोजन से बना है, जो ग्रह के वायुमंडल में संक्रमण करता है।
- सूर्य के प्रकाश को बृहस्पति (Jupiter) तक पहुंचने में लगभग 43 मिनट का टाइम लगता है।
- बृहस्पति के पास सौरमंडल का सबसे बड़ा महासागर है। जो पानी की जगह लिक्विड हाइड्रोजन से बना महासागर है।
- बृहस्पति ग्रह की गणना अधिक गर्मी उत्सर्जित करने वाले ग्रहों में की जाती है। उदाहरण के लिए, इस ग्रह का वातावरण बहुत गर्म हो सकता है।
- बृहस्पति ग्रह का गुरुत्वाकर्षण पृथ्वी से अधिक है उदाहरण के लिए, पृथ्वी पर 100 पाउंड वजन वाले अंतरिक्ष यात्री का वजन बृहस्पति पर 240 पाउंड होगा।
- पौराणिक कथाओं में, रोमन देवताओं के राजा बृहस्पति (Jupiter) के नाम पर इस गृह का नाम बृहस्पति (Jupiter) रखा गया।
- बृहस्पति (Jupiter) ग्रह का एक वर्ष पृथ्वी के 12 वर्ष के बराबर होता है।
- बृहस्पति (Jupiter) सौरमंडल के किसी भी अन्य ग्रह की तुलना में तेज गति से चलने वाला ग्रह है और इसे सूर्य के चारों ओर अपनी परिक्रमा पूरी करने में केवल 10 घंटे लगते हैं। इसका मतलब है कि बृहस्पति (Jupiter) पर एक दिन की लंबाई पृथ्वी पर 24 घंटे की तुलना में केवल 10 घंटे है।
- बृहस्पति एक हवा वाला ग्रह है जिस पर हवाएं 192 मील प्रति घंटे से 400 मील प्रति घंटे की गति से चलती हैं।
- बृहस्पति (Jupiter) का द्रव्यमान सूर्य के द्रव्यमान के एक हजार हिस्से के बराबर है और अन्य सभी ग्रहों के द्रव्यमान के ढाई गुना के बराबर है।
- बृहस्पति (Jupiter) ग्रह पृथ्वी से 318 गुना भारी है।

- यह ग्रह बृहस्पति के वातावरण के संपर्क में आने वाली बाहरी वस्तुओं को आसानी से जला देता है। इस वजह से इस ग्रह का अध्ययन करने के लिए भेजे गए अंतरिक्ष यान पर जलने का खतरा है।
- यूरेनस और नेपच्यून को वैज्ञानिकों द्वारा बर्फ का दिग्गज माना जाता है और बृहस्पति और शनि को गैस दिग्गज माना जाता है।
- बृहस्पति आकाश में रेडियो तरंगों के उत्सर्जन का सबसे बड़ा स्रोत है, इसकी रेडियो तरंगें पृथ्वी पर भी प्राप्त होती हैं, लेकिन अधिकांश मनुष्यों के लिए श्रव्य स्तर से नीचे हैं।
- बृहस्पति को "सौर मंडल का वैक्यूम क्लीनर" भी कहा जाता है। क्योंकि यह ग्रह पृथ्वी सहित कई ग्रहों को नुकसान पहुंचाने वाले धूमकेतु और क्षुद्रग्रहों (बृहस्पति की विशाल चुंबकीय ऊर्जा के कारण) को आकर्षित और नष्ट करता है।
- बृहस्पति (Jupiter) में मंगल जैसे अन्य ग्रहों की कक्षा को बदलने की क्षमता है और इसका मुख्य कारण इसका वजन है।
- ऐसा माना जाता है कि बृहस्पति ग्रह की स्थापना सबसे पहले 7वीं या 8वीं शताब्दी ईसा पूर्व में खोज बेबीलोन के खगोलविदों ने की थी।
- बृहस्पति को ग्रेट रेड स्पॉट के लिए भी जाना जाता है, जिसे 17वीं शताब्दी में खोजा गया था। यह विशालकाय रेड स्पॉट बृहस्पति की सतह पर उठने वाली धूल भरी आंधी है, जो इतना विशाल है कि इस तूफान के आकार में पूरी पृथ्वी को ढंका जा सकता है।
- बृहस्पति (Jupiter) ग्रह को पृथ्वी से नग्न आंखों से देखा जा सकता है।
- GANYMEDE चंद्रमा का व्यास 5262.4 K.M और द्रव्यमान 1.48 x 10^23 K.G. किलोग्राम है।
- नासा ने बृहस्पति ग्रह का अध्ययन करने के लिए कुल 8 अंतरिक्ष यान का उपयोग किया है। जिन्हें नासा ने 1979 से 2007 के बीच बृहस्पति की कक्षा में भेजा था जिनके नाम क्रमशः पायनियर 10, पायनियर-सैटर्न, वायेजर 1, वायेजर 2, यूलिसिस, गैलीलियो, कैसिनी 3 न्यू होराइजन्स हैं।
- बृहस्पति का चुंबकीय क्षेत्र पृथ्वी की तुलना में 16 गुना अधिक शक्तिशाली है। यानी बृहस्पति लंबे समय तक अपनी कक्षा में रहने वाले अंतरिक्ष यान को आसानी से नष्ट कर सकता है।
- बृहस्पति अपने विशाल आकार के कारण सूर्य की ओर 600,000 मिलियन मील से 2 मिलियन मील के बीच के स्थान को प्रभावित करता है।

- यूरोपा चंद्रमा भी बृहस्पति के चंद्रमाओं में से एक है, जिस पर वैज्ञानिकों का दावा है कि इस चंद्रमा पर जीवन की संभावनाएं हो सकती हैं।
- बृहस्पति (Jupiter) के कुल 79 चंद्रमा (Moon) हैं, जिनमें से 4 चंद्रमाओं की खोज गैलीलियो गैलीली ने 1610 में की थी और उनका आकार कुल 79 चंद्रमाओं में सबसे बड़ा है, जिन्हें गैलीलियो उपग्रह भी कहा जाता है।
- GANYMEDE बृहस्पति ग्रह का चंद्रमा है, जो आकार में बुध ग्रह से बड़ा है। जिसकी खोज गैलीलियो गैलीली ने 7 जनवरी 1610 को की थी।

11

शनि ग्रह(Saturn)

SATURN

शनि, सूर्य से छठां ग्रह है तथा बृहस्पति के बाद अकार में सौरमंडल का सबसे बड़ा ग्रह हैं। औसत व्यास में पृथ्वी से नौ गुना बड़ा शनि एक गैस दानव है। जबकि इसका औसत घनत्व पृथ्वी का एक आठवां है, अपने बड़े आयतन के साथ यह पृथ्वी से 95 गुने से भी थोड़ा बड़ा है। इसका खगोलिय चिन्ह ħ है। यह आकाश में पीले तारे के समान दिखाई पड़ता है। इसके उपग्रहों की संख्या 30 है, जो सबसे अधिक है। शनि का सबसे बड़ा उपग्रह टाईटन है। यह आकार में बुध ग्रह के बराबर है।

Equatorial Diameter: 120,536 km
Polar Diameter: 108,728 km
Mass: 5.68 × 10^26 kg (95 Earths)
Moons: 62 (Titan, Enceladus, Iapetus & Rhea)
Rings: 30+ (7 Groups)

Orbit Distance: 1,426,666,422 km (9.54 AU)
Orbit Period: 10,756 days (29.5 years)
Effective Temperature:- 178 °C
First Record: 8th century BC

शनि ग्रह के बारे में महत्वपूर्ण जानकारी

हमारे सौर मंडल में पृथ्वी और मंगल के बाद शनि ही एक ऐसा ग्रह है, जिसको आसानी से पहचाना जा सकता है। शनि के छल्ले या रिंग इसके प्रमुख आकर्षक हैं जिसके द्वारा यह तुरंत पहचान में आ जाता है। अगर क्रम के आधार पर देखे तो शनि सौर मंडल का छठा ग्रह है एवं आकार में दूसरा सबसे बड़ा ग्रह है। वही खुली आँखों से दिखने वाले ग्रहों में शनि सबसे दूर स्थित ग्रह है। आकाश में यह पीले तारे के समान दिखाई देता है। इसका गुरुत्व पानी से भी कम है। इसका नाम एक रोमन देवता के नाम पर रखा गया था। सप्ताह का छठा दिन भी शनि के कारण ही शनिवार या Saturday कहलाता है।

शनि का आंतरिक ढांचा संभवतया, लोहा, निकल और चट्टानों (सिलिकॉन और ऑक्सीजन यौगिक) के एक कोर से बना है, जो धातु हाइड्रोजन की एक मोटी परत से घिरा है, तरल हाइड्रोजन और तरल हीलियम की एक मध्यवर्ती परत तथा एक बाह्य गैसीय परत है। ग्रह अपने ऊपरी वायुमंडल के अमोनिया क्रिस्टल के कारण एक हल्का पीला रंग दर्शाता है। माना गया है धातु हाइड्रोजन परत के भीतर की विद्युतीय धारा, शनि के ग्रहीय चुंबकीय क्षेत्र को उभार देती है, जो पृथ्वी की तुलना में कमजोर है और बृहस्पति की एक-बीसवीं शक्ति के करीब है।

बाह्य वायुमंडल आम तौर पर नीरस और स्पष्टता में कमी है, हालांकि दिर्घायु आकृतियां दिखाई दे सकती है। शनि पर हवा की गति, 1800 किमी/घंटा (1100 मील) तक पहुंच सकती है, जो बृहस्पति पर की तुलना में तेज, पर उतनी तेज नहीं जितनी वह नेप्च्यून पर है।

शनि की एक विशिष्ट वलय प्रणाली है जो नौ सतत मुख्य छल्लों और तीन असतत चाप से मिलकर बनी हैं, ज्यादातर चट्टानी मलबे व धूल की छोटी राशि के साथ बर्फ के कणों की बनी हुई है। बासठ चन्द्रमा ग्रह की परिक्रमा करते है; तिरेपन आधिकारिक तौर पर नामित हैं। इनमें छल्लों के भीतर के सैकड़ों " छोटे चंद्रमा" शामिल नहीं है। टाइटन, शनि का सबसे बड़ा और सौरमंडल का दूसरा सबसे बड़ा चंद्रमा है। यह बुध ग्रह से बड़ा है और एक बड़े वायुमंडल को संजोकर रखने वाला

सौरमंडल का एकमात्र चंद्रमा है। इसके आलावा शनि ग्रह के लगभग 82 उपग्रह है। अर्थात चंद्रमा की तरह उसके 82 चंद्रमा है। साथ ही फोबे, यूरोपा आदि उपग्रह है। फोबो विपरीत दिशा में परिक्रमा करता है।

शनि गैस का बहुत बड़ा गोला है जिसमे हाइड्रोजन एवं हीलियम गैस की मात्रा प्रमुख है। इसका कोर भाग गर्म लोहे और पथरीले चीजों से बना हुआ है जिसमे अमोनिया, मीथेन, गैस के मिश्रित बर्फ आदि ठोस रूप में पाए जाते हैं। शनि अपने छल्लों के कारण सौरमंडल का सबसे निराला और सुन्दर ग्रह कहलाता है। उसका उतना ही निराला एक उपग्रह है टाइटन, जिसे सारे सौरमंडल में पृथ्वी से सबसे अधिक मिलती-जुलती सतह वाला आकाशीय पिंड बताया जा रहा हैं।

शनि का व्यास पृथ्वी के व्यास से 9 गुना ज्यादा है जबकि घनत्व 8 गुना कम है। 120.536 किलोमीटर का इसका भूमध्य रेखीय व्यास है। अपनी धुरी पर घूमने में यह ग्रह 10 घंटे 34 मिनट लगाता है। कहते हैं कि शनि में लगभग 763 धरतियां समा सकती हैं। इसका एक वर्ष धरती के 29.45 साल बराबर का होता है। इसका भार पृथ्वी के मुकाबले 95 गुना ज्यादा है। शनि धरातल का तापमान 240 फेरनहाइट है या 139 डीग्री सेल्सीयस है।

शनि ग्रह की खोज प्राचीन काल में ही कई सभ्यताओं द्वारा कर ली गई थी। प्राचीन काल में शनि गृह को रोमन में देवता के नाम पर जाना जाता था, इसी से नामकरण भी हुआ था। आधुनिक युग में शनि ग्रह को telescope के माध्यम से पहली बार देखने का श्रेय गैलीलियो गैलीली को जाता है जिन्होंने 1610 में इस ग्रह को अपनी बनाई telescope के माध्यम से देखा था। साल 1979 में पायनियर 11 शनि ग्रह तक पहुँचने वाला पहला ग्रह बना। यह शनि के सतह से लगभग 22000 किमी ऊपर से गुजरा एवं शनि के दो छल्लों की खोज की। बाद में वॉइज़र मिशन यहां से गुजरा जिसने इन छल्लों के बारे में विस्तार से जानकारी दी। इसने कई महत्वपूर्ण जानकारियां भेजीं जिससे शनि के 9 चंद्रमाओं का पता चला।

शनि ग्रह पर हर साल एक टाइटैनिक या बहुत विशाल भूचाल आता है जो वायुमंडल एवं वहां के आकाशीय हवाओं में बाधा डालता है। साल 1876 से लेकर अबतक इस ग्रह के छह ऐसे भूचालों को रिकॉर्ड किया जा चुका है।

शनि ग्रह की खोज प्राचीन काल में ही कई सभ्यताओं द्वारा कर ली गई थी। प्राचीन काल में शनि गृह को रोमन में देवता के नाम पर जाना जाता था, इसी से नामकरण भी हुआ था। आधुनिक युग में शनि ग्रह को telescope के माध्यम से पहली बार देखने का श्रेय गैलीलियो गैलीली को जाता है जिन्होंने 1610 में इस ग्रह को अपनी बनाई telescope के माध्यम से देखा था। साल 1979 में पायनियर 11

शनि ग्रह तक पहुँचने वाला पहला ग्रह बना। यह शनि के सतह से लगभग 22000 किमी ऊपर से गुजरा एवं शनि के दो छल्लों की खोज की। बाद में वॉइज़र मिशन यहां से गुजरा जिसने इन छल्लों के बारे में विस्तार से जानकारी दी। इसने कई महत्वपूर्ण जानकारियां भेजीं जिससे शनि के 9 चंद्रमाओं का पता चला।

शनि ग्रह पर हर साल एक टाइटैनिक या बहुत विशाल भूचाल आता है जो वायुमंडल एवं वहां के आकाशीय हवाओं में बाधा डालता है। साल 1876 से लेकर अबतक इस ग्रह के छह ऐसे भूचालों को रिकॉर्ड किया जा चुका है।

शनि ग्रह की खोज प्राचीन काल में ही कई सभ्यताओं द्वारा कर ली गई थी। प्राचीन काल में शनि गृह को रोमन में देवता के नाम पर जाना जाता था, इसी से नामकरण भी हुआ था। आधुनिक युग में शनि ग्रह को telescope के माध्यम से पहली बार देखने का श्रेय गैलीलियो गैलीली को जाता है जिन्होंने 1610 में इस ग्रह को अपनी बनाई telescope के माध्यम से देखा था। साल 1979 में पायनियर 11 शनि ग्रह तक पहुँचने वाला पहला ग्रह बना। यह शनि के सतह से लगभग 22000 किमी ऊपर से गुजरा एवं शनि के दो छल्लों की खोज की। बाद में वॉइज़र मिशन यहां से गुजरा जिसने इन छल्लों के बारे में विस्तार से जानकारी दी। इसने कई महत्वपूर्ण जानकारियां भेजीं जिससे शनि के 9 चंद्रमाओं का पता चला।

शनि ग्रह पर हर साल एक टाइटैनिक या बहुत विशाल भूचाल आता है जो वायुमंडल एवं वहां के आकाशीय हवाओं में बाधा डालता है। साल 1876 से लेकर अबतक इस ग्रह के छह ऐसे भूचालों को रिकॉर्ड किया जा चुका है।

शनि देव

भारत में भी शनि गृह के कई मान्यताएं हैं। शनिदेव का जन्म ज्येष्ठ कृष्ण अमावस्या के दिन हुआ था। सूर्य के अन्य पुत्रों की अपेक्षा शनि शुरू से ही विपरीत स्वभाव के थे। शनि जयंती 12 जून को मनाई जाती है। शनि भगवान सूर्य तथा छाया (संवर्णा) के पुत्र है। ये क्रूर ग्रह माने जाते हैं। इनकी दृष्टि में जो क्रूरता है, वह इनकी पत्नी के शाप के कारण है।

शनि ग्रह तथ्य

- यह उन 5 ग्रहों में से एक है जिसे नग्न आंखों से देखा जा सकता है। आप दूरबीन से इसके छल्ले और शनि के गोले को देख सकते हैं
- शनि के ऊपरी वायुमंडल का औसत तापमान-175 डिग्री सेल्सियस (-285 डिग्री फारेनहाइट) और आंतरिक तापमान 11, 700 डिग्री सेल्सियस (21, 000 डिग्री फारेनहाइट) है।
- शनि पौराणिक कथा: यह प्राचीन काल से जाना जाता है। इसका नाम कृषि और धन के रोमन देवता बृहस्पति के पिता के नाम पर रखा गया है। बृहस्पति व शनि को पुत्र और पिता के रूप में जोड़ता है
- बृहस्पति और शनि की युति: रोमन पौराणिक कथाओं में, यह देवताओं के राजा बृहस्पति के पिता थे। वे आकार और संरचना सहित कई मायनों में समान हैं।
- इसका ध्रुवीय व्यास इसके भूमध्यरेखीय व्यास का 90% है, इसके कम घनत्व और तेजी से घूमने के कारण इसे समतल ग्रह भी कहा जाता है।
- इसे अपनी धुरी पर घूमने में 10 घंटे 34 मिनट का समय लगता है, इसका एक दिन पृथ्वी पर 10 घंटे 34 मिनट के बराबर होता है, जो हमारे सौरमंडल का दूसरा सबसे छोटा दिन है।
- क्या आप जानते हैं कि वैज्ञानिक विभिन्न ग्रहों पर एक दिन कैसे मापते हैं? वे केवल एक गड्ढा देखते हैं और एक चक्र के बाद गड्ढा कितनी देर में दिखाई देता है, इस प्रकार ग्रह पर एक दिन की लंबाई निर्धारित होती है।
- हालांकि, शनि के मामले में ऐसा नहीं था, चूंकि ग्रह का कोई ठोस द्रव्यमान नहीं है, इसलिए उन्हें उस मामले के लिए ग्रह के चुंबकीय क्षेत्र को ध्यान में रखना पड़ा।
- एक बार सूर्य की परिक्रमा करने में पृथ्वी के 29.4 वर्ष लगते हैं, अर्थात इसका एक वर्ष पृथ्वी के 29.4 वर्षों के बराबर होता है।
- इसका वायुमंडल बादलों के गुच्छों में बँटा हुआ है। सबसे ऊपर की परत में अमोनिया के बर्फीले बादल होते हैं। इसके नीचे भारी जलवाष्प के बर्फीले बादल हैं, जिसके बाद हाइड्रोजन और सल्फर की परतें उपस्थित हैं।
- बृहस्पति और शनि के समान अंडाकार आकार के तूफान हैं। इसके उत्तरी ध्रुव के चारों ओर बादलों में एक षट्भुज के आकार का तूफान है जो वैज्ञानिकों को लगता है कि ऊपरी बादलों में एक लहर पैटर्न हो सकता है और इसके दक्षिणी ध्रुव पर एक भंवर जो एक तूफान जैसा दिखता है।

- शनि ग्रह की संरचना ज्यादातर हाइड्रोजन की है। यह उन परतों में मौजूद है जो ग्रह पर सघन हो जाती हैं। यह पानी पर तैर सकता है क्योंकि इसका घनत्व पानी के घनत्व से कम होता है। ग्रह के अंदर हाइड्रोजन की परतें मोटी होकर धातु बन जाती हैं। कोर में एक गर्म इंटीरियर है। शनि की कोई सतह नहीं है।
- शनि के वलय के बारे में तथ्य (Saturn Planet Rings): इसके वलय बर्फ के टुकड़े और थोड़ी मात्रा में कार्बनयुक्त धूल से बने होते हैं। इसके छल्ले ग्रह से 120, 700 किमी से अधिक दूर हैं, लेकिन आश्चर्यजनक रूप से पतले हैं, जिनकी मोटाई केवल 20 मीटर है।
- इसे चक्राकार ग्रह के रूप में भी जाना जाता है। डी रिंग, -सी रिंग, बी रिंग, कैसिनी डिवीजन, ए रिंग, एफ रिंग, जी रिंग और अंत में ई रिंग के रूप में यह बाहर की ओर शुरू होता है। दूर, इसके चंद्रमा फोएबे की कक्षा में एक बहुत ही फीकी फीबी वलय है।
- शनि के कितने चंद्रमा हैं (How many moons does Saturn have): इसके 62 ज्ञात प्राकृतिक चंद्रमा हैं और संभवत: कई और खोजे जाने बाक़ी हैं। शनि का सबसे बड़ा चंद्रमा(Saturn's largest moon) टाइटन है, यह बुध ग्रह से थोड़ा बड़ा है। (टाइटन बृहस्पति के चंद्रमा गैनीमेड के बाद दूसरा सबसे बड़ा चंद्रमा है) टाइटन घने, नाइट्रोजन युक्त वातावरण में घिरा हुआ है।
- शनि का दूसरा सबसे बड़ा चंद्रमा रिया है लेकिन सभी जमी हुई अवस्था में हैं। ऐसा माना जाता है कि एन्सेलेडस की बर्फीली सतह के नीचे एक महासागर है। चंद्रमा के अध्ययन से ग्रह के निर्माण के बारे में बहुत कुछ पता चलता है।
- लेकिन हाल ही में अंतरिक्ष वैज्ञानिकों ने हमारे सौर मंडल में इस ग्रह के 20 नए चंद्रमाओं (उपग्रहों) की खोज की है जिनकी कक्षाओं का परीक्षण किया जा चुका है। अब इसके कुल 82 चंद्रमा हैं।
- जटिल और घने नाइट्रोजन युक्त वातावरण के साथ टाइटन इसका सबसे बड़ा चंद्रमा है। यह बर्फ और चट्टान से बना है। इसकी जमी हुई सतह में तरल मीथेन की झीलें और जमे हुए नाइट्रोजन से ढके परिदृश्य हैं। ग्रह वैज्ञानिक टाइटन को जीवन के लिए संभावित टिकने का स्थान मानते हैं, लेकिन पृथ्वी जैसा जीवन नहीं।
- नासा द्वारा अब तक इसमें चार अंतरिक्ष यान भेजे जा चुके हैं। उन पायनियर 11, वोयाजर 1 और 2 और कैसिनी-ह्यूजेंस मिशनों ने सभी ग्रह का अध्ययन किया है।

- हमारे सौरमंडल के किसी भी अन्य ग्रह की तुलना में इसकी सबसे तेज हवाएँ हैं। इन हवाओं को करीब 1, 800 किमी प्रति घंटे की रफ़्तार से मापा गया है।
- Saturn's distance from the sun: यह सूर्य से लगभग 1426666421 किलोमीटर की दूरी पर स्थित है।
- शनि ग्रह का रंग क्या है(What is the Color of Saturn planet)? इसके ऊपरी वायुमंडल में अमोनिया उपस्थिति है जो ठण्ड के कारण बर्फीले क्रिस्टलों में बदल जाते हैं जिस कारण यह हल्के पीले रंग का दिखाई देता है।
- व्यास के अनुसार इसमें लगभग 750 पृथ्वी बन सकती है और 1600 शनि सूर्य के अंदर समा सकते हैं।
- इस पर अक्सर महीनों या सालों बाद तूफान आते हैं। 2004 में इस पर बहुत तेज तूफान आया था, जिसका नाम ड्रैगन स्टॉर्म था।
- गैलिलीओ ने 1610 में पहली बार इसे दूरबीन से देखा।
- शनि का निर्माण: गुरुत्वाकर्षण के कारण इसका आकार लगभग 4.5 अरब साल पहले सौर मंडल में बना था। गुरुत्वाकर्षण ने एक विशाल पिंड बनाने के लिए गैस और धूल को खींच लिया। इस प्रकार यह बाहरी सौर मंडल में अपनी वर्तमान स्थिति में बस गया। बृहस्पति की तरह, यह ज्यादातर हाइड्रोजन और हीलियम से बना है, वही दो मुख्य घटक जो सूर्य को बनाते हैं।
- एक गैस विशाल के रूप में, शनि की कोई वास्तविक सतह नहीं है। यह ग्रह ज्यादातर गैस और तरल पदार्थ नीचे घूम रहा है। एक अंतरिक्ष यान को उस पर उतरने के लिए कहीं नहीं मिलेगा।
- शनि का चुंबकीय क्षेत्र बृहस्पति से छोटा है लेकिन फिर भी पृथ्वी की तुलना में 578 गुना अधिक मज़बूत है। शनि के छल्ले और कई उपग्रह, पूरी तरह से इसके पश्चिम चुंबकमंडल के भीतर स्थित हैं, अंतरिक्ष का वह क्षेत्र जिसमें विद्युत आवेशित कणों का व्यवहार सौर हवा से उसके चुंबकीय क्षेत्र की तुलना में अधिक प्रभावित होता है।
- औरोरा: यह घटना तब होती है जब किसी ग्रह के वायुमंडल में आवेशित कण चुंबकीय क्षेत्र रेखाओं के साथ गति करते हैं। कैसिनी ने दिखाया कि ये सौर हवा से अप्रभावित हैं। इसके बजाय, ये औरोरा शनि के चंद्रमाओं से निकाले गए कणों के संयोजन और चुंबकीय क्षेत्र की तेजी से घूर्णन दर के कारण होते हैं।
- यह बृहस्पति के बाद दूसरा सबसे बड़ा ग्रह है। इसकी त्रिज्या 58.232 किमी है जो पृथ्वी से लगभग नौ गुना है।

12

अरुण ग्रह(Uranus)

URANUS

अरुण या यूरेनस हमारे सौर मण्डल में सूर्य से सातवाँ ग्रह है। व्यास के आधार पर यह सौर मण्डल का तीसरा बड़ा और द्रव्यमान के आधार पर चौथा बड़ा ग्रह है। इसकी खोज 1781 ई. में विलियम हर्सेल द्वारा की गई थी। अरुण ग्रह अपने अक्ष पर पूर्व से पश्चिम की ओर घूमता है। जबकि अन्य ग्रह पश्चिम से पूर्व की ओर घूमते हैं। यहाँ सूर्योदय पश्चिम की ओर एवं सूर्यास्त पूरब की ओर होता है। इसके चारों ओर नौ वलयों में पाँच वलयों का नाम अल्फा, बीटा, गामा, डेल्टा एवं इप्सिलॉन हैं। इसमें घना वायुमंडल पाया जाता है जिसमे मुख्य रूप से हाइड्रोजन व अन्य गैसें है। अरुण ग्रह अपनी धुरी पर सूर्य की ओर इतना झुका हुआ है कि लेटा हुआ सा दिखलाई पड़ता है। इसीलिए इसे "लेटा हुआ ग्रह" कहा जाता है। इसके सभी उपग्रह भी पृथ्वी की विपरीत दिशा में परिभ्रमण करते हैं।

Equatorial Diameter: 51,118 km

Polar Diameter: 49,946 km

Mass: 8.68 × 10^25 kg (15 Earths)
Moons: 27 (Miranda, Titania, Ariel, Umbriel & Oberon)
Rings: 13
Orbit Distance: 2,870,658,186 km (19.19 AU)
Orbit Period: 30,687 days (84.0 years)
Effective Temperature: -216 °C
Discovery Date: March 13th 1781
Discovered By: William Herschel

अरुण ग्रह के बारे में महत्वपूर्ण जानकारी

अरुण द्रव्यमान में यह पृथ्वी से 14.5 गुना अधिक भारी और आकृति में पृथ्वी से 63 गुना अधिक बड़ा है। औसत रूप में देखा जाए तो पृथ्वी से बहुत कम घना है – क्योंकि पृथ्वी पर पत्थर और अन्य भारी पदार्थ अधिक प्रतिशत में हैं जबकि अरुण पर गैस अधिक है। इसीलिए पृथ्वी से त्रियेठ गुना बड़ा आकार में रखने के बाद भी यह पृथ्वी से केवल चौदह गुना भारी है। हालांकि, अरुण को बिना दूरबीन की आँख से भी देखा जा सकता है, यह इतना दूर है और इतने माध्यम रोशनी का प्रतीत होता है प्राचीन शास्त्री कभी भी इसे ग्रह का दर्जा नहीं दिया और यह एक दूर टिमटिमाता तारा ही समझा। 13 मार्च 1781 में विलियम हरशल ने अपनी खोज की घोषणा करी। अरुण दूरबीन द्वारा पाया गया पहला ग्रह था।

हमारे सौर मण्डल में चार ग्रहों को गैस दानव कहा जाता है, क्योंकि इनमें मिटटी-पत्थर की बजाय अधिकतर गैस है और इनका आकार बहुत ही विशाल है। अरुण इनमे से एक है – बाकी तीन बृहस्पति, शनि और वरुण (नॅप्टयून) हैं। इनमें से अरुण की बनावट वरुण से बहुत मिलती-जुलती है। अरुण और वरुण के वातावरण में बृहस्पति और शनि के तुलना में बर्फ़ अधिक है – पानी की बर्फ़ के अतिरिक्त इनमें जमी हुई अमोनिया और मीथेन गैसों की बर्फ़ भी है। इसलिए कभी-कभी खगोलशास्त्री इन दोनों को "बर्फ़ीले गैस दानव" नाम की श्रेणी में डाल देते हैं।

सौर मंडल के सभी ग्रहों में से अरुण का वायुमण्डल सब से ठंडा पाया गया है और उसका न्यूनतम तापमान -4 9 कैल्विन (यानी -224 ° सेंटीग्रेड) देखा गया है। इस ग्रह में बादलों के कई तल देखे हैं मानना है कि सब से नीचे पानी के बादल हैं और सब से ऊपर मीथेन गैस के बादल हैं। यह भी माना जाता है कि अगर किसी प्रकार के अरुण के बिलकुल बीच में जाकर उसका केंद्र देखा जाए तो वहां बर्फ और

पत्थर पाए जाते हैं। इसका दिन क़रीब 11 घंटे का होता है। इसका तापमान $18^{o}C$ है। इसके 21 उपग्रह हैं, जिनमें एरियल तथा मिरांडा प्रमुख हैं।

अरुण द्रव्यमान में यह पृथ्वी से 14.5 गुना अधिक भारी और आकृति में पृथ्वी से 63 गुना अधिक बड़ा है। औसत रूप में देखा जाए तो पृथ्वी से बहुत कम घना है – क्योंकि पृथ्वी पर पत्थर और अन्य भारी पदार्थ अधिक प्रतिशत में हैं जबकि अरुण पर गैस अधिक है। इसीलिए पृथ्वी से त्रियेठ गुना बड़ा आकार में रखने के बाद भी यह पृथ्वी से केवल चौदह गुना भारी है। हालांकि, अरुण को बिना दूरबीन की आँख से भी देखा जा सकता है, यह इतना दूर है और इतने माध्यम रोशनी का प्रतीत होता है प्राचीन शास्त्री कभी भी इसे ग्रह का दर्जा नहीं दिया और यह एक दूर टिमटिमाता तारा ही समझा। 13 मार्च 1781 में विलियम हरशल ने अपनी खोज की घोषणा करी। अरुण दूरबीन द्वारा पाया गया पहला ग्रह था।

हमारे सौर मण्डल में चार ग्रहों को गैस दानव कहा जाता है, क्योंकि इनमें मिटटी-पत्थर की बजाय अधिकतर गैस है और इनका आकार बहुत ही विशाल है। अरुण इनमे से एक है – बाकी तीन बृहस्पति, शनि और वरुण (नॅप्टयून) हैं। इनमें से अरुण की बनावट वरुण से बहुत मिलती-जुलती है। अरुण और वरुण के वातावरण में बृहस्पति और शनि के तुलना में बर्फ़ अधिक है – पानी की बर्फ़ के अतिरिक्त इनमें जमी हुई अमोनिया और मीथेन गैसों की बर्फ़ भी है। इसलिए कभी-कभी खगोलशास्त्री इन दोनों को “बर्फ़ीले गैस दानव” नाम की श्रेणी में डाल देते हैं।

सौर मंडल के सभी ग्रहों में से अरुण का वायुमण्डल सब से ठंडा पाया गया है और उसका न्यूनतम तापमान -4 9 कैल्विन (यानी -224 ° सेंटीग्रेड) देखा गया है। इस ग्रह में बादलों के कई तल देखे हैं मानना है कि सब से नीचे पानी के बादल हैं और सब से ऊपर मीथेन गैस के बादल हैं। यह भी माना जाता है कि अगर किसी प्रकार के अरुण के बिलकुल बीच में जाकर उसका केंद्र देखा जाए तो वहां बर्फ और पत्थर पाए जाते हैं। इसका दिन क़रीब 11 घंटे का होता है। इसका तापमान $18^{o}C$ है। इसके 21 उपग्रह हैं, जिनमें एरियल तथा मिरांडा प्रमुख हैं।

अरुण ग्रह का इतिहास

अरुण ग्रह (Uranus) का नाम ग्रीक देवता के नाम पर रखा गया है। यह माना जाता है कि यूरेनस शनि के पिता थे। अरुण गृह की खोज 1781 ई. में विलियम हर्सेल द्वारा की गई थी। अभी तक केवल एक अंतरिक्ष यान ही युरेनस ग्रह पर

गया हैं। नासा का वायेजर 2 जनवरी 1986 में युरेनस के पास पहुंचा। युरेनस की सतह से 81,000 किलोमीटर ऊपर इसके चक्कर लगाने लगा। इसने इस ग्रह के 11 छोटे चन्द्रमाओ को खोजा। इसके साथ आलावा छल्लो (Ring) और उपग्रहों की अनेक तस्वीरें भेजी थी। आपकी जानकारी के लिए बता दे यूरेनस के जो उपग्रह है उनके नाम शेक्सपीयर और अलैंग्जैंड़र पोप की रचनाओं के पात्रों के नाम ऊपर रखे गए हैं।

अरुण ग्रह से जुड़े कुछ महत्वपूर्ण बातें और रोचक तथ्य

अरुण ग्रह (Uranus) का नाम ग्रीक देवता के नाम पर रखा गया है। यह माना जाता है कि यूरेनस शनि के पिता थे। अरुण गृह की खोज 1781 ई. में विलियम हर्सेल द्वारा की गई थी। अभी तक केवल एक अंतरिक्ष यान ही युरेनस ग्रह पर गया हैं। नासा का वायेजर 2 जनवरी 1986 में युरेनस के पास पहुंचा। युरेनस की सतह से 81,000 किलोमीटर ऊपर इसके चक्कर लगाने लगा। इसने इस ग्रह के 11 छोटे चन्द्रमाओ को खोजा। इसके साथ आलावा छल्लो (Ring) और उपग्रहों की अनेक तस्वीरें भेजी थी। आपकी जानकारी के लिए बता दे यूरेनस के जो उपग्रह है उनके नाम शेक्सपीयर और अलैंग्जैंड़र पोप की रचनाओं के पात्रों के नाम ऊपर रखे गए हैं।

अरुण ग्रह से जुड़े कुछ महत्वपूर्ण बातें और रोचक तथ्य

- अरुण गृह की बनावट ऐसी हैं की इसमें बादलों की अनेक परतें पाई जाती हैं। सबसे ऊपर मीथेन गैस पाई जाती है। वैज्ञानिकों का मानना है कि अरुण ग्रह पर मीथेन गैस की अधिकता, तापमान और हवा के कारण हीरे की बारिश होती हो।
- इसे 'ice giant' ग्रह के नाम से भी जाना जाता है क्योंकि यह मुख्यत विभिन्न तरह की बर्फ से बना है। इसके सिवाए यह चट्टानों, हाइड्रोजन और थोड़ी मात्रा में हीलीयम का बना हुआ है। इसके वातावरण में 83% हाइड्रोजन, 15% हीलीयम और 2% मिथेन है। इसके वायुमंडल का औसतन तापमान कम से कम -224°C है।

- अरुण ग्रह का 1 साल (सूर्य के 1 चक्कर लगाने में लगा समय) पृथ्वी के 84 साल के बराबर होता है। यह अपनी धुरी के समक्ष एक चक्कर 17 घंटे और 14 मिनट में पूरा करता है। यह पृथ्वी समेत बाकी सभी ग्रहों से उल्ट दिशा में अपनी धुरी के समक्ष एक चक्कर लगाता है।
- अरुण ग्रह का वजन 8।681 × 10^25 kg है जो पृथ्वी के वजन से 14 गुना ज्यादा है। अब तक लिए गए चित्रों में यूरेनस का रंग नीला दिखता है। इसका कारण है लाल रंग को इसके ऊपरी भाग में मौजूद मिथेन द्‌वारा सोखे जाना।
- हमारी पृथ्वी की तुलना में अरुण ग्रह पर गुरुत्वाकर्षण बल कम है। यदि पृथ्वी पर कोई वस्तु 10 फीट की ऊंचाई पर उछलती है, तो अरुण ग्रह पर यह 11 फीट की ऊंचाई पर उछलेगी। इसी तरह यदि कोई वस्तु का भार पृथ्वी पर 100 किलो ग्राम है तो अरुण ग्रह पर 92 किलोग्राम होगा।
- अरुण ग्रह को पृथ्वी की सतह से देखना थोड़ी मुश्किल हैं। दूरबीन की मदद से इसे आसानी से देखा जा सकता है।
- रुण ग्रह के चारो ओर वलय पाए जाते है इन वलयो में अल्फा बीटा ,गामा व एप्सीलान प्रमुख वलय है। इसके आलावा अरुण ग्रह के 27 उपग्रह है इसके प्रमुख उपग्रह टिटेनिया, ओबेरोन ,अम्ब्रेइल,एरियल ,मिरांडा ,ये सभी है।
- अरुण सौर मंडल का सबसे ठंडा ग्रह है|
- रह यूरेनस के चारों ओर तेरह छल्ले हैं। यूरेनस के ये छल्ले बर्फ और छोटी चट्टानों से बने हैं।
- यूरेनस ग्रह के चारों ओर 27 चंद्रमा इसकी परिक्रमा करते है।
- टाइटेनिया (Titania) चंद्रमा यूरेनस का सबसे बड़ा चंद्रमा है, टाइटेनिया का व्यास 1578 km है।
- यूरेनस के सभी चंद्रमा एक-दूसरे के बहुत निकट हैं, शोधकर्ताओं का कहना है कि यह जल्द ही एक दूसरे से टकरा सकते है।
- टाइटेनिया चंद्रमा, ग्रह यूरेनस का चंद्रमा, सौरमंडल का आठवां सबसे बड़ा उपग्रह है, इसका व्यास 981 मील (1578 किमी) है।
- अंतरिक्ष यान, वायेजर -2 (Voyager-2), 1986 में यूरेनस ग्रह के चित्र लेने वाला पहला यान था।
- ग्रह यूरेनस सौर मंडल का तीसरा सबसे बड़ा ग्रह है। पहले और दूसरे स्थान पर बृहस्पति ग्रह और शनि ग्रह है। हालांकि, ग्रह यूरेनस को नंगी आंखों के नहीं देखा जा सकता है।

- ग्रह यूरेनस सूर्य से सातवां ग्रह है। यह 20 खगोलीय इकाई की दूरी पर है, यूरेनस पृथ्वी से 63 गुणा बड़ा ग्रह है।
- यूरेनस का तापमान शून्य से 370 डिग्री फ़ारेनहाइट या 220 डिग्री सेल्सियस तक गिर जाता है। यह सूर्य से अपनी दूरी और ग्रह की प्रकृति के कारण भी ऐसा होता है।
- सूर्य से इसकी दूरी के कारण, ग्रह यूरेनस सौर मंडल का सबसे ठंडा ग्रह है। हालांकि, यह सौर मंडल का सबसे दूर का ग्रह नहीं है।
- ग्रह यूरेनस की सतह बर्फ और पानी के महासागर से, और अमोनिया और मीथेन से बनी है।
- ग्रह यूरेनस 98 डिग्री के कोण पर झुका हुआ है। यह माना जाता है कि यह झुकाव किसी अन्य खगोलीय पिंड में टकराव के कारण हो गया होगा।
- इसके झुकाव के कारण, यह माना जाता है कि ग्रह यूरेनस उत्तर से दक्षिण की ओर घूमता है।
- एस्ट्रोनॉमर विलियम हर्शल (William Herschel) द्वारा 13 मार्च 1781 को ग्रह यूरेनस की खोज की गई थी।
- ग्रह यूरेनस का नाम स्वर्ग के ग्रीक देवता 'आउरोनस' (Ouranous) के नाम पर रखा गया है। यूरेनस आउरोनस का लैटिन शब्द है।
- यूरेनस का नाम एस्ट्रोनॉमर जोहान एलर्ट बोडे (Johann Elbert Bode) ने दिया था, उसके अनुसार ग्रह बृहस्पति देवों के पिता थे और ग्रह शनि बृहस्पति के पिता थे तो ग्रह यूरेनस शनि के पिता होने चाहिए।
- सूर्य से यूरेनस की दूरी 2.9 बिलियन किमी या 1.8 बिलियन मील है।
- ग्रह यूरेनस वह ग्रह है जिसे आखिरी में खोजा गया था। हालाँकि, यह अक्सर देखा गया था लेकिन लोगों को लगा कि यह सिर्फ एक और सितारा या एक धूमकेतु है। बाद में 18 वीं शताब्दी में, यह पता चला कि यह ग्रह के सभी गुणों को पूरा करता है।
- ग्रह यूरेनस का सबसे बड़ा चंद्रमा, एक शेक्सपियर के नाटक की परियों की रानी के नाम पर रखा गया है। शेक्सपियर के नाटक का नाम 'ए मिडसमर नाइट्स ड्रीम' (A Midsummer Night's Dream) है।
- ग्रह यूरेनस पर एक दिन 17 घंटे और 14 मिनट के बराबर होता है। यूरेनस ग्रह के दिन अन्य सभी ग्रहों की तुलना में छोटे होते हैं।
- रह यूरेनस के प्रत्येक उत्तर और दक्षिण ध्रुव, एक के बाद एक, 42 साल तक पूर्ण अंधकार का अनुभव करते हैं। 42 वर्षों के लिए पूर्ण अंधेरे का कारण इसका 98

डिग्री झुकाव है।

- ग्रह यूरेनस 560 मील या 900 किमी प्रति घंटे की गति तक पहुंचने वाली अत्यधिक तेज हवाओं का अनुभव करता है।
- ग्रह यूरेनस में वायुमंडल है जो अधिकांश आणविक हाइड्रोजन और परमाणु हीलियम से बना है, इस ग्रह पर थोड़ी मात्रा में मीथेन है।
- ग्रह यूरेनस अपने वातावरण और मौसम के कारण मानव जीवन का समर्थन नहीं करता है।
- ग्रह यूरेनस पर प्रत्येक मौसम 21 साल तक रहता है। ग्रह का उत्तरी ध्रुव सर्दियों में 21 साल की रात, गर्मियों में 21साल के दिन और वसंत और शरद ऋतु में 42 साल का दिन और रात का अनुभव करता है।
- ग्रह यूरेनस पर एक वर्ष ग्रह पृथ्वी पर 84 साल के बराबर होता है।
- ग्रह यूरेनस के हॉटेस्ट जोन इसके ध्रुव हैं क्योंकि वे सूर्य के सामने रहते हैं। इसके 98 डिग्री झुकाव के कारण, यूरेनस के ध्रुव सूर्य के सामने रहते हैं।
- ग्रह यूरेनस का रंग हल्का नीला है। यूरेनस का रंग अपने वातावरण में मीथेन के कारण है।
- यूरेनस का मूल (Core) लोहा और मैग्नीशियम सिलिकेट से बना है।
- यूरेनस ग्रह पर जबरदस्त दबाव के कारण, यह माना जाता है कि इसमें अरबों बड़े हीरे हो सकते हैं।
- सूर्य से यूरेनस की दूरी शनि से दोगुनी है। यह इतनी दूर है कि सूरज यूरेनस से एक सितारे की तरह दिखता है।
- यूरेनस के सारे चंद्रमाओं को एक बार में नहीं खोजा गया था बल्कि उन्हें एक-एक करके खोजा गया। विलियम हर्शेल (William Herschel) ने ग्रह यूरेनस की खोज के साथ टाइटेनिया (Titania) चंद्रमा और ओबेरॉन (Oberon) चंद्रमा को खोजा था। एरियल (Ariel) चाँद और उम्ब्रील (Umbriel) चाँद 1851 में विलियम लासेल (William Lasell) द्वारा पाए गए थे। मिरांडा (Miranda) चंद्रमा को गेराई कुइपर (Gerard Kuiper) ने वर्ष 1948 में पाया था। अन्य दस चंद्रमाओं की खोज 1986 में वायेजर -2 द्वारा की गई थी। 1990 में अगले छह चंद्रमाओं की खोज की गई थी और आखिरी छह चंद्रमा साल 2000 में खोजे गए थे।
- 2000 में, चंद्रमा 'मार्गरेट' अंतिम यूरेनस चंद्रमा की खोज की गई थी, और इसकी विशेषताओं को 2003 में प्रकाशित किया गया था।

- विलियम शेक्सपियर और अलेक्जेंडर पोप के नाटक के पात्रों के नाम पर यूरेनस के सभी 27 चंद्रमाओं का नाम रखा गया है।
- जेम्स इलियट (James Elliot), जेसिका मिंक (Jessica Mink) और एडवर्ड डनहम (Edward Dunham) ने 1977 में यूरेनस के छल्ले की आधिकारिक खोज की थी।
- पृथ्वी से यूरेनस की दूरी 160 प्रकाश मिनट है। पृथ्वी अब तक यूरेनस से सबसे नजदीक 2.57 बिलियन किमी रहा है।
- ग्रह यूरेनस अभी तक पूरी तरह से खोजा नहीं गया है अब तक, यह केवल 1986 में नासा द्वारा भेजे गए अंतरिक्ष यान वायेजर-2 और दूरबीन के माध्यम से खोजा गया है।
- यूरेनस को 'आइस जाइंट' (Ice Giant) भी कहा जाता है। यह इस ग्रह पर हाइड्रोजन और हीलियम की उच्च सांद्रता के कारण कहा जाता है।

13

वरुण ग्रह(Neptune)

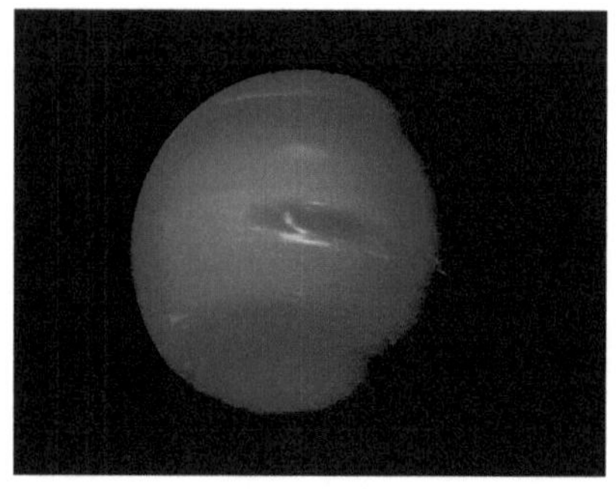

NEPTUNE

नेपच्यून यानि वरुण विशाल, गहरा, ठंडा और सुपरसोनिक हवाओं द्वारा मार पड़ी एक बर्फीला ग्रह है। यह हमारे सौर मंडल का आठवां और सबसे दूर का ग्रह है। नेप्च्यून हमारे सौर मंडल का एकमात्र ऐसा ग्रह है जो नग्न आंखों से दिखाई नहीं देता है और इसकी खोज से पहले गणित द्वारा पहली भविष्यवाणी की गई है। नासा का वायेजर 2 अंतरिक्ष यान एकमात्र ऐसा है जिसने नेप्च्यून को करीब से देखा है।

बर्फ का विशाल ग्रह नेपच्यून

Neptune हिंदी में वरुण हमारे सौर मंडल का आठवां सबसे बड़ा ग्रह है। यह सौर मंडल में सभी ग्रहों के व्यास मे चौथा सबसे बड़ा ग्रह, और तीसरा सबसे विशाल ग्रह है। Neptune पृथ्वी के द्रव्यमान का 17 गुना है, जो इसके निकट वाले ग्रह यूरेनस की तुलना में थोड़ा अधिक है। Neptune, युरेनस की तुलना में सघन और छोटा है, क्योंकि इसका अधिक द्रव्यमान इसके वायुमंडल के अधिक gravitational compression का कारण बनता है।

Neptune 30.1 एयू (4.5 बिलियन किमी) की औसत दूरी पर हर 164.8 साल में एक बार सूर्य की परिक्रमा करता है। इसका नाम समुद्र के रोमन देवता के नाम पर रखा गया है और इसमें खगोलीय प्रतीक ♆ है, जो रोमन देवता नेप्च्यून(Neptune) के त्रिशूल का एक स्टाइलिश संस्करण है।

Neptune पृथ्वी से आंखों से दिखाई नहीं देता है, और सौर मंडल में एकमात्र ग्रह है जो अनुभवजन्य अवलोकन के बजाय गणितीय भविष्यवाणी द्वारा पाया गया है। यूरेनस की कक्षा में अप्रत्याशित परिवर्तन ने एलेक्सिस बाउवार्ड को प्रेरित किया कि इसकी कक्षा एक अज्ञात ग्रह द्वारा गुरुत्वाकर्षण गड़बड़ी के अधीन थी।

Neptune को बाद में 23 सितंबर 1846 को एक दूरबीन के साथ देखा गया। जोहान गैले ने उरबैन ले वेरियर द्वारा भविष्यवाणी की गई स्थिति के एक अंश के भीतर। इसके सबसे बड़े चंद्रमा, ट्राइटन को इसके तुरंत बाद खोजा।

हालांकि ग्रह के शेष 13 चंद्रमाओं में से कोई भी 20 वीं शताब्दी तक दूरबीन से नहीं देखा गया था। पृथ्वी से ग्रह की दूरी इसे बहुत छोटा आकार देती है, जिससे यह पृथ्वी-आधारित दूरबीनों के साथ अध्ययन करने के लिए चुनौतीपूर्ण हो जाता है। Neptune, Voyager 2 द्वारा दौरा किया गया था, जब उसने 25 अगस्त 1989 को ग्रह के पास से उड़ान भरी थी। हबल स्पेस टेलीस्कॉप के आगमन और अनुकूली प्रकाशिकी के साथ बड़े जमीन-आधारित टेलीस्कोपों ने हाल ही में दूर से अतिरिक्त विस्तृत टिप्पणियों के लिए अनुमति दी है।

बृहस्पति और शनि की तरह, Neptune का वायुमंडल मुख्य रूप से हाइड्रोजन और हीलियम से बना है, साथ ही हाइड्रोकार्बन और संभवतया नाइट्रोजन के निशान से बना है, हालांकि इसमें पानी, अमोनिया और मीथेन जैसे "आयस" का अनुपात अधिक है। हालांकि, यूरेनस के समान, इसका इंटीरियर मुख्य रूप से आयनों और रॉक से बना है। यूरेनस और Neptune को आम तौर पर इस अंतर पर जोर देने के लिए "आइस दिग्गज" माना जाता है। ग्रह के नीले रंग की उपस्थिति के लिए बाहरी क्षेत्रों में मीथेन के निशान।

यूरेनस के धुंधले, अपेक्षाकृत सुविधा रहित वातावरण के विपरीत, Neptune(नेप्च्यून) के वातावरण में सक्रिय और दृश्य मौसम पैटर्न हैं। उदाहरण के लिए, 1989 में वायेजर 2 फ्लाईबी के समय, ग्रह के दक्षिणी गोलार्ध में बृहस्पति पर ग्रेट रेड स्पॉट की तुलना में एक ग्रेट डार्क स्पॉट था। ये मौसम के पैटर्न सौर मंडल में किसी भी ग्रह की सबसे मजबूत निरंतर हवाओं से संचालित होते हैं, जिसमें हवा की गति 2,100 किमी / घंटा (580 m / s, 1,300 मील प्रति घंटे) से अधिक होती है। सूर्य से अपनी महान दूरी के कारण, नेप्च्यून का बाहरी वातावरण सौर मंडल की सबसे ठंडी जगहों में से एक है, जिसके तापमान में 55 K (−218 ° C; −361 ° F) तक पहुंचने वाले बादल सबसे ऊपर हैं। ग्रह के केंद्र पर तापमान लगभग 5,400 K (5,100 ° C; 9,300 ° F) है। नेप्च्यून में एक बेहोश और खंडित अंगूठी प्रणाली ("आर्क्स" लेबल) है, जिसे 1984 में खोजा गया था, फिर बाद में वोएजर 2 द्वारा पुष्टि की गई।

ग्रह नेपच्यून के अवलोकन

28 दिसंबर 1612 और 27 जनवरी 1613 को गैलीलियो द्वारा टेलीस्कोप के माध्यम से सबसे पहले दर्ज की गई टिप्पणियों को देखा गया। गैलीलियो के ड्रॉइंग में प्लॉट किए गए बिंदु होते हैं जो अब नेप्च्यून की स्थिति के साथ मेल खाते हैं। दोनों मौकों पर, गैलीलियो ने नेप्च्यून को एक निश्चित तारे के लिए गलत प्रतीत होता है जब वह रात के आकाश में बृहस्पति के समीप — दिखाई देता था; हालाँकि, उन्हें नेप्च्यून की खोज का श्रेय नहीं दिया जाता है। दिसंबर 1612 में अपने पहले अवलोकन में, नेप्च्यून आकाश में लगभग स्थिर था क्योंकि यह उस दिन बस प्रतिगामी हो गया था। यह स्पष्ट पिछड़ी गति तब बनती है जब पृथ्वी की कक्षा इसे बाहरी ग्रह से पार ले जाती है। क्योंकि नेप्च्यून केवल अपने वार्षिक प्रतिगामी चक्र की शुरुआत कर रहा था, इसलिए गैलीलियो की छोटी दूरबीन के साथ ग्रह की गति का पता लगाना बहुत कम था। 2009 में, एक अध्ययन ने सुझाव दिया कि गैलीलियो कम से कम इस बात से अवगत थे कि उनके द्वारा देखे गए "तारे" निश्चित तारों के सापेक्ष स्थानांतरित हो गए थे।

1821 में, एलेक्सिस बॉवार्ड ने नेप्च्यून के पड़ोसी यूरेनस की कक्षा की खगोलीय सारणी प्रकाशित की। बाद की टिप्पणियों में तालिकाओं से पर्याप्त विचलन का पता चला, जिसके कारण बाउवर्ड ने यह अनुमान लगाया कि एक अज्ञात शरीर गुरुत्वाकर्षण बातचीत के माध्यम से कक्षा में चक्कर काट रहा था।

1843 में, जॉन काउच एडम्स ने अपने पास मौजूद डेटा का उपयोग करके यूरेनस की कक्षा पर काम करना शुरू किया। उन्होंने सर जॉर्ज एरी, एस्ट्रोनॉमर रॉयल से अतिरिक्त डेटा का अनुरोध किया, जिन्होंने फरवरी 1844 में इसकी आपूर्ति की। एडम्स ने 1845-46 में काम करना जारी रखा और एक नए ग्रह के कई अलग-अलग अनुमानों का उत्पादन किया।

ग्रह नेप्च्यून की खोज

नेप्च्यून की खोज 1846 में जोहान गाले और ले वर्नियर ने की थी और वास्तव में, इसके अस्तित्व की भविष्यवाणी जॉन काउच एडम्स ने बहुत पहले की थी। यह आम धारणा है कि ये दूर के ग्रह दूरबीन के आविष्कार के लिए मानव जाति के इतिहास में पहली बार की गई खोज थे।हालांकि, महाभारत (3100 BCE) के महाकाव्य के अनुसार, प्राचीन भारतीय खगोलविदों, ग्रहों को नग्न आंखों के लिए दिखाई नहीं दे रहे थे और कहा गया था कि जिन ग्रहों का उल्लेख सुमता, सायमेट और टीशेन के रूप में किया गया है, वे तीन दूर के ग्रहों यूरेनस का संदर्भ हो सकते हैं, नेपच्यून और प्लूटो।

चित्त नक्षत्र (नक्षत्र) में ग्रह स्वेटा को महाभारत लेखक व्यास ने ग्रीनिश व्हाइट के रूप में वर्णित किया है और अब इसे यूरेनस के रंग के रूप में खोजा गया है; सियामत ग्रह के ब्लूश व्हाइट को नेपच्यून का रंग पाया जाता है। भारतीय विद्वानों का मानना है कि व्यास ने जिस ग्रह का उल्लेख किया है, वह तीक्ष्ण ling परेशान 'है, जिसे 1930 में प्लूटो ने खोजा था।

"शुक्रहः प्रोस्थापदे पूर्वे समारुह्य विरोचते उत्तरे तु परिक्रम्य सहितः षमुदिक्ष्यते [१५-भीष्। ३]स्यमोग्रहः प्रज्वलितः सधूम इव पावकः आऐन्द्रम् तेजस्वी णक्ष-तरं ज्येस्थां आक्रम्य तिष्ठति [१६-भीष्। ३]"

ऋषि व्यास ने उल्लेख किया है कि एक धूसर-श्वेत (स्याम) ग्रह ज्येष्ठ में था और यह धूम्र (साधु) था। नीलकंठ ने महाभारत पर अपनी टिप्पणी में इसे "परिग्रह" (परिधि) कहा है, जिसका अर्थ है कि इसकी कक्षा हमारे सौर मंडल की परिधि के लगभग थी। महाभारत (शांति ए। 15,308) में दर्पण और सूक्ष्म दृष्टि का उल्लेख "दुरबीन" या "दुर्बीन" के रूप में है। प्राचीन साहित्य में, दुर्बिनी (दूर दूर से वस्तुओं को देखने के लिए इस्तेमाल किया जाने वाला उपकरण, दूरबीन के समान) का उल्लेख किया गया था। तो, इसका मतलब है कि उस समय लेंस और टेलीस्कोप मौजूद थे और उनका उपयोग किया गया था।

वरुण ग्रह के बारे में रोचक तथ्य

- जब महान वैज्ञानिक गैलीलियो गैलीली ने अपनी दूरबीन से अंतरिक्ष की ओर देखना शुरू किया तो उन्होंने तारे और ग्रह Drink बनाए, जिन पर ग्रहों और तारों को बिंदु बनाकर दर्शाया गया था।
- उस चित्र में 1 बिंदु ठीक वही था जहां आज नेपच्यून है, लेकिन गैलीलियो ने इस बिंदु को एक तारा मानकर एक बड़ी गलती की और इसीलिए गैलीलियो गैलीली को नेपच्यून की खोज का श्रेय नहीं दिया गया।
- वर्ष 1821 में एलेक्सिस वोवर्ल्डे ने यूरेनस की कक्षा के लिए एक सैद्धांतिक तालिका प्रकाशित की, लेकिन जब अवलोकन किए गए, तो कक्षा की गणना में बहुत अंतर था, तब एलेक्सिस वोवर्ल्डे ने कहा कि एक अज्ञात वस्तु है कि यूरेनस के गुरुत्वाकर्षण संपर्क के माध्यम से आगे बढ़ सकते हैं। कक्षा को परेशान कर रहा है|
- वर्ष 1843 में जॉन कोच एडम भी यूरेनस की कक्षा पर शोध कर रहे थे, तब उन्होंने वहां एक ग्रह होने की कई संभावनाएं भी व्यक्त कीं।
- 1845 में अरविनली वैरियर ने भी अपने कैलकुलेशन के मुताबिक यूरेनस के बाद एक और नया ग्रह होने का दावा किया नए ग्रह के इतने ज्यादा प्रेडिक्शन होने के कारण एस्ट्रोनॉमरस ने नई ग्रह को खोजना शुरू कर दिया।
- नेपच्यून सूर्य से 4.5 अरब किलोमीटर की दूरी पर स्थित है और यह 164.79 पृथ्वी, वर्षों में सूर्य की एक परिक्रमा पूरी करता है।
- नेपच्यून अपनी तेज हवा के लिए भी जाना जाता है, यहां सबसे तेज हवाओं की गति 600 मीटर प्रति सेकेंड से भी ज्यादा है, जो लगभग सुपर सोनिक फॉल के बराबर है।
- नेपच्यून पर चलने वाली अधिकांश हवाओं की दिशा इसकी घूर्णन दिशा के बिल्कुल विपरीत है।
- 1989 में, वोयाजर 2 ने अपने फ्लाईबाई मिशन के दौरान नेप्च्यून पर एक बड़े तूफान की खोज की, जिसे ग्रेट डार्क स्पॉट नाम दिया गया क्योंकि यह दिखने में अंधेरा था।
- द ग्रेट डार्क स्पॉट की तुलना जुपिटर के द ग्रेट रेड स्पॉट से की गई, लेकिन यह तूफान जल्द ही गायब हो गया, जिसकी पुष्टि हबल स्पेस टेलीस्कोप ने 2

नवंबर 1994 को की थी।

- नेपच्यून पर ग्रेट डार्क स्पॉट के अलावा सफेद धब्बे भी पाए जाते हैं, जो इसके वायुमंडल के ऊपरी हिस्से में आने वाले तूफानों में से एक है। इन तूफानों को स्कूटर भी कहा जाता है। ये तूफान नेपच्यून पर इतनी जल्दी क्यों गायब हो जाते हैं और उनका तंत्र क्या है यह अभी भी हमारे लिए एक सवाल है।
- अन्य संयुक्त ग्रहों की तरह, नेपच्यून भी आंतरिक हिट उत्पन्न करता है, जो सूर्य से प्राप्त ऊर्जा की तुलना में लगभग 2.61 गुना अधिक ऊर्जा अंतरिक्ष में विकीर्ण करता है।
- नेपच्यून ग्रह के अब तक 14 उपग्रह खोजे जा चुके हैं। नेप्च्यून का सबसे बड़ा उपग्रह ट्राइटन है, जिसे नेप्च्यून की खोज के 17 दिन बाद ही खोजा गया था।
- ट्रीटोन पूरी तरह से जमी हुई ठंडी दुनिया है। इसे सौरमंडल का सबसे ठंडा स्थान माना जाता है। यहां का तापमान है- 235 डिग्री सेल्सियस।
- यह भी माना जाता है कि ट्राइटन नेपच्यून का प्राकृतिक उपग्रह नहीं है। हो सकता है कि यह पहले एक द्वार ग्रह रहा हो, जिसे नेपच्यून ने अपने गुरुत्वाकर्षण से खींचा होगा, ऐसा माना जाता है क्योंकि नेपच्यून के बाकी उपग्रह अनियमित आकार के हैं लेकिन ट्राइटन आकार एक ग्रह की तरह है।
- नेपच्यून की कक्षा में 99.5% वजन ट्राइटन का है, इसके अलावा 13 अन्य उपग्रह और अब तक खोजे गए हैं।
- नेपच्यून के तीन वलय एडम्स, लिबैरियर और गेल हैं और सभी वलय अन्य गैस संयुक्त की तुलना में बहुत हल्के हैं।
- कुछ वलय इतने कम चमकीले होते हैं कि एक समय के लिए यह मान लिया गया था कि नेपच्यून के वलय अधूरे थे, लेकिन वोयाजर टू ने पुष्टि की कि नेपच्यून के छल्ले पूर्ण हैं और चमकीले नहीं हैं, जिसके कारण वे आसानी से दिखाई नहीं देते हैं।
- वोयाजर 2 एकमात्र अंतरिक्ष यान है जिसे नेप्च्यून के अध्ययन के लिए भेजा गया है। अगस्त 1989 में, वोयाजर 2 नेप्च्यून के सबसे करीब से गुजरा और हमें उसमें कई तस्वीरें भेजीं।
- वोयाजर 2 से प्राप्त जानकारी से हमें उस पर आने वाले तूफान, उसके वातावरण के तापमान की संरचना आदि के बारे में पता चला।
- वोयाजर 2 ने खुलासा किया कि नेपच्यून के पास एक सक्रिय मौसम प्रणाली है, जिसमें उसने नेप्च्यून के छह उपग्रहों की खोज की और बताया कि नेप्च्यून में एक से अधिक रिंग हैं, जिसमें इसने हमें नेपच्यून के बारे में सटीक और बड़ी

जानकारी भेजी।

- इसके बाद यह नेप्च्यून के सबसे बड़े उपग्रह ट्राइटन के बहुत करीब से गुजरा, वोयाजर 2 ने पहली बार नेप्च्यून के द्रव्यमान की सटीक गणना की, जो हमारी गणना से 0.5 प्रतिशत कम थी।
- ग्रह X की परिकल्पना गलत साबित हुई, लेकिन अभी भी कुछ सवाल ऐसे हैं जो नेपच्यून को रहस्यमयीबना देते हैं। यह आज भी एक पहेली है।
- नेपच्यून सूर्य से बहुत दूर है, फिर भी नेपच्यून पर हवाएं 600 मीटर प्रति सेकंड तक पहुंच जाती हैं और जबकि इसका आंतरिक हिट स्रोत भी बहुत कमजोर होता है, तो क्या होता है जब हवाएं सुपरसोनिक प्रवाह के करीब पहुंच जाती हैं।
- नेपच्यून का ग्रेट डार्क स्पॉट अचानक क्यों और कैसे गायब हो गया, अन्य ग्रहों की तुलना में तूफान यहां अधिक समय तक क्यों नहीं रहते? पहुँचेगा।
- नया ग्रह अरविनली वारियर के अनुमानित बिंदु के 1 डिग्री के भीतर पाया गया था, जबकि एकुरेशी एडम्स के अनुमानित बिंदु के 12 डिग्री के भीतर अरविनली वारियर से आगे था, लेकिन बहस के कारण, इस खोज का श्रेय दोनों को दिया गया था।
- लेकिन मुख्य रूप से अरविनाली वारियर को नेपच्यून का खोजकर्ता माना जाता है, अरविनाली वारियर ने इस नए ग्रह को नाम दिया और इस तरह हमें आठवां ग्रह नेपच्यून मिला।
- रोमन पौराणिक (Roman Mythological) कथाओं के अनुसार नेपच्यून को समुद्र का देवता माना जाता है।
- नेपच्यून ग्रह की आंतरिक संरचना यूरेनस के समान है, इसका आंतरिक भाग लोहे के निकल और सिलिकेट से बना है और यह पृथ्वी से लगभग 1 दशमलव 2 गुना भारी है।
- इसके क्रोड का दाब मेगा बार है जो पृथ्वी के कोर का 2 गुना और तापमान 5400 केल्विन है।
- नेपच्यून की मेंटल परत पृथ्वी से लगभग 15 गुना भारी है और इसमें यूरेनस की तरह पानी, अमोनिया और मीथेन भी उच्च मात्रा में है। यह द्रव अत्यधिक विद्युत प्रवाहकीय होता है, जिसे हम जल अमोनिया या महासागर भी कहते हैं।
- नेपच्यून के भारी वातावरण में 80% हाइड्रोजन और 19% हीलियम है। इसके वातावरण में मीथेन और अन्य तत्वों के अंश पाए जाते हैं।
- बर्फ का जोड़ होने के कारण नेपच्यून का औसत तापमान – 214 °C है।

- 2007 में, नेपच्यून के दक्षिणी ध्रुव को ग्रह पर सबसे गर्म स्थान माना जाता था, जिसका तापमान लगभग – 200 सेल्सियस डिग्री था।
- यह ध्रुवीय क्षेत्र गर्म था क्योंकि नेपच्यून का दक्षिणी ध्रुव पिछले 40 वर्षों से सूर्य की ओर था।
- दोस्तों हमारे सौरमंडल का आठवां ग्रह नेपच्यून है जिसे 'वरुण (Varun)' के नाम से भी जाना जाता है।
- अगर आकार की बात करें तो यह हमारे सौरमंडल का चौथा सबसे बड़ा ग्रह है और यह ग्रह सूर्य से सबसे अधिक दूरी पर है।
- अब जबकि यह इतनी दूरी पर है, तो उस तक पहुंचना थोड़ा मुश्किल हो जाता है, इस वजह से 1989 में एक बार नासा का वोयाजर 2 अंतरिक्ष यान यहां गया था, उसके बाद से कोई भी अंतरिक्ष यान नेपच्यून तक नहीं पहुंचा है।
- जब वे अंतरिक्ष यान में गए तो उन्होंने पहली बार नेपच्यून की कुछ तस्वीरें लीं, जो बहुत ही खूबसूरत थीं, यह पूरा ग्रह हाइड्रोजन और हीलियम जैसी गैसों से भरा हुआ है, लेकिन इसका चमकीला रंग मीथेन और अन्य गैस के कारण आता है जो कि इसके ऊपरी वातावरण में उपस्थित है।

14

प्लूटो /बौना ग्रह(Pluto)

PLUTO

Pluto Planet को बौना ग्रह भी कहा जाता है ! कभी सूर्य से नौवां और सबसे दूर का ग्रह माना जाने वाला प्लूटो अब सौरमंडल का सबसे बड़ा बौना ग्रह है। यह कुइपर बेल्ट के सबसे बड़े ज्ञात सदस्यों में से एक है, नेप्च्यून की कक्षा से परे एक छायादार क्षेत्र, जिसके बारे में सोचा जाता है कि यह लगभग 1 मील प्रति सेकंड 62 मील (100 किलोमीटर) से अधिक बड़े चट्टानी, बर्फीले शवों से घिरा है। या अधिक धूमकेतु।

2006 में, प्लूटो को बौना ग्रह के रूप में पुनर्वर्गीकृत किया गया था, एक परिवर्तन को एक भावना के रूप में व्यापक रूप से सोचा गया था। प्लूटो की ग्रह स्थिति के प्रश्न ने विवाद को आकर्षित किया है और वैज्ञानिक समुदाय और आम जनता के बीच तब से एक बहस छिड़ गई है। 2017 में, एक विज्ञान समूह (न्यू होराइजन मिशन के सदस्यों सहित) ने "सितारों की तुलना में अंतरिक्ष में गोल वस्तुओं," पर आधारित प्लैथथूड की एक नई परिभाषा का प्रस्ताव दिया, जो हमारे सौर मंडल में ग्रहों की संख्या को 8 से लगभग 100 तक बढ़ा देगा।

अमेरिकी खगोलशास्त्री पर्सीवल लोवेल ने पहली बार 1905 में नेप्च्यून और यूरेनस की कक्षाओं में देखे गए विचित्र विचलन से प्लूटो के अस्तित्व के संकेत पकड़े थे, यह सुझाव देते हुए कि दुनिया के एक और गुरुत्वाकर्षण इन दो ग्रहों से परे पर टॉगिंग कर रहे थे। लोवेल ने 1915 में रहस्य ग्रह के स्थान की भविष्यवाणी की, लेकिन इसे खोजने के बिना मर गया। प्लूटो को 1930 में लोवेल वेधशाला में क्लाइड टॉम्बो द्वारा लोवेल और अन्य खगोलविदों द्वारा की गई भविष्यवाणियों के आधार पर अंततः खोजा गया था।

प्लूटो को इसका नाम इंग्लैंड के ऑक्सफ़ोर्ड के 11 वर्षीय वेनेटिया बर्नी से मिला, जिन्होंने अपने दादा को सुझाव दिया था कि नई दुनिया का नाम अंडरवर्ल्ड के रोमन देवता से मिलता है। उसके दादा ने उसके बाद लोवेल ऑब्जर्वेटरी को नाम दिया। यह नाम पर्सीवल लोवेल को सम्मानित करता है, जिनके शुरुआती प्लूटो के पहले दो अक्षर हैं।

भौतिक विशेषताएं

चूंकि प्लूटो पृथ्वी से बहुत दूर है, इसलिए 2015 तक बौने ग्रह के आकार या सतह की स्थिति के बारे में बहुत कम जानकारी थी, जब नासा के न्यू होराइजंस अंतरिक्ष जांच ने प्लूटो का एक करीबी मक्खी बना दिया। न्यू होराइजन्स ने दिखाया कि प्लूटो का व्यास 1,473 मील (2,370 किमी) है, जो पृथ्वी के व्यास का पांचवां से भी कम है, और पृथ्वी के चंद्रमा के बारे में केवल दो-तिहाई चौड़ा है।

न्यू होराइजन्स अंतरिक्ष यान द्वारा प्लूटो की सतह के अवलोकन से पृथ्वी सहित रॉकी पर्वत की तुलना में 11,000 फीट (3,500 मीटर) तक ऊंचे पहाड़ों सहित सतह की कई विशेषताओं का पता चला। जबकि मीथेन और नाइट्रोजन की बर्फ प्लूटो की सतह को बहुत अधिक घेरती है, ये सामग्री इतनी विशाल चोटियों का समर्थन करने के लिए पर्याप्त मजबूत नहीं है, इसलिए वैज्ञानिकों को संदेह है

कि पहाड़ पानी की बर्फ के आधार पर बने हैं। [प्लूटो और उसके मून्स की तस्वीरें]

प्लूटो की सतह भी मीथेन बर्फ की एक बहुतायत में आच्छादित है, लेकिन न्यू होराइजंस के वैज्ञानिकों ने जिस तरह से बर्फ को बौना ग्रह की सतह पर प्रकाश को दर्शाता है, में महत्वपूर्ण अंतर देखा है। बौना ग्रह के पास बर्फ रिज क्षेत्र भी है जो एक सांप की तरह दिखता है; खगोलविदों ने पर्वतीय भूभाग पर पृथ्वी की तपस्या या कटाव-निर्मित सुविधाओं के समान विशेषताओं को देखा। प्लूटो की विशेषताएं बहुत बड़ी हैं; इनका अनुमान 1,650 फीट (500 मीटर) लंबा है, जबकि पृथ्वी की विशेषताएं आकार में केवल कुछ मीटर हैं।

प्लूटो की सतह पर एक और विशिष्ट विशेषता एक बड़ा दिल के आकार का क्षेत्र है जिसे अनौपचारिक रूप से टॉम्बॉग रेजियो (क्लाइड टॉम्बो के बाद; रेजियो क्षेत्र के लिए लैटिन है) के रूप में जाना जाता है। क्षेत्र के बाईं ओर (एक क्षेत्र जो एक आइसक्रीम कोन का आकार लेता है) कार्बन मोनोऑक्साइड बर्फ में कवर किया गया है। सतह सामग्री की संरचना में अन्य विविधताओं को प्लूटो के "दिल" के भीतर पहचाना गया है।

टॉम्बॉग रेजियो के केंद्र में एक बहुत ही सहज क्षेत्र है जो अनौपचारिक रूप से न्यू होराइजन्स टीम द्वारा "स्पुतनिक प्लनम" के रूप में जाना जाता है, पृथ्वी के पहले कृत्रिम उपग्रह स्पुतनिक के बाद। प्लूटो की सतह के इस क्षेत्र में उल्कापिंड के प्रभावों के कारण गड्ढों का अभाव है, यह सुझाव देता है कि यह क्षेत्र भूगर्भीय काल पर है, बहुत युवा – 100 मिलियन वर्ष से अधिक पुराना नहीं है। यह संभव है कि इस क्षेत्र को अभी भी भूगर्भीय प्रक्रियाओं द्वारा आकार और बदला जा रहा है।

इन बर्फीले मैदानों में भी कुछ मील की दूरी पर अंधेरे धारियाँ दिखाई देती हैं, और एक ही दिशा में संरेखित होती हैं। यह संभव है कि रेखाएं बौने ग्रह की सतह पर बहने वाली कठोर हवाओं द्वारा बनाई गई हों।

नासा के हबल स्पेस टेलीस्कोप ने भी सबूतों का खुलासा किया है कि प्लूटो की पपड़ी में जटिल कार्बनिक अणु हो सकते हैं।

प्लूटो की सतह सौर प्रणाली के सबसे ठंडे स्थानों में से एक है, जो लगभग 375 डिग्री फ़ारेनहाइट (शून्य से 225 डिग्री सेल्सियस) नीचे है। पिछली छवियों के साथ तुलना करने पर, हबल स्पेस टेलीस्कोप द्वारा लिए गए प्लूटो के चित्रों से पता चला कि बौना ग्रह समय के साथ स्पष्ट रूप से लाल हो गया था, जाहिर तौर पर मौसमी परिवर्तनों के कारण।

प्लूटो एक उपसतह महासागर हो सकता है (या हो सकता है), हालांकि उस खोज पर अभी भी सबूत बाहर हैं। यदि उपसतह महासागर मौजूद था, तो यह प्लूटो

के इतिहास को बहुत प्रभावित कर सकता था। उदाहरण के लिए, वैज्ञानिकों ने पाया कि स्पुतनिक प्लैनिटिया का क्षेत्र उस क्षेत्र में बर्फ की मात्रा के कारण प्लूटो के उन्मुखीकरण को पुनर्निर्देशित करता है, जो कुल मिलाकर प्लूटो को प्रभावित करता था, इसलिए यह बहुत भारी था; न्यू होराइजन्स ने अनुमान लगाया कि बर्फ लगभग 6 मील (10 किमी मोटी) है।

एक उपसतह महासागर साक्ष्य के लिए सबसे अच्छा स्पष्टीकरण है, शोधकर्ताओं ने कहा, हालांकि कम संभावना परिदृश्यों को देखते हुए, चट्टान में एक मोटी बर्फ की परत या आंदोलनों आंदोलन के लिए जिम्मेदार हो सकते हैं। यदि प्लूटो में एक तरल महासागर, और पर्याप्त ऊर्जा थी, तो कुछ वैज्ञानिकों का मानना है कि प्लूटो जीवन को परेशान कर सकता है।

कक्षीय विशेषताएँ

प्लूटो की अत्यधिक अण्डाकार कक्षा इसे सूर्य से पृथ्वी से 49 गुना अधिक दूर ले जा सकती है। चूंकि बौने ग्रह की कक्षा इतनी विलक्षण है, या गोलाकार से दूर, प्लूटो की सूर्य से दूरी काफी भिन्न हो सकती है। बौना ग्रह वास्तव में नेपच्यून की तुलना में सूर्य के अधिक निकट है, प्लूटो की 248-पृथ्वी-वर्ष की कक्षा में से 20 वर्षों के लिए है, जिससे खगोलविदों को इस छोटे, ठंडे, दूर की दुनिया का अध्ययन करने का दुर्लभ मौका मिलता है।

उस कक्षा के परिणामस्वरूप, 20 वर्षों के बाद आठवें ग्रह के रूप में (सूर्य से बाहर जाने के लिए), 1999 में, प्लूटो ने नेप्च्यून की कक्षा को सूरज से सबसे दूर का ग्रह बनने के लिए पार किया (जब तक कि इसे स्थिति तक नहीं आंका गया) बौना गृह)।

जब प्लूटो सूर्य के करीब होता है, तो इसकी सतह पिघल जाती है और अस्थायी रूप से एक पतला वातावरण बनाती है, जिसमें ज्यादातर मिथेन के साथ नाइट्रोजन होती है। प्लूटो की कम गुरुत्वाकर्षण, जो कि पृथ्वी की तुलना में एक-बीसवां से थोड़ा अधिक है, इस कारण से यह वातावरण पृथ्वी की तुलना में ऊंचाई में बहुत अधिक बढ़ जाता है। जब सूरज से बहुत दूर की यात्रा करते हैं, तो प्लूटो का अधिकांश वातावरण जमने लगता है और सभी गायब हो जाते हैं।

फिर भी, जिस समय में यह एक वायुमंडल होता है, प्लूटो स्पष्ट रूप से तेज हवाओं का अनुभव कर सकता है। वातावरण में चमक भिन्नताएं भी हैं जिन्हें गुरुत्वाकर्षण तरंगों, या पहाड़ों पर बहने वाली हवा द्वारा समझाया जा सकता

है।जबकि प्लूटो का वातावरण तरल पदार्थों को प्रवाहित करने की अनुमति देने के लिए बहुत पतला है, वे प्राचीन अतीत में सतह के साथ प्रवाहित हो सकते हैं।

न्यू होराइजन्स ने टॉमबाग रेजियो में एक जमे हुए झील की नकल की, जो पास में प्राचीन चैनल दिखाई देता था। प्राचीन अतीत के कुछ बिंदु पर, ग्रह मंगल की तुलना में लगभग 40 गुना अधिक वायुमंडल हो सकता था।

2016 में, वैज्ञानिकों ने घोषणा की कि वे न्यू होराइजन्स डेटा का उपयोग करके प्लूटो के वातावरण में बादलों को देख सकते हैं। जांचकर्ताओं ने सात उज्ज्वल विशेषताओं को देखा जो कि टर्मिनेटर (दिन के उजाले और अंधेरे के बीच की सीमा) के पास हैं, जो आमतौर पर बादलों के रूप में होता है।

विशेषताएं सभी ऊँचाई में कम हैं और लगभग एक ही आकार के बारे में हैं, यह दर्शाता है कि ये अलग-अलग विशेषताएं हैं। इन बादलों की संरचना, यदि वे वास्तव में बादल हैं, तो संभवतः एसिटिलीन, ईथेन और हाइड्रोजन साइनाइड होगा।

संरचना और संरचना

नासा के अनुसार प्लूटो के कुछ मापदंड:

वायुमंडलीय रचना: मीथेन, नाइट्रोजन। न्यू होराइजन्स के अवलोकन से पता चलता है कि प्लूटो का वातावरण बौने ग्रह की सतह से 1,000 मील (1,600 किमी) तक फैला हुआ है।

चुंबकीय क्षेत्र: यह अज्ञात रहता है कि क्या प्लूटो में एक चुंबकीय क्षेत्र है, लेकिन बौने ग्रह के छोटे आकार और धीमी गति से घूमने का सुझाव है कि ऐसा कोई क्षेत्र नहीं है।

रासायनिक संरचना: प्लूटो में संभवतः 70 प्रतिशत चट्टान और 30 प्रतिशत पानी की बर्फ का मिश्रण होता है।

आंतरिक संरचना: बौना ग्रह में संभवतः चट्टानी कोर होता है, जो पानी के बर्फ के एक कण से घिरा होता है, जिसमें मिथेन, कार्बन मोनोऑक्साइड और नाइट्रोजन बर्फ जैसे अधिक विदेशी आयन सतह की कोटिंग करते हैं।

कक्षा और परिक्रमा

प्लूटो का घुमाव सौर मंडल की अन्य दुनिया की तुलना में प्रतिगामी है; यह पूर्व से पश्चिम की ओर, पीछे की ओर घूमता है।

सूरज से औसत दूरी: 3,670,050,000 मील (5,906,380,000 किमी) – पृथ्वी का 39.482 गुना

पेरिहेलियन (सूर्य के सबसे नजदीक): 2,756,902,000 मील (4,436,820,000 किमी) – पृथ्वी का 30.171 गुना

Aphelion (सूरज से सबसे दूर): 4,583,190,000 मील (7,375,930,000 किमी) – पृथ्वी का 48.481 गुना

प्लूटो के चंद्रमा

प्लूटो के पांच चंद्रमा हैं: चारोन, स्टाइलिक्स, निक्स, केर्बरोस, और हाइड्रा, चारोन प्लूटो और हाइड्रा के सबसे निकटतम होने के साथ।

1978 में, खगोलविदों ने पाया कि प्लूटो में एक बहुत बड़ा चंद्रमा था जो कि बौने ग्रह के आकार का लगभग आधा था। ग्रीक पौराणिक कथाओं में अंडरवर्ल्ड में आत्माओं को मारने वाले पौराणिक राक्षस के बाद इस चंद्रमा को चारोन करार दिया गया था।

चेरॉन और प्लूटो आकार में समान होने के कारण, उनकी कक्षा अधिकांश ग्रहों और उनके चंद्रमाओं के विपरीत है। प्लूटो और चारोन दोनों अंतरिक्ष में एक बिंदु है जो उनके बीच स्थित है, जो बाइनरी स्टार सिस्टम की कक्षाओं के समान है, इस कारण से, वैज्ञानिक प्लूटो और चारन को एक दोहरे बौना ग्रह, डबल ग्रह या बाइनरी सिस्टम के रूप में संदर्भित करते हैं।

प्लूटो और चार्न सिर्फ 12,200 मील (19,640 किमी) दूर हैं, लंदन और सिडनी के बीच उड़ान से दूरी कम है। प्लूटो के चारों ओर चारोन की कक्षा में 6.4 पृथ्वी-दिन लगते हैं, और एक प्लूटो रोटेशन – एक प्लूटो-दिन – 6.4 पृथ्वी-दिन भी लेता है। ऐसा इसलिए है क्योंकि प्लूटो की सतह पर चारोन एक ही स्थान पर मंडराता है, और चारोन का एक ही पक्ष हमेशा प्लूटो का सामना करता है, एक घटना जिसे ज्वारीय लॉकिंग कहा जाता है।

जबकि प्लूटो में लाल रंग का टिंट है, जबकि चारोन अधिक भूरा दिखाई देता है। अपने शुरुआती दिनों में, चंद्रमा में एक उपसतह महासागर शामिल हो सकता है, हालांकि उपग्रह शायद आज एक का समर्थन नहीं कर सकता है।

सौर मंडल के अधिकांश ग्रहों और चंद्रमाओं की तुलना में, प्लूटो-चार्न प्रणाली को सूरज के संबंध में अपनी तरफ से इत्तला दे दी गई है।

न्यू होराइजन्स द्वारा चारोन की टिप्पणियों से चंद्रमा की सतह पर घाटी की उपस्थिति का पता चला है। उन घाटियों में सबसे गहरी 6 मील (9.7 किमी) तक नीचे की ओर बहती है। उपग्रह के मध्य में 600 मील (970 किमी) तक चट्टानों और कुंडों का एक लंबा हिस्सा फैला हुआ है। एक ध्रुव के पास चंद्रमा की सतह का एक भाग बाकी ग्रह की तुलना में बहुत गहरे पदार्थ में ढंका है। प्लूटो के क्षेत्रों के समान, चार्न की अधिकांश सतह क्रेटरों से मुक्त है – सतह का सुझाव देना काफी युवा और भौगोलिक रूप से सक्रिय है।

वैज्ञानिकों ने इसकी सतह पर भूस्खलन के सबूत देखे, पहली बार कुइपर बेल्ट में ऐसी विशेषताओं को देखा गया है। चंद्रमा के पास प्लेट विवर्तनिकी का अपना संस्करण भी हो सकता है, जो पृथ्वी पर भूगर्भीय परिवर्तन का कारण बनता है।

2005 में, वैज्ञानिकों ने न्यू होराइजंस मिशन की तैयारी में हबल स्पेस टेलीस्कोप के साथ प्लूटो की तस्वीर ली और प्लूटो के दो अन्य छोटे चंद्रमाओं की खोज की, अब निक्स और हाइड्रा को डब किया। ये उपग्रह चारोन की तुलना में प्लूटो से दो और तीन गुना दूर हैं।

न्यू होराइजन्स द्वारा माप के आधार पर, निक्स का अनुमान 26 मील (42 किमी) लंबा और 22 मील (36 किमी) चौड़ा है, जबकि हाइड्रा का अनुमान 34 मील (55 किमी) लंबा और 25 मील (40 किमी) चौड़ा है। यह संभावना है कि हाइड्रा की सतह मुख्य रूप से पानी की बर्फ में लेपित है।

हबल का उपयोग करने वाले वैज्ञानिकों ने 2011 में एक चौथे चंद्रमा, केर्बरोस की खोज की थी। इस चंद्रमा का व्यास 8 से 21 मील (13 से 34 किमी) होने का अनुमान है। 11 जुलाई, 2012 को, एक पांचवें चंद्रमा, स्टाइलक्स की खोज की गई थी (6 मील या 10 किमी की अनुमानित चौड़ाई के साथ), प्लूटो की एक ग्रह के रूप में स्थिति के बारे में बहस को आगे बढ़ाते हुए।

चार नव स्पंदित चंद्रमाओं का निर्माण उस टक्कर से हो सकता है जिसने चारोन का निर्माण किया। उनकी परिक्रमा अत्यधिक अराजक पाई गई है।

अनुसंधान और अन्वेषण

नासा का न्यू होराइजंस मिशन प्लूटो, उसके चंद्रमाओं और कुइपर बेल्ट के भीतर की अन्य दुनिया के अध्ययन की पहली जांच है। यह जनवरी 2006 में लॉन्च किया गया था, और सफलतापूर्वक 14 जुलाई 2015 को प्लूटो के लिए इसका निकटतम दृष्टिकोण बना। 2016 में डेटा का अंतिम भाग पृथ्वी पर डाउनलोड किया गया था।

न्यू होराइजन्स अब क्विपर बेल्ट ऑब्जेक्ट 2014 MU69 के लिए अपने रास्ते पर है, जो होगा 1 जनवरी 2019 को उड़ान भरें।

न्यू होराइजंस जांच में प्लूटो के खोजकर्ता, क्लाइड टॉम्बो की राख का कुछ अंश है।

प्लूटो प्रणाली के सीमित ज्ञान ने न्यू होराइजंस जांच के लिए अभूतपूर्व खतरे पैदा किए। मिशन के लॉन्च से पहले, वैज्ञानिकों को प्लूटो के चारों ओर केवल तीन चंद्रमाओं के अस्तित्व का पता था। अंतरिक्ष यान की यात्रा के दौरान केर्बोस और स्टाइलक्स की खोज ने इस विचार को हवा दी कि अधिक उपग्रह पृथ्वी से अनदेखी, बौने ग्रह की परिक्रमा कर सकते हैं।

अनदेखी चन्द्रमाओं के साथ टकराव या मलबे के छोटे-छोटे टुकड़े भी अंतरिक्ष यान को गंभीर रूप से क्षतिग्रस्त कर सकते थे। लेकिन न्यू होराइजन्स डिजाइन टीम ने अपनी यात्रा के दौरान इसे बचाने के लिए उपकरणों के साथ अंतरिक्ष जांच से लैस किया।

प्लूटो का निर्माण और उत्पति

प्लूटो और चारोन के गठन के लिए प्रमुख परिकल्पना यह है कि एक नवजात प्लूटो को प्लूटो के आकार की एक अन्य वस्तु के एक झटके से मारा गया था। अधिकांश संयुक्त मामला प्लूटो बन गया, जबकि बाकी चारोन बनने से दूर हो गए, यह विचार बताता है।

बौना ग्रह प्लूटो के बारे में महत्वपूर्ण जानकारी और तथ्य

- प्लूटो की खोज 1930 में अमेरिकी खगोलशास्त्री क्लाइड टॉमबौ ने की थी तथा इसे नौवें ग्रह का दर्जा दिया था
- साथ ही यह सौरमंडल का सबसे छोटा ग्रह बन गया, इससे पहले बुध ग्रह को सबसे छोटे ग्रह का दर्जा प्राप्त था
- लेकिन अगस्त 2006 किए गए शोध तथा अन्तराष्ट्रीय खगोल विज्ञान की सबमिट में प्लूटो (Pluto) का ग्रह होने का दर्जा समाप्त कर दिया गया
- यम या प्लूटो सौर मण्डल का दुसरा सबसे बड़ा बौना ग्रह है
- प्लूटो (Pluto) से बडा बौना ग्रह ऍरिस है

- प्लूटो (Pluto) को सौर मण्डल के बाहरी काइपर घेरे की सब से बड़ी खगोलीय वस्तु माना जाता है।
- प्लूटो (Pluto) का आकार पृथ्वी के चन्द्रमा से सिर्फ़ एक-तिहाई है।
- प्लूटो की त्रिज्या – 1150 कि0मी0
- प्लूटो की सूर्य से दूरी – करीब 5 अरब कि0मी0
- प्लूटो द्वारा सूर्य के एक चक्कर में लगने वाला समय – 247 वर्ष
- प्लूटो के पाँच ज्ञात उपग्रह हैं|

15

कुइपर बेल्ट (kuiper belt)

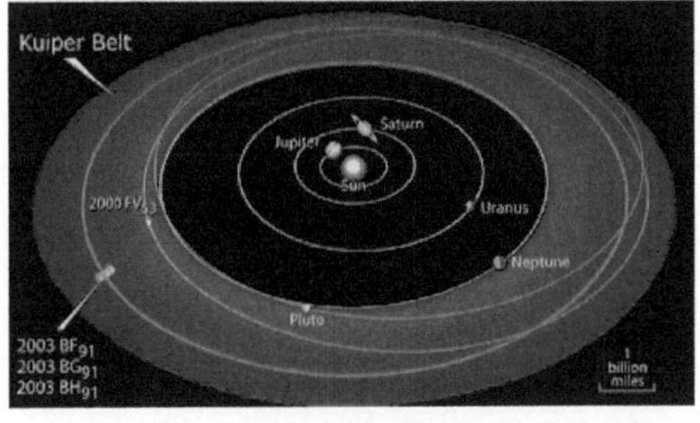

KUIPER BELT

कुइपर बेल्ट (kuiper belt) जिसको एजवर्थ – कुइपर बेल्ट के नाम से भी जाना जाता है, सौर मंडल के बाहरी क्षेत्र में पाया जाने वाला circumstellar डिस्क है जो नेप्चून ग्रह के परिक्रमा पथ के पास से शुरू होता है।

यह मंगल एवं बृहस्पति के बीच पाया जाने वाला क्षुदग्रह बेल्ट के सामान है, किन्तु आकार और भार में उससे कई गुना ज्यादा है। इस बेल्ट में तीन ड्वार्फ ग्रहों का वास है – प्लूटो, Haumea एवं Makemake। इसकी खोज डच खगोलवैज्ञानिक जैन ऊर्ट द्वारा साल 1950 में कि गई थी।

जब सौर मंडल बन रहा था, तब बहुत अधिक मात्रा में धूल और गैस के कण खिंचाव के कारण एक साथ आये, जिसके कारण सूर्य, सभी ग्रहों, उपग्रहों एवं अन्य

छोटे बड़े पिण्डों का निर्माण हुआ।

जो मलबे रह गए थे, वे इन पिंडों के गुरुत्वाकर्षण शक्ति के कारण या तो सूर्य में समा गए या कुछ सौर मंडल के बाहरी हिस्से में जाके जमा हो गए जिसको आज कुइपर बेल्ट के रूप में पहचाना जाता है। ये सभी सूर्य कि परिक्रमा करते हैं। कुइपर बेल्ट में जो मलबे विराजमान हैं, उनके माध्यम से सौर मंडल के शुरआती समय के बारे में कई महत्वपूर्ण तथ्य सामने आ रहे हैं।

यहाँ पर खोजा जाने वाला सबसे पहला पिंड प्लूटो था जिसको 1930 में रिकॉर्ड किया गया। फिर 2004 में सेडना नामक पिंड ढूंढा गया जो प्लूटो के तीन चौथाई आकार के बराबर है। यह सूर्य से इतना दूर है कि उसको परिक्रमा पूरी करने में 10,500 वर्ष लगता है। इसका व्यास 1770 किमी का है। सूर्य वहां से इतना छोटा दिखाई देता है कि कुइपर बेल्ट के इन पिंडों तक सूर्य कि रौशनी नहीं पहुँच पाती।

2005 में वैज्ञानिकों ने यहाँ इरिस नामक खगोलीय वस्तु कि खोज की जो सूर्य की परिक्रमा करने में 580 वर्ष लेता है और आकार में प्लूटो से बड़ा है। इसकी खोज होने के बाद प्लूटो ग्रह से इसकी काफी हद तक समानता होने के कारण ही प्लूटो को 2006 में ड्वार्फ ग्रह की श्रेणी में डाल दिया गया था। साल 2008 में दो अन्य ड्वार्फ ग्रहों की खोज हुई जिनका नाम था – Haumea एवं Makemake।

कुइपर बेल्ट से जुड़े कुछ अन्य तथ्य

- नासा न्यू होराइजन नामक अपना एक मिशन प्रक्षेपित कर चुका है जो 2019 के शुरुआत में कुइपर बेल्ट की तरफ पहुंचेगा, इससे वैज्ञानिकों को इस बेल्ट के बारे में काफी गहराई से शोध करने का मौका मिलेगा।
- इस बेल्ट का परिक्रमा पथ पृथ्वी के मुकाबले 700 गुना ज्यादा है। ऐसा माना जाता है कि ये 4.5 से 7.4 बिलियन किमी तक गोलाकार पथ में फैले हुए हैं।
- नासा के Spitzer टेलिस्कोप के द्वारा लिए गया इंफ्रारेड माप के आधार पर यहाँ के कई छोटे बड़े पिंडों के बारे में पता चल पा रहा है।
- वैज्ञानिकों का ऐसा मानना है कि इस बेल्ट में ट्रिलियन की संख्या में छोटे बड़े मलबे या पिंड मौजूद हैं जिनमे से कम से कम एक हज़ार पिण्डों का आकार 100 किमी से ज्यादा है।

16

गैलेक्सी(galaxy)

GALAXY

आज की इस भाग-दौड़ की जिंदगी में जब हम आसमान की ओर देखते हैं और सुकून महसूस करते हैं तो हमारे दिमाग में अक्सर कुछ सवाल जरूर आता है।जैसे कि – आखिर ये चाँद, सितारे, सूरज कैसे काम करते हैं। कब सोते हैं, कब जागते हैं ? और यह क्या होते हैं ? और exactly इनका हमारे life पर क्या impact पड़ता है।

आपने solar system के बारे में जरूर सुना होगा ? जिसमे आठ ग्रह अर्थात planet और एक sun होता है।हमारे ब्रम्हाण्ड में ऐसे बहुत से moons (चन्द्रमा), asteroids (क्षुद्रग्रह) और comet (धूमकेतु) मौजूद है, जिनके बारे में हमें नहीं पता होता।और इसी solar system अर्थात सौर्य मंडल का एक हिस्सा हमारी पृथ्वी

(Earth) है। जिसमे हम और आप रहते हैं। और ये पूरा सोलर सिस्टम milky way galaxy का एक बहुत सा छोटा हिस्सा है। तो अब आप समझ ही गए होंगे पृथ्वी से बहुत बड़ा solar system और solar system से भी बहुत बड़ी गैलेक्सी होती है।ऐसे में आपको भी galaxy के बारे में important information की जानकारी होना बहुत जरुरी है। तो आइए हम गैलेक्सी क्या है ? और यह universe (ब्रम्हांड) में कैसे balanced रहती है ? इसके बारे में पूरी जानकारी detail से जानने की कोशिश करते हैं।

galaxies अनेक प्रकार की Gases, Dust, Planets, Black Holes, Moons, Nebulous, Asteroids, Comets, Dark Matter, Stars आदि solar system का collection होता है। और Galaxy में ये सभी gravity के जरिये एक-दूसरे से जुड़े रहते हैं।जिस गैलेक्सी में हमारा solar system है, उस galaxy का नाम Milky Way Galaxy है। इस milky way में लगभग सौ अरब से चार सौ अरब के बीच stars (तारे) होते हैं। और इसमें करीब पचास अरब planets होने की possibilty रहती है।हमारे सोलर सिस्टम milky way के outer area में स्थित है और उसके केंद्र की परिक्रमा कर रहा है। इसे एक परिक्रमा पूरी करने में लगभग 22.5 से 25 करोड़ साल लग जाते हैं, यानि की काफी लम्बा time लगता है। वैसे तो universe में कितनी galaxy हैं ? यह सवाल आपके दिमाग में जरूर आया होगा।

तो हम आपकी जानकारी के लिए बता दें कि – universe में इतनी सारी galaxies हैं, जिन्हें हम count भी नहीं कर सकते। बहुत पहले ऐसा माना जाता था कि – universe में केवल milky way galaxy ही बस मौजूद है।लेकिन 18th century में philosopher Immanuel Kant ने बताया कि – universe में केवल milky way ही अकेली galaxy अकेली नहीं है। बल्कि इसके जैसी अनेक galaxies ब्रह्माण्ड में मौजूद है। खबर space telescope एक ऐसा telescope है, जिसकी मदद से space की एक small patch को 12 दिनों तक देखा गया।और दस हजार galaxies का पता लगाया गया। ये galaxies अलग-अलग shape, size और colour की होती है। कुछ scientists का यह भी मानना है कि – space में total galaxies इतनी ज्यादा है कि – इनकी संख्या 100 billion भी हो सकती है।यानी की बहुत ही ज्यादा। वैसे तो यह सब ठीक है। लेकिन हमारी गैलेक्सी को milky way क्यों कहा जाता है। दोस्तों ! इसका जवाब है कि – हमारी galaxy को milky way नाम Greeks ने दिया। जिन्होंने इसे Galaxies Kyklos कहा। जिसका मतलब Milky Circle होता है। और उसके बाद Romans ने इस गैलेक्सी

को Via Lactea दिया। जिसका अर्थ है कि – Road Of Milk

Romans ने हमारी galaxies को Road Of Milk इसलिए कहा क्योंकि रात के समय Earth से देखने पर ये galaxy आसमान पर एक milky patch की तरह दिखाई देती है। अब आप सोच रहें होंगे कि – ये गैलेक्सी milk की तरह white और bright क्यों दिखाई देती है।तो इसका reason यह है कि – हमारी गैलेक्सी में billions stars हैं। यानी की बहुत सारे सितारे, जिनकी light मिल करके ऐसा नजारा बना देते हैं कि – Earth से रात में देखने पर white और bright दिखाई देते हैं। इसी लिए इस galaxy को Milky Way Galaxy कहा जाता है।

गैलेक्सी के center

ज्यादातर galaxies के center में एक black hole पाया जाता है। और हमारी गैलेक्सी milky way के center में भी एक black hole मौजूद है। Black Hole वह जगह होती है, जहां physics का कोई भी law follow नहीं करता है।

क्योंकि इसकी gravity बहुत ही strong होती है। इसकी gravity का अंदाजा आप इससे लगा सकते हैं कि – अगर light इस black hole से enter करती है तो वह बाहर नहीं निकल सकती। क्योंकि Black Hole अपने ऊपर उड़ने वाली सारी lights को absorb कर लेता है।

Galaxy के प्रकार

जैसा की गैलेक्सी बहुत से shape, size और colour में पायी जाती है। इसलिए astronomers इन्हें तीन basic classes में divide करते हैं।

1. Spiral Galaxy

- Spiral Galaxy में तीन visible parts होते हैं, जिनका नाम Disk, Bulge और Halo है।
- Disk Stars गैस और dust से बनी होती है।
- Centre में स्थित Bulge में older stars होते हैं।
- Spherical halo में oldest stars और massive stars cluster पाए जाते हैं।
- हमारी Milky Way Galaxy – Spiral Galaxy ही है। इस तरह की galaxies में curved arms होते हैं, जिसकी वजह से ये गैलेक्सी चकरी की तरह दिखाई

गोल देती है।

2. Elliptical Galaxy

- ये galaxy, smooth और round shape galaxies होती हैं। क्योंकि इन galaxies में मौजूद stars के orbit हर direction में oriented होते हैं। इनमे थोड़ी gas और dust होती हैं और इनमे young stars मौजूद नहीं होते हैं।
- इन galaxies के चारों ओर stars, clusters और dark matter पाया जाता है।

3. Irregular Galaxy

- ऐसी बहुत सी galaxies, जो oval और न ही spiral होती है। ऐसी galaxies को irregular galaxy कहा जाता है।

क्या Galaxy आपस में टकरा सकती हैं?

कई बार ऐसा होता है कि – गैलेक्सी एक-दूसरे के बेहद करीब आ जाते हैं। और इनमे टकराव हो जाता है। हमारी milky way गैलेक्सी के सबसे close galaxy का नाम Andromeda Galaxy है। और ये जब दोनों एक-दूसरे से टकराएंगी तो galaxies destroy हो सकती हैं।

लेकिन फिलहाल हमें फिक्र करने के बिलकुल जरुरत नहीं है। क्योंकि कम से कम 5 बिलियन years तक ऐसा कुछ नहीं होगा। इसलिए आप अफवाहों से बचे रहें।

आकाशगंगा के बारे में महत्वपूर्ण तथ्य

- आकाशगंगा की अनुमानित आयु 13.2 अरब साल है|
- आकाशगंगा, मिल्की वे, क्षीरमार्ग, दुग्ध मेखला, गैलेक्सी या मन्दाकिनी सभी का शाब्दिक अर्थ एक ही है|
- आकाशगंगा को चीन में "चांदी की नदी" कहते हैं|

- हमारे ब्रह्माण्ड में असंख्य मन्दाकिनी या आकाशगंगा है तथा प्रत्येक मन्दाकिनी में करोड़ो – अरबो तारे, सौरमण्डल, तारमण्डल, निहारिका, धूमकेतु , नक्षत्र आदि हैं ।
- हमारी मन्दाकिनी के सबसे नजदीकी मन्दाकिनी का नाम देवयानी या एन्ड्रोमिडा है|
- हमारी मन्दाकिनी का आकार सर्पिलाकार है तथा अभी तक ज्ञात मन्दाकिनीयों के आधार पर मन्दाकिनीयों को तीन वर्गो में विभाजित किया गया है|
- सर्पिलाकार (80 प्रतिशत मन्दाकिनीयाँ सर्पिलाकार हैं)|
- दीर्घवृताकर (अभी तक ज्ञात मन्दाकिनीयों में 17 प्रतिशत मन्दाकिनी दीर्घवृत्ताकार हैं)|
- अनिमित आकार (अभी तक ज्ञात मन्दाकिनीयों करीब 2 प्रतिशत मन्दाकिनीयाँ अनिमित आकार की हैं।
- हमारा सौर मण्डल आकाशगंगा के एक कोने पर स्थित है तथा हमारी मन्दाकिनी का केन्द्र हमसे करीब 30000 हजार प्रकाश वर्ष दूर है|
- सौर मण्डल आकाशगंगा के केंद्र की परिक्रमा कर रहा है|
- सौर मण्डल करीब 25 करोड वर्ष में हमारी मन्दाकिनी का एक चक्कर पूरा करता है।
- हमारी आकाशगंगा का व्यास लगभग 100–120 प्रकाश वर्ष है।
- आकाशगंगा में लगभग 100-400 अरब तारे तथा 50 अरब से अधिक ग्रह हैं ।
- हमारी आकाशगंगा में हमारे सौरमण्डल जैसे करोड़ो सौरमण्डल हैं तथा वह इसकी परिक्रमा करते हैं|
- हाल ही में भारतीय वैज्ञानिकों ने आकाशगंगाओ का एक नया समूह खोजा है जिसका नाम उन्होने सरस्वती रखा है।

17

मिल्की वे गैलेक्सी(Milky way galaxy)

MILKY WAY VIEW ON EARTH

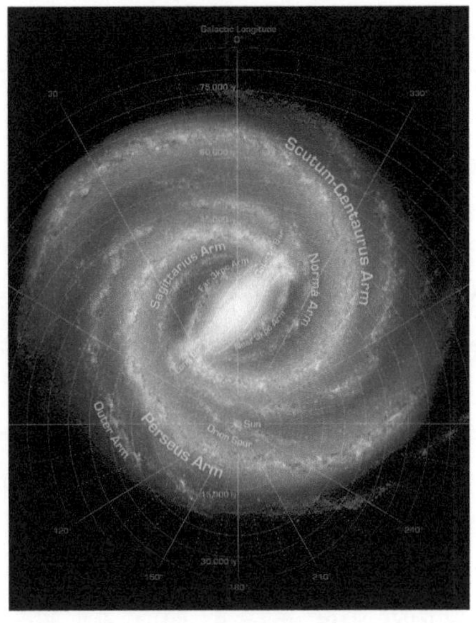

MILKY WAY

अगर मैं यहाँ आपको सरल भाषा में समझाऊँ तो, रात के समय में खुले आसमान में आँखों से देखा गया तारों से सजी व धूल के बादलों से बनी सफ़ेद रंग की चमकीले चीज़ को ही मिल्की वे या आकाशगंगा कहते हैं| आप के आँखों के द्वारा आसमान में देखा गया हर एक पिंड और चीज़ हमारे आकाशगंगा यानी मिल्की वे का ही हिस्सा हैं| अगर विज्ञान के नजरिए से देखा जाए तो हमारा मिल्की वे कुंडलीकृति का है और यह ब्रह्मांड में मौजूद खरबों आकाशगंगाओं में से एक हैं| मित्रों! हमारे आकाशगंगा का नाम मिल्की वे हैं| इसलिए आप कभी भी आकाशगंगा और मिल्की वे के बीच भ्रमित न होइएगा|

मिल्की वे गैलेक्सी जिसे आकाशगंगा भी कहते हैं, यही पर हमारा सौर मंडल स्थित हैं। इस गैलेक्सी में करोड़ों सौरमण्डल है और इन करोड़ों सौरमण्डल में से एक हमारा सौरमण्डल है जिसमे हमारी धरती है। इस आकाशगंगा में 100 अरब से 400 अरब के बीच तारे हैं और अनुमान लगाया जाता है कि लगभग 50 अरब ग्रह होंगे, जिनमें से 50 करोड़ अपने तारों से जीवन-योग्य तापमान रखने की दूरी पर हैं।

ब्रह्माण्ड में असंख्य आकाशगंगाये है। ब्रह्माण्ड की बड़ी आकाशगंगा छोटी आकाशगंगा को गुरुत्वाकर्षण के प्रभाव से निगल लेती है। हमारी आकाशगंगा भी कई छोटी आकाशगंगाओ को निगक चुकी है और इतनी विशाल इन्ही आकाशगंगाओ से बनी है।

हमारा सौर मण्डल आकाशगंगा के बाहरी इलाक़े में स्थित है और आकाशगंगा के केंद्र की परिक्रमा कर रहा है। इसे एक पूरी परिक्रमा करने में लगभग 22.5 से 25 करोड़ वर्ष लग जाते हैं। इस आकाशगंगा की साइज की बात करे तो एक सर्पिल गैलेक्सी है। इसके चपटे चक्र का व्यास (डायामीटर) लगभग 100000 (एक लाख) प्रकाश-वर्ष है लेकिन इसकी मोटाई केवल 1000 (एक हज़ार) प्रकाश-वर्ष है।

हमारी गैलेक्सी की आयु की बात की जाएँ तो, 2007 में आकाशगंगा में एक “एच॰ई॰ 1523 – 150901” नाम के तारे की आयु 13.2 अरब साल अनुमानित की गयी, इसलिए आकाशगंगा कम-से-कम उतना पुराना तो है ही।

हमारी आकाशगंगा यानीं दुग्धमेखला 24 आकाशगंगाओं के एक समूह का सदस्य हैं, जिसे ‘स्थानीय समूह’ कहतें हैं। हमारा सूर्य आकाशगंगा के केंद्र से लगभग 30,000 प्रकाशवर्ष दूर हैं। सूर्य 220 किलोमीटर प्रति सेकेण्ड की गति से आकाशगंगा के केंद्र की ओर परिक्रमा कर रहा है। आकाशगंगा की एक परिक्रमा को पूर्ण करने में सूर्य को लगभग 25 करोड़ वर्ष लगतें हैं। दिलचस्प बात यह हैं कि पृथ्वी पर मानव के सम्पूर्ण अस्तित्व-काल में सूर्य ने आकाशगंगा की एक भी परिक्रमा पूर्ण नहीं की हैं।

हमारी मिल्की वे के केंद्र में एक विशालकाय ब्लैक होल ब्लैक होल है। इसका द्रव्यमान 40 लाख सूर्य के बराबर है। इसकी गुरुत्वाकर्षण की शक्ति इतनी प्रबल होती है कि प्रकाश की किरण भी इसमें से नही गुजर पाती इसीलिए ब्लैक होल काला होता है क्योंकि इसमें प्रकाश नही होता है।

मिल्की वे गैलेक्सी के 4 सर्पिल भुजायें है, इनमे से हमारा सौरमण्डल ओरियन नामक भुजा में है। मिल्की वे गर्म गैसों के हेलो से घिरा हुआ है जो कई हजार लाख प्रकाश वर्ष तक फैला हुआ है एवं घूमता लगाता रहता है। मिल्की वे का मध्य भाग काफी उभरा हुआ है। इस उभरे भाग में डार्क होल का भी वास है जोकि सूर्य से कई बिलियन गुना ज्यादा भारी है।

मिल्की वे कैसे बना

पृथ्वी में मौजूद हर एक इंसान को जानना है की आखिर हमारा मिल्की वे कैसे बना| परंतु जितना यह सवाल पूछने में आसान हैं , उतना ही कठिन हैं इसका जबाव देना| आज संसार का हर एक अंतरिक्ष के ऊपर शोध करने वाला वैज्ञानिक हमारे ब्रह्मांड और हमारे आकाशगंगा के बारे में बहुत कुछ जानना चाहता हैं| परंतु विडम्बना की बात यह हैं की इस सवाल का जबाव पुख्ता तौर पर अभी तक नहीं मिल पाया हैं| खैर में यहाँ आपको ज़्यादातर वैज्ञानिकों के द्वारा सही ठहराए गए जबाव को ही आपके सामने रखूँगा|

वैज्ञानिकों का कहना हैं की हमारा मिल्की वे करीब-करीब 13.6 अरब साल पुराना हैं| में आपको यहाँ और भी बता दूँ की Big Bang के बाद इस से निकलने वाली धूल के बादलों के सघन से ही हमारा मिल्की वे बना हुआ हैं| जी हाँ! आपने सही सुना| बिग बेंग के बाद इस से जन्मा धूल के बादल आपस में मिल कर खुद व खुद सघन हो कर ढेर सारी तापमान (ऊर्जा) को पैदा करते हैं| इसी ऊर्जा से बाद में हमारे आकाश गंगा में मौजूद तारें बनते हैं| में आपको और भी बता दूँ की इन तारों की बनने की प्रक्रिया को विज्ञान के भाषा में Nuclear Fusion कहा जाता हैं| जब बहुत सारे तारें इन से बन जाते हैं तो , यह सब तारें मिल कर एक समूह का निर्माण करते हैं| इस तरह के कइं तारों के समूह से ही हमारा आकाशगंगा (milky way) बना हुआ हैं|

मिल्की वे से जुड़ी बहुत सारी दिलचस्प बातें

- हमारा पड़ोसी देश चीन वाकई में बहुत सारे अद्भुत चीजों से भरा हुआ हैं| चीन के ग्रेट वाल से ले कर मिल्की वे (milky way) तक हर एक चीजों को चीन में काफी अनोखे ढंग से देखा जाता हैं| चीन के लोग मिल्की वे को भगवान के द्वारा बनाई गई एक दीवार के तौर पर देखते हैं| चीन के लोग मानते हैं की मिल्की वे के पार स्वर्ग हैं|
- प्राचीन काल में रोम के लोग मिल्की वे को " मिल्की रोड " के नाम से बुलाया करते थे| इसके अलावा प्राचीन ग्रीक लोग मिल्की वे को " मिल्की सर्कल " के नाम से बुलाया करते थे|
- अब जब हमने दूसरे देशों के लोगों के बारे में बात कर लिया हैं| तो, चलिए एक नजर हमारे सर्व पुरातन भाषा संस्कृत पर भी डाल लेते हैं| संस्कृत में मिल्की वे को " अंतरिक्ष का गंगा " या "आकाशगंगा" कहा जाता हैं|

- आप सभी ने तो Black Hole का नाम तो जरूर ही सुना होगा| हमारे मिल्की वे के बिलकुल बीचों-बीच एक बड़ा ब्लैक होल मौजूद है| वैज्ञानिकों का कहना हैं की किसी भी आकाशगंगा के केंद्र में बहुत पुराने तारों क समूह रहता हैं, जिसके जीवन काल कुछ ही समय में समाप्त होने वाला होता हैं| इन्ही पुरानी तारों के विलय से ही एक ब्लैक होल का जन्म होता हैं|
- हमारे मिल्की वे में करीब-करीब 400 अरब तारें मौजूद हैं और कई खरब ग्रह इन तारों के इर्द गिर्द घूम रहें हैं|
- अकसर हम जब रात में खुले आसमान के नीचे सो कर तारों को गिनते हैं , तो शायद ही हम उन सभी के संख्या को याद रख पाते होंगे| परंतु मैं आपको यहाँ बता दूँ की पृथ्वी में रहने वाला एक इंसान ज्यादा से ज्यादा 2500 तारों को अपने खुले आँखों से (बिना उपकरणों के जरिए) आसमान मे देख सकते हैं|
- आकाशगंगा चारों ओर हजारों प्रकाशवर्ष की दूरी तक फैली हुई है, लेकिन इसकी मोटाई कुछ हजार प्रकाशवर्ष ही है| इस तरह ये एक डिस्क की तरह है, जिसमें धूल, ग्रह और तारें मौजूद हैं| हमारा सौर मंडल आकाशगंगा के केंद्र से 26 हजार प्रकाशवर्ष दूर है|
- हमारा सौरमंडल पांच लाख मील प्रति घंटा की रफ्तार से घूम रहा है| इस रफ्तार से भी हमें आकाशगंगा का एक चक्कर लगाने में 25 करोड़ साल का वक्त लग जाएगा| आखिरी बार जब हमारे सौरमंडल ने आकाशगंगा का चक्कर लगाया था तो 4|5 अरब साल पुरानी हमारी पृथ्वी पर डायनासोर अभी सामने आ रहे थे|
- आकाशगंगा के बिल्कुल बीचों बीच एक विशालकाय ब्लैक हॉल है, जो हमारे सूरज के वजन से 40 लाख गुना ज्यादा वजनी है| अभी तक किसी ने इस ब्लैक हॉल को सीधे तौर पर नहीं देखा है, लेकिन ये गैस और धूल के पीछे छिपा हुआ है|
- करीब चार अरब साल बाद आकाशगंगा अपने नजदीकी एंड्रोमेडा आकाशगंगा से टकरा जाएगी| वर्तमान समय में दोनों आकाशगंगाएं 2|5 मील प्रति घंटा की रफ्तार से एक दूसरे की ओर बढ़ रही हैं| जब ये दोनों टकराएंगी तो कुछ तारों को खासा नुकसान पहुंचेगा| हालांकि, हमारी पृथ्वी इस टक्कर में सुरक्षित बच जाएगी|
- अरबों की संख्या में तारें आकाशगंगा में मौजूद हैं| इनमें से कुछ तारे काफी धीमी रोशनी और कम वजनी हैं| हमारा सूरज भी उन्हीं तारों में से एक है| वैज्ञानिकों का कहना है कि हमारे आकाशगंगा में करीब 300 से लेकर 400

अरब तारें मौजूद हैं|

- आकाशगंगा में अंधेरा पदार्थ बड़ी संख्या मे फैला हुआ है, इसे डार्क हालो कहा जाता है| ये हमारी आकाशगंगा से कहीं अधिक विशाल है| डार्क हालो को हम पृथ्वी से भी साफ तौर पर देख पाते हैं|
- आकाशगंगा 150 से अधिक प्राचीन सितारों के समूह से घिरा हुआ है, जिनमें से कुछ ब्रह्मांड में सबसे पुराने तारें हैं| ये गोलाकार तारों के समूह आकाशगंगा के डार्क हालो में मौजूद हैं और इसके केंद्र का चक्कर लगाते हैं|
- हमारी आकाशगंगा उन सभी आकाशगंगाओं को निगल जाती है, जो इसके करीब आती हैं| सालों से वैज्ञानिकों ने ऐसे तारों का पता लगाया है, जिनकी आकाशगंगा को हमारी आकाशगंगा ने निगल लिया है|
- आकाशगंगा बेहद ही गर्म गैस और काफी एनर्जी वाले पार्टिकल्स को बड़े पैमाने पर बुलबुले की तरह उड़ा रही है| ये बुलबुले आकाशगंगा के केंद्र से बाहर निकल रहे हैं और इनकी रफ्तार 20 लाख मील प्रति घंटा है| वैज्ञानिकों का मानना है कि ये मृत तारों की वजह से बाहर निकल रहे हैं|
- ग्रीन बैंक टेलीस्कोप के साथ हाल ही में देखा गया 100 से अधिक हाइड्रोजन गैस बादल 738,000 मील प्रति घंटे पर आकाशगंगा के कोर से दूर जा रहे हैं| इसका अध्ययन करने वाले वैज्ञानिकों का कहना है कि ये गैस के बुलबुले बनाने में मदद करते हैं|

18

एंड्रोमेडा गैलेक्सी(Andromeda Galaxy)

ANDROMEDA GALAXY

आकाशगंगा (Galaxy) तारों का घर होता है, जिसमें अरबों – खरबों तारे एक साथ उसी घर की प्रक्रिमा करते रहते हैं।

हमारा सूर्य भी एक तारा है और अपनी Milky Way Galaxy की परिक्रमा करता है। जिस तरह हमारी Milky Way Galaxy है ठीक उसी तरह हमारी पड़ोसी आकाशगंगा भी है जिसें हम एंड्रोमेडा (ANDROMEDA) के नाम से जानते हैं।

यह आकाशगंगा हमारी मंदाकिनी (Milky Way) गैलेक्सी की तरह ही है और इसमें भी अरबों – खरबों तारे हैं। हमारी आज की आधुनिक तकनीक तारों के इस विशाल घर को समझ पाने में अभी उतनी सक्षम नही हैं फिर भी हम इस आकाशगंगा के बारे में थोड़ा बहुत जानते हैं। आज हम उसी ज्ञान को आपके सामने रखेंगे और इसके बारे में 15 रोचक तथ्य बतायेंगे...

नक्षत्र (Constellation) : Andromeda
Type: Spiral
व्यास (Diameter) : 220,000 प्रकाश वर्ष (light years)
दूरी (Distance) : 26 लाख प्रकाश वर्ष
द्रव्यमान (Mass) : 400 to 700 अरब सूर्यों के बरबार
उम्र (Age) : 4.5 अरब वर्ष
तारे (Stars) : 1 खरब
समूह (Group) : स्थानिय समूह (Local Group)
स्पष्ट परिमाण (Apparent magnitude) : +3.44
उपनाम (Designation) : M31, NGC 224

एंड्रोमेडा गैलेक्सी की खोज

एंड्रोमेडा गैलेक्सी की खोज सबसे पहले सन 964 ईस्वी में पर्शिया के एक एस्ट्रोमेर "अब्द अल रहमान अल सूफी ने " ने की थी। लेकिन उनके मुताबिक यह एक धुंध का बादल "नेबुला समीर " मात्र थी। उसके बाद सन 1764 में एक वैज्ञानिक चार्लिस मेसियर ने इसे अपने कैटलॉग में शामिल करते हुए "मेसीयर 31" का नाम दिया। उसके बाद कई और भी रिसर्च हुए जिनके आधार पर इस गैलेक्सी को परिभाषित किया गया लेकिन उन सभी की खोज का परिणाम एक दूसरे से अलग ही निकल रहा था। आखिर में दुनिया भर के एस्ट्रोनॉमर्स में यह बहस शुरू हो गयी की यह आखिर क्या है एक गैलेक्सी या एक नेबुला। यह हमसे कितनी दुरी पर है तथा यह हमारी गैलेक्सी के ही अंदर है या बाहर है।

एंड्रोमेडा गैलेक्सी का आखिरी तथा सही परिणाम के साथ एडविन हबल ने 1925 में परिभाषित किया की यह न तो कोई स्टार कलस्टर है और न ही कोई नेब्युला बल्कि यह एक अपने आप में सम्पूर्ण आकाशगंगा है जोकि हमारी गैलेक्सी से लगभग 25 लाख प्रकाशवर्ष दूर है।

एंड्रोमेडा गैलेक्सी को यह नाम ग्रीक माय्थोलोजी के अनुसार डेविल्स का विनाश करने वाले व्यक्ति परशियस की पत्नी जिनका नाम एंड्रोमेडा था के नाम पर दिया गया।

एंड्रोमेडा गैलेक्सी से जुड़े कुछ तथ्य :-

- एंड्रोमेडा एक सर्पिल (Spiral) आकाशगंगा है जो हमारी आकाशगंगा से 25 लाख प्रकाश वर्ष की दूरी पर स्थित है। पृथ्वी से , यह सर्पिल आकाशगंगा 24000000000000000000 किलोमीटर की दूरी पर है।
- एंड्रोमेडा गैलेक्सी को मेसियर 31 (Messier 31) या M31 के रूप में भी जाना जाता है।
- आकाशगंगा के समूह में, एंड्रोमेडा सबसे बड़ी आकाशगंगा है। यह स्थानीय समूह 54 आकाशगंगाओं का समूह है।
- वैज्ञानिक मानते हैं कि इस आकाशगंगा मे करीब 1 खरब से ज्यादा तारे हैं।
- एंड्रोमेडा का अनुमानित द्रव्यमान(Mass) 400 अरब सूर्यों के बराबर है। दूसरे शब्दों में रखिए, इसमें 400 अरब सूर्यों के द्रव्यमान के बराबर द्रव्यमान है (सूरज से हम अपने सौर मंडल के सूरज की बात कर रहे हैं)
- इस सर्पिल आकाशगंगा का व्यास 260,000 प्रकाश वर्ष है।
- एंड्रोमेडा 100-140 किलोमीटर प्रति सेकंड की रफ्तार से मिल्की वे गैलेक्सी की ओर बढ़ रहा है। वैज्ञानिक मानते हैं कि आने वाले कुछ अरब सालों में यह आकाशगंगायें आपस में टकरा सकती हैं।
- 2010 में, खगोलविदों की एक टीम ने प्रस्तावित किया था कि 5 से 9 अरब साल पहले, दो छोटी आकाशगंगाएं एक दूसरे के साथ टकरा गईं थी और एक साथ विलय हो गई थीं , और इसी विलय से एंड्रोमेडा आकाशगंगा अस्तित्व में आई।
- एंड्रोमेडा के केंद्र में सुपर-विशाल ब्लैक होल के अलावा, इस आकाशगंगा के अंदर 26 और ब्लैक होल हैं।
- यह आकाशगंगा एंड्रोमेडा नक्षत्र (Andromeda constellation) के क्षेत्र में प्रकट होती है और इसलिए इसका नाम एंड्रोमेडा आकाशगंगा है। एंड्रोमेडा पौराणिक ग्रीक राजकुमारी का नाम था।

- एंड्रोमेडा एक विशाल आकाशगंगा है जिसकी दो छोटी उपग्रह आकाशगंगाएं हैं जिन्हें M32 और M110 के नाम से जाना जाता है। पर ये दोनों आकाशगंगायें लगातार एंड्रोमेडा गैलेक्सी के प्रभाव में रहते हैं।
- एंड्रोमेडा के Spirals लगातार बिगड़ते रहते हैं। यह विरूपण साथी एम 32 और एम 110 के गुरुत्वाकर्षण बल के कारण होता है।
- इस आकाशगंगा में करीब 450 तारों के विशाल झुण्ड परिक्रमा करते रहते हैं, इनमें से कुछ तो इतने ज्यादा विशाल और तारों की आबादी से भरे हुए हैं कि वैज्ञानिकों को भी देखकर बड़ा विचित्र लगता है।
- एंड्रोमेडा गैलेक्सी सबसे दूर के ऑब्जेक्ट में से एक है जिसे आप नग्न आंखों से ढूंढ सकते हैं। इसे देखने के लिए आपको चमकदार रोशनी में एक अच्छी जगह की जरूरत पड़ेगी।
- चूंकि यह हमारे लिए निकटतम सर्पिल आकाशगंगा है, इसलिए खगोलविदों ने आकाशगंगा की उत्पत्ति को समझने और ऐसी आकाशगंगाओं के विकास के लिए इस आकाशगंगा का अध्ययन किया है।

19

आकाशगंगा समूह(Galaxy Cluster)

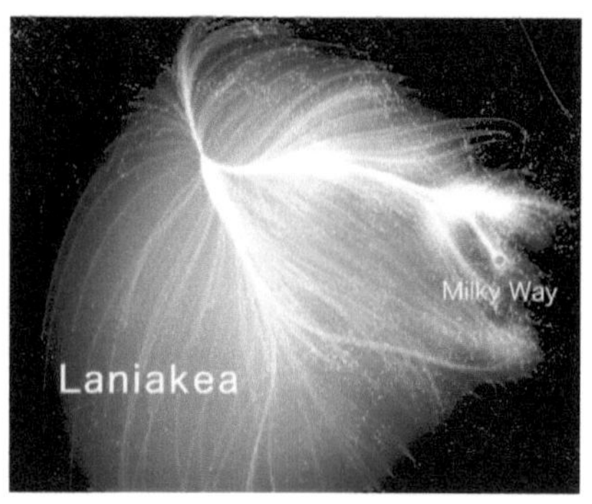

GALAXY CLUSTER

अंतरिक्ष से आपको हमेशा बहुत कुछ सीखने को मिलेगा| पृथ्वी पर रह कर हम लोग इसके बारे में ज्यादा कुछ नहीं जान सकते हैं | परंतु हाँ! पृथ्वी से इंसानों के द्वारा अंतरिक्ष में छोड़े गए कई उपकरण के माध्यम से हम लोग इसके बारे में ढेर सारी बात जान सकते हैं | हम मे से कई सारे लोग हमारे आकाशगंगा के बारे में बहुत कुछ बात पहले से ही जानते होंगे| परंतु आज हम इस लेख के अंदर आकाशगंगाओं के समूह (galaxy cluster in hindi) के बारे में बहुत कुछ बात जानेंगे।

आकाशगंगा से याद आया की , मैंने इससे पहले मिल्की वे के बारे में एक बहुत ही रोचक लेख लिखा हुआ है। मैंने मिल्की वे के ऊपर आधारित उस लेख के अंदर मिल्की वे से जुड़ी मूलभूत बातों से ले कर उस से जुड़ी कई अंजान बातों का भी आपके सामने खुलासा किया हैं।मेरा पूर्ण विश्वास है की आपको वह लेख निश्चित रूप से पसंद आएगा। तो, अगर आप चाहें तो उस लेख को भी एक बार जरूर देखें। खैर आकाशगंगाओं के समूह (galaxy cluster in hindi) के ऊपर आधारित इस लेख में आज इस से जुड़ी कुछ मूलभूत व अद्भुत बातों के बारे में मैं आपको एक-एक करके बताऊंगा। तो, तैयार हो जाइए और मेरे साथ इस लेख में अंत तक बने रहिए ।

आकाशगंगाओं का समूह

मैंने ऊपर कई बार आकाशगंगाओं के समूह (galaxy cluster in hindi) बारे में जिक्र किया हैं| इसलिए सबसे पहले इसके संज्ञा को जान लेते हैं।

तो, जैसा की आपको नाम से ही पता चल रहा होगा आकाशगंगाओं का समूह यानी ; कई हजारों आकाशगंगाओं के मिलन स्थल को अंतरिक्ष में आकाशगंगाओं का समूह (galaxy cluster in hindi) कहा जाता हैं| मैं आपको यहाँ और भी बता दूँ की आकाशगंगाओं के इन समूहों का आकार लगभग 10^14 से ले कर 10^15 सोलर मास होता हैं | इसके अलावा आकाशगंगाओं के समूहों को अंतरिक्ष में मौजूद सबसे बड़ा खगोलीय संरचना भी कहा जाता हैं| हालांकि सुपर क्लस्टर को आजकल के वैज्ञानिक अंतरिक्ष में मौजूद सबसे बड़ा खगोलीय संरचना समझते हैं।

आपको जानकार बहुत ही हैरानी होगा की आकाशगंगाओं के समूह (galaxy cluster in hindi) को अंतरिक्ष में मौजूद बहुत ही शक्तिशाली गुरुत्वाकर्षण बल एक साथ बांध कर रखता हैं| इस महा-शक्तिशाली बल के बारे में कल्पना भी करना इंसानों के लिए कल्पना से परे है।

इसके अलावा में आपको और भी बता दूँ की ज़्यादातर आकाशगंगाओं के समूह का मूल तापमान 2 keV से ले कर 15 keV तक होता हैं | मित्रों! और एक शोध से यह पता चलता हैं की आकाशगंगाओं के समूह (galaxy cluster in hindi) अंदर मौजूद हर एक आकाशगंगा दूसरे आकाशगंगा को अपने तरफ खींचता हैं | वैज्ञानिकों ने आकाशगंगाओं के एक-दूसरे को अपने तरफ खींचने के इस प्रक्रिया के लिए ग्रेट एट्राक्टर (Great Attractor) को जिम्मेदार समझा है। मित्रों! मैंने

इससे पहले ग्रेट एट्राक्टर के बारे में एक बहुत ही गज़ब का लेख लिखा हैं।आप चाहें तो उस लेख को भी एक बार जरूर देख सकते हैं | विश्वास कीजिए वह लेख आपको जरूर ही पसंद आएगा।

आकाशगंगाओं के समूह से जुड़ी कुछ बहुत ही रोचक बातें

- आकाशगंगा समूहों (galaxy cluster in hindi) के बारे में एक बहुत ही अजीब व अनोखी बात आपको में यहाँ पर बताता हूँ | कई सारे वैज्ञानिकों ने शोध के बात यह पाया है की आकाशगंगा के समूह समय के चलते इनकी संरचना में कोई बदलाव नहीं लाते| ज़्यादातर आकाशगंगाओं के समूह अपने बनने के समय जैसे उनका संरचना होता वैसे ही संरचना वह आने वाले कई अरबों साल तक वह उसी तरह बना कर रखते हैं | तो, कुल मिलाकर कहा जाए तो आकाशगंगाओं के समूह का मूल रूप कभी भी नहीं बदलता हैं | इसलिए जब भी कभी हम आकाशगंगाओं के समूह के तरफ देखते हैं तो , हम लोग वास्तव में अतीत के समय को देख रहें हैं |
- आकाशगंगाओं के समूह (galaxy cluster in hindi) से जुड़ी एक और महत्वपूर्ण बात है इनका अनोखा संरचना | ज़्यादातर आकाशगंगाओं के समूह के अंदर मौजूद गैस कहीं बाहर दूसरे किसी अन्य आकाशगंगाओं के समूह में नहीं जाता हैं | परंतु ज़्यादातर आकाशगंगाओं के मौजूद गैस उसी आकाशगंगा में न रह कर किसी दूसरे आकाशगंगा में भी चला जाता हैं| मित्रों! इस घटना के पीछे का कारण वैज्ञानिकों ने सुपर नोवा विस्फोट को बताया हैं| खैर इसी के बदौलत हम लोग NucleoSynthesis के बारे में जानने का मौका भी पाते हैं |
- आकाशगंगाओं का समूह ज़्यादातर कई लाख प्रकाश वर्ष लंबा होता हैं | इसके अंदर हजार से ले कर कई करोड़ आकाशगंगा मौजूद रह सकते हैं | इसलिए इतने बड़े खगोलीय संरचना को बनने के लिए बहुत वक़्त जरूर ही लगा होगा | वैज्ञानिक मानते हैं की बिग-बैंग के बाद कई अरबों आकाशगंगाओं का निर्माण हुआ | समय के चलते यह आकाशगंगाएँ अपने आसपास मौजूद दूसरे आकाशगंगाओं के साथ मिल कर एक छोटा सा समूह का निर्माण किया|
- बाद में ऐसे ही करते हुए कई हजारों आकाशगंगा एक साथ मिल कर एक बहुत ही बड़े आकाशगंगाओं के समूह (galaxy cluster in hindi) का निर्माण किया | दोस्तों ! हर पल हमारा ब्रह्मांड फैल रह हैं | इसलिए कई सारे खगोलीय

पिंड और संरचना पहले के तुलना में एक-दूसरे से बहुत दूर जा रहें हैं| इस प्रक्रिया को वैज्ञानिकों ने रेड-सिफ्ट का नाम दिया हैं| इसके वजह से ही हम लोग अंतरिक्ष में मौजूद कई खगोलीय संरचना को अतीत के समय में देख रहें हैं| वाकई में यह अपने-आप में ही यह एक बहुत ही गज़ब की बात है।

- अंतरिक्ष में मौजूद कुछ बहुत ही मुख्य आकाशगंगाओं के समूह का नाम है ; विर्गो क्लस्टर,हरक्युलस क्लस्टर,फ़ोरनक्स क्लस्टर|

20

निहारिका(Nebula)

NEBULA

हमारा सूर्य, हमारा सौरमंडल,हमारी पृथ्वी, इंसान यहाँ तक की हमारे नसो में बह रहा खून भी Nebula के धूल की देन है | हमारे इस विशाल ब्रम्हांड में अनेकों प्रकार के Nebula पाए जाते है जिनमे से कुछ बेहद रंग-बिरंगे होते है, तो कुछ बेहद खूबसूरत जबकि कुछ Nebula बेहद ही विचित्र और रहस्यमयी है जिन्होंने आजतक वैज्ञानिको को हैरत में डाला हुआ है | तो नमस्कार दोस्तों आज हम जानेंगे Nebula के जन्म एवं उनके प्रकार के बारे में |

Nebula को ब्रम्हांडीय नर्सरी भी कहा जाता है जो कि मुख्य रूप से धूल और गैसों के बादल होते है | अभी तक प्राप्त जानकारी के अनुसार Nebula का निर्माण दो अलग-अलग कारणों से होता है | पहले प्रकार के Nebula ब्रम्हांड के शुरुआत यानि कि Bigbang के बाद ही अस्तित्व में आये थे |

वही दूसरे प्रकार के Nebula का निर्माण किसी बूढ़े तारे में होने वाले महाविस्फोट यानि कि supernova के बाद होता है |दोस्तों आशा है कि अभी तक आपने Nebula के बारे में काफी कुछ जान लिया होगा | अब हम इसके अलग-अलग Types यानि प्रकार के बारे में विस्तार से चर्चा करेंगे |

Nebula के प्रकार

Emission Nebula

Emission Nebula, interstellar gas और dust के बादल होते है | इन्हे सबसे सुन्दर और रंग-बिरंगी Nebula माना जाता है जिसका कारण होते है Nebula में मौजूद ionized gas जो अलग-अलग wavelength के light emit करते है | इस clouds का average तापमान 10,000 kelvin तक होता है | Emission Nebula मुख्य रूप से दो प्रकार के होते है |

H-two regions Nebula

जिसमे पहले type के Emission Nebula को H-two regions कहाँ जाता है | इस तरह के Nebula का जन्म उस समय होता है जब molecular clouds आपस में collapse होकर एक young और hot star का निर्माण करते है | इनके बादल मुख्य रूप से Ionised hydrogen से भरे पड़े होते है | जिसके कारण ये red light emit करते है |

H-two regions का average तापमान 10,000 kelvin तक होता है जो कि किसी नये तारे के जन्म में लगने वाले तापमान से कही अधिक है |

Planetary Nebula

दूसरे प्रकार के Emission Nebula को planetary Nebula के नाम से जाना जाता है | इस तरह के Nebula का जन्म उस समय होता है जब कोई तारा अपना सारा fuel जलाकर एक white dwarf की शक्ल लेने लगता है तब वह तारा भारी मात्रा में gas और dust के बादल emit करता है | इस बादल में भारी मात्रा में ionised hydrogen, oxygen, helium, carbon और nitrogen पाए जाते है जो कि किसी तारे के जन्म के बाद उसके आसपास बनने वाले planets और solar system में महत्वपूर्ण भूमिका निभाते है |

Reflection Nebula

Reflection Nebula मुख्य रूप से interstellar gas और dust के बादल होते है जो कि अपने पास के तारे या तारो के light को reflect करते है | ये तारे इतने गर्म नहीं होते कि वे अपने पास मौजूद gas और dust के बादल को ionise कर पाये इस कारन ये बादल कोई भी light emit नहीं करते | ये मुख्य रूप से नीले नजर आते है, क्योकि इसमें मौजूद particles नीले रंग को बेहद ही अच्छे से scatter करते है |

Nebula में मौजूद clouds मुख्य रूप से carbon compounds, iron compounds, nickel compounds और other metallic compounds से मिलकर बने होते है जो stars के light को बेहद ही आसानी से reflect करते है | अभी तक वैज्ञानिक ने 500 से ज्यादा reflection nebula की खोज की है | वैज्ञानिको ने कुछ ऐसे भी galaxies की खोज की है जो पूरी तरह gas और dust के बने होते है तथा किसी Reflection Nebula की तरह Behave करते है |

Dark Nebula

Dark Nebula interstellar clouds होते है जो बेहद ही dense और concentrated dust के बने होते है | जिसके कारण ये अपने पीछे मौजूद objects के प्रकाश को अपने पार जाने नहीं देते | Dark Nebula का average तापमान 10 से 100 kelvin तक होता है |बड़े Dark Nebula में million solar mases के जितना materials हो सकते है और ये 200 parsecs के क्षेत्र में फैले हो सकते है | जिन्हे giant molecular clouds भी कहा जाता है |

Horse Head Nebula Dark Nebula का सबसे अच्छा उदाहरण है जिसे उसका यह नाम उसके आकार के कारण मिला है | Dark Nebula के कारण ही हम ब्रम्हांड के एक हिस्से को पूरी तरह नहीं देख पाते, क्योकि ये इतने dense होते है कि हमारे telescope इसके पार नहीं देख पाते | Dark Nebula के अन्य उदाहरण है Eagle Nebula, Pipe Nebula, Carina Nebula तथा Shake Nebula.

Supernova Remnant Nebula

जैसा कि नाम से ही ज्ञात है कि इस प्रकार के Nebula का जन्म किसी बूढ़े तारे में होने वाले महा-विस्फोट यानि supernova के बाद होता है | जब किसी तारे का fuel खत्म हो जाता है तब उसमे एक महा-विस्फोट यानि कि supernova होता है जिसमे भारी मात्रा में gas और dust निकलते है जो कि समय के साथ एक nebula का आकार ले लेते है |

तारे के inner core में मौजूद सारे material 30,000 kilometer per second की रफ्तार से बाहर eject होते है जो किसी shock wave का आकार ले लेते है |

यह विस्तार अगले आने वाले सैकड़ो से हज़ारो सालो तक चलता रहता है | पर समय के साथ यह शांत हो जाता है |इस महाविस्फोट में निकलने वाले material का तापमान कई million kelvin तक हो जाता है, जो X-ray light emit करता है | वैज्ञानिक इन्ही X-ray waves की मदद से ऐसे महाविस्फ़ोटो का पता लगाते है | supernova remnant के common उदाहरण है crab nebula, veil nebula, NGC 2736 तथा jellyfish nebula.

21

महाविस्फोट सिद्धान्त(Big bang theory)

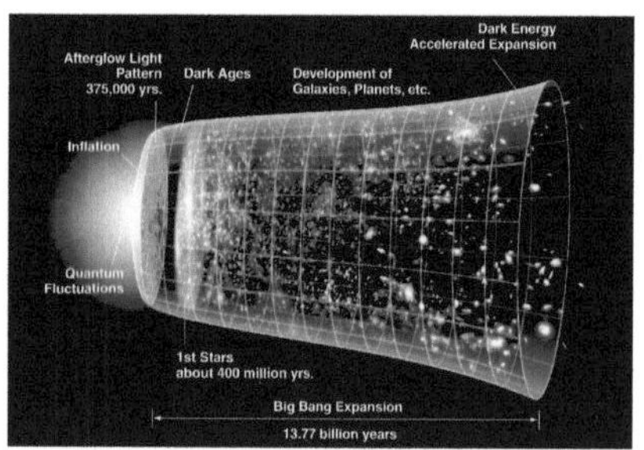

BIG BANG

यह वह नाम है जिसका उपयोग वैज्ञानिक ब्रह्मांड के सबसे सामान्य सिद्धांत (Theory of Universe) के लिए करते हैं। भूत-काल की ओर किया गया काम बताता है कि एक समय था जब तापमान (Temperature) और घनत्व (Density) अनंत थे।

बिग बैंग सिद्धांत समझा सकता है कि ब्रह्मांड जिस तरह से दिखता है वह वैसे क्यों दिखता है। यह बताता है कि दूर की आकाशगंगाएँ (Galaxies) हमसे दूर

क्यों जा रही हैं। यह हमें यह भी बताता है कि जिस गति से वे हमसे दूर जाते हैं, वह दूरी के समानुपाती (Proportional) क्यों होती है। यह बताता है कि क्यों दिखाई देने वाला अधिकांश ब्रह्मांड हाइड्रोजन (Hydrogen) और हीलियम (Helium) से बना है।

वैज्ञानिक इस बात से अवगत हैं कि क्या इसका मतलब यह है कि ब्रह्मांड एक विलक्षणता (Singularity) से शुरू हुआ था, या उस समय के ब्रह्मांड का वर्णन करने के लिए वर्तमान ज्ञान अपर्याप्त है। ब्रह्मांड की विस्तार दर के विस्तृत माप हमें बताते हैं कि बिग बैंग लगभग 13.7 बिलियन साल पहले हुआ था।

बिग बैंग थ्योरी

बिग बैंग सिद्धांत यह है कि ब्रह्मांड हमेशा अस्तित्व में नहीं था। यह बताता है कि शुरुआती ब्रह्मांड गर्म (Hot) और घना (Dense) था।जैसे-जैसे समय बीतता गया ब्रह्मांड का विस्तार हुआ, और वह ठंडा और कम घना होता गया। हालांकि, खगोलविदों को कॉस्मिक माइक्रोवेव बैकग्राउंड (Cosmic Microwave Background) नामक एक घटना के माध्यम से विस्तार की “प्रतिध्वनि” दिखाई दे सकती है। मानक सिद्धांत के अनुसार, हमारा ब्रह्मांड लगभग 13.7 अरब साल पहले “विलक्षणता” के रूप में अस्तित्व में आया था। एक “विलक्षणता” (Singularity) क्या है और यह कहां से आती है? सही मायने में, हम यह निश्चित रूप से नहीं जानते हैं।

विलक्षणता क्षेत्र हैं जो भौतिकी की हमारी वर्तमान समझ को परिभाषित करते हैं। उन्हें “ब्लैक होल” (Black Hole) के मूल में माना जाता है। ब्लैक होल तीव्र गुरुत्वाकर्षण दबाव के क्षेत्र हैं। दबाव को इतना तीव्र माना जाता है कि परिमित द्रव्य वास्तव में अनंत घनत्व में निचोड़ा जाता है। अनंत घनत्व (Infinite Density) वाले इन क्षेत्रों को “विलक्षणता” (Singularity) कहा जाता है।

बिग बैंग थ्योरी – आम गलतफहमी

बिग बैंग सिद्धांत को लेकर कई गलत धारणाएं हैं। उदाहरण के लिए, हम एक विशाल विस्फोट की कल्पना करते हैं। हालांकि विशेषज्ञों का कहना है कि कोई विस्फोट नहीं हुआ था। एक विस्तार था (और जो अभी भी जारी है)। उदाहरणार्थ, एक गुब्बारे की पॉपिंग की कल्पना करने के बजाय, एक गुब्बारे के विस्तार की

कल्पना करें। एक असीम रूप से छोटा गुब्बारा जो हमारे वर्तमान ब्रह्मांड के आकार का विस्तार करता है। एक और गलतफहमी यह है कि हम अंतरिक्ष में कहीं दिखाई देने वाले एक छोटे से आग के गोले के रूप में विलक्षणता की छवि बनाते हैं। हालांकि कई विशेषज्ञों के अनुसार, बिग बैंग से पहले अंतरिक्ष मौजूद नहीं था।

60 के दशक के उत्तरार्ध में और 70 के दशक की शुरुआत में, जब पुरुष पहली बार चंद्रमा पर गए थे। "तीन ब्रिटिश खगोल वैज्ञानिक, स्टीफन हॉकिंग, जॉर्ज एलिस और रोजर पेनरोज (Steven Hawking, George Ellis, and Roger Penrose) ने समय की हमारी धारणाओं के बारे में थ्योरी ऑफ रिलेटिविटी (Theory Of Relativity) और इसके निहितार्थों की ओर उनका ध्यान कराया। 1968 और 1970 में, उन्होंने पेपर प्रकाशित किए जिसमें उन्होंने आइंस्टीन की थ्योरी ऑफ जनरल रिलेटिविटी को बढ़ाया जिसमें समय और स्थान का माप शामिल था। उनकी गणना के अनुसार, समय और स्थान की एक प्रारंभिक शुरुआत थी जो पदार्थ और ऊर्जा की उत्पत्ति के अनुरूप थी। अंतरिक्ष में विलक्षणता प्रकट नहीं हुई; बल्कि, विलक्षणता के अंदर अंतरिक्ष शुरू हुआ। विलक्षणता से पहले, कुछ भी अस्तित्व में नहीं था, न कि स्थान, समय, पदार्थ या ऊर्जा – कुछ भी नहीं। तो कहाँ और क्या में विलक्षणता दिखाई देती है अगर अंतरिक्ष में नहीं? यह हम नहीं जानते। हम नहीं जानते कि यह कहाँ से आया है, यह यहाँ क्यों है, या यहाँ तक कि यह कहाँ है।

बिग बैंग सिद्धांत के सबूत

- सबसे पहले, हम तर्कसंगत रूप से निश्चित हैं कि ब्रह्मांड की शुरुआत कभी तो हुई थी।
- दूसरा, आकाशगंगाएँ अपनी दूरी के समानुपाती गति (Speed proportional to distance) से हमसे दूर जाती दिखाई देती हैं। इसे "हबल का नियम" कहा जाता है, जिसका नाम एडविन हबल (1889-1953) के नाम पर पड़ा जिन्होंने 1929 में इस घटना की खोज की। यह अवलोकन ब्रह्मांड के विस्तार का समर्थन करता है और बताता है कि ब्रह्मांड एक बार संकुचित हो गया था।
- तीसरा, अगर ब्रह्मांड शुरू में बहुत गर्म था, जैसा कि बिग बैंग बताता है, हमें इस गर्मी के कुछ अवशेष खोजने में सक्षम होना चाहिए। 1965 में, रेडियो खगोलविदों अरनो पेनज़ियास और रॉबर्ट विल्सन ने एक 2.725 डिग्री केल्विन

(-454.765 डिग्री फ़ारेनहाइट, -270.425 डिग्री सेल्सियस) कॉस्मिक माइक्रोवेव बैकग्राउंड रेडिएशन (सीएमबी) का अवलोकन किया। जो कि ब्रह्मांड में व्याप्त था।यह ऐसा अवशेष माना जाता है जिसे वैज्ञानिक खोज रहे थे। पेनज़ियास और विल्सन ने अपनी खोज के लिए 1978 में भौतिकी का नोबेल पुरस्कार साझा किया।

- अंत में, "प्रकाश तत्वों" की प्रचुरता हाइड्रोजन और हीलियम अवलोकन योग्य ब्रह्मांड में पाए जाते हैं, यह उत्पत्ति के बिग बैंग मॉडल का समर्थन करने के लिए सोचा जाता है।

बिग बैंग थ्योरी – केवल प्रशंसनीय सिद्धांत

क्या मानक बिग बैंग सिद्धांत (Big Bang Theory In Hindi) इन साक्ष्यों के अनुरूप एकमात्र मॉडल है? नहीं, यह सिर्फ सबसे लोकप्रिय है। अंतर्राष्ट्रीय रूप से प्रसिद्ध एस्ट्रोफिजिसिस्ट जॉर्ज एफ आर एलिस बताते हैं: "लोगों को इस बात से अवगत होना चाहिए कि ऐसे कई मॉडल हैं जो टिप्पणियों को समझा सकते हैं।

उदाहरण के लिए, मैं आपके केंद्र में पृथ्वी के साथ एक गोलाकार रूप से सममित ब्रह्मांड का निर्माण कर सकता हूं। और आप इसे टिप्पणियों पर आधारित नहीं कर सकते। आप इसे केवल दार्शनिक आधार पर मानने से इंकार कर सकते हैं। मेरे विचार में इसमें कुछ भी गलत नहीं है। हम अपने मॉडल को चुनने में दार्शनिक मानदंडों का उपयोग कर रहे हैं। ब्रह्माण्ड विज्ञान का एक बहुत छिपाने की कोशिश करता है।" 2003 में, भौतिक विज्ञानी रॉबर्ट जेंट्री ने मानक सिद्धांत के लिए एक आकर्षक विकल्प प्रस्तावित किया। एक विकल्प जो ऊपर सूचीबद्ध सबूतों के लिए भी है।

डॉ. जेंट्री (Dr. Gentry) का दावा है कि बिग बैंग मॉडल की स्थापना दोषपूर्ण प्रतिमान पर की जाती है। जो कि अनुभवजन्य (Empirical) डेटा के साथ असंगत (Inconsistent) है। वह आइंस्टीन के स्टैटिक-स्पेसटाइम प्रतिमान पर अपने मॉडल को आधार नहीं बनाने का विकल्प चुनते है।जो वह दावा करता है कि "वास्तविक ब्रह्मांडीय रोसेटा है।" जेंट्री ने कई पत्र प्रकाशित किए हैं, जिसमें बताया गया है कि वह मानक बिग बैंग मॉडल में गंभीर खामियों को मानते है।

22

सुपरनोवा(Supernova)

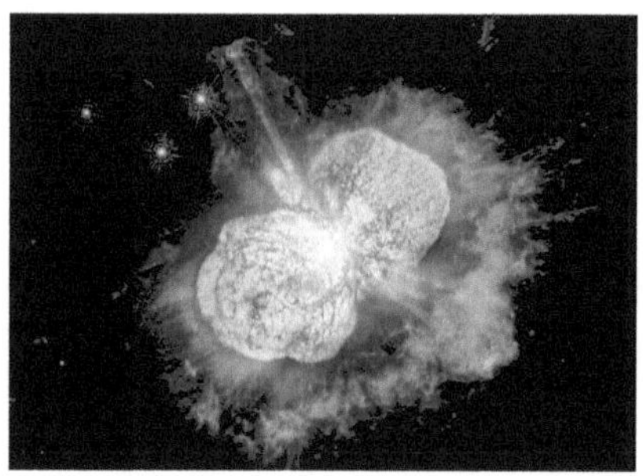

SUPERNOVA

Supernova space में होने वाला सबसे बड़ा explosen है यानी कि सबसे बड़ा विस्फोट। इस तरह की विस्फोट किसी तारें में होता है और ये extremely Bright और Super Powerfull होता है। ये explosen ऐसे star में होता है जो बहुत पुराना होता है और अपने आखिरी समय में होता है। ऐसा तारा एक खतरनाक ब्लास्ट के बाद destroy हो जाता है खत्म हो जाता है। ये विस्फोट बहुत ही खतरनाक होता है और इसके बाद न तो कोई नया तारा बनन शुरू हो जाता है या फिर पुराने तारें में विस्फोट के बाद white डॉट में बदल जाता है। White ड्रॉप एक ऐसा स्टार होता है जो अपने लाइफ के end में होता है। ऐसा star अपने में मौजूद nuclear फ्यूल का पूरा इस्तेमाल कर चुका होता है और earth जितनी size में collaps हो जाता है।

Supernova space के सबसे dengerous घटना माना जाता है क्योंकि इस explosen के समय सबसे ज्यादा रोशनी निकलती है और ये रोशनी इतनी ज्यादा होती है कि पूरे univers की रोशनी को पीछे छोड़ सकती है। इससे निकलने वाली ऊर्जा इतनी ज्यादा होती हैं जितनी सूरज भी अपनी पूरी लाइफ में नहीं दे सकता। अब तो आप समझ गए होंगे कि supernova explosen कितना bright और dengrous होता होगा। तो क्या milkyway में supernova को आसानी से देखा जाता है ? इसका उत्तर है supernova कई galaxy में देखे जा सकते हैं। लेकिन हमारी galaxy में इसे देखना आसान नहीं होता है। क्योंकि galaxye में मौजूद dust इतनी ज्यादा होती है कि हम clearly explosen नहीं देख पाते हैं।

साल 1604 में Johannes Kepler ने milkyway में last observe Supernova को discover किया था। इसके बाद nasa के chandra telescope ने भी milkyway में supernova को discover किया था।

सुपरनोवा का कारण

Supernova तब होता जब कोई Star के core या Center में changes होते हैं। ये changes दो तरह के होते हैं और दोनों ही changes supernova के लिए Responsible होते हैं। इन दोनों changes को supernova के दो टाइप कहा जाता है। Supernova के ये दो type कौनसे हैं आइए जानते हैं।

Supernova के फर्स्ट टाइप binary stars system में होता है। Binary start ऐसे दो stars होते है जिनका ऑर्बिट same point पर होता है इन दो stars में से एक star carbon, oxigen, White डॉर्फ का होता है जो दूसरे star का mattle चुरा लेता है ऐसा करने से white डोर्फ stars के अंदर बहुत ज्यादा matter जमा हो जाता है जिसे ये होल्ड नहीं कर पाता और स्टार का explosen हो जाता है। जो कि s supernova के फॉर्म में होता है। Supernova का सेकंड टाइप सिंगल Star में उत्पन्न होता है। अपनी लाइफ के लास्ट टाइम मे जब एक star के nueclear फ्यूल खत्म होने लगता है और इसका थोड़ा mass इसके core में पहुंच जाता है तब इस सिंगल star का core इतना heavy हो जाता है कि ये खुदकी gravitational Force को भी हैंडल नहीं कर पाता है। ऐसे में core collaps हो जाते हैं और ये एक खतरनाक explosen s supernova का रूप ले लेता है। Sun भी एक सिंगल star ही है लेकिन इसमें इतना ज्यादा mass नहीं होता कि ये supernova का रूप ले सके।

सुपरनोवा इतना महत्वपूर्ण क्यों

तो बात ऐसी है कि supernova बहुत ही कम टाइम में पूरा हो जाता है। लेकिन ये explosen universe के बारे में बहुत ही Important information देता है। इसलिए scientist इस explosen की स्टडी करते हैं इस explosen से ये पता चलता है कि universe बहुत expendable है और इस ब्लास्ट से ये भी पता चलता है कि universe में elements distribut करने में supernova का बहुत important रोल होता है।

ये elements universe में नए stars, planets forms करते हैं और इससे पता चलता है कि stars universe की factory होते हैं क्योंकि Stars ऐसे chemical को generate करते हैं जो universe में सबकुछ बनाने के लिए जरूरी है। Stars अपने cores पर hydrogen जैसे simple elements को heavier elements में convert करते हैं। तो इस तरह की heavier elements जैसे कार्बन और nitrogen Life के लिए जरूरी elements होते हैं। केवल massive star ही Gold, Silver, और Urenium जैसे heavy elements को बना सकते हैं। ऐसे star supernova explosen के टाइम ये सभी elements Space में Distribut कर देते हैं।

सुपरनोवा को कैसे देखा जा सकता है

सुपरनोवा को देखा तो जा सकता है लेकिन खुली आंखों से नहीं बल्कि Telescope से देखा जा सकता है। Scientist कई तरह के telescope के मदद से Supernova को Study करते हैं। Telescope इस Explosen से निकली visible light को observe करने के लिए use की जाती है।

कुछ telescope के मदद से इस Explosen से निकली x-rays और Gama-Rays के data को Record किया जाता है। Hubble space telescope और chandra telescope observatory से Supernova की Images को Observe किया गया है। ऐसा नहीं है कि Supernova को telescope से ही देखा जा सकता है क्योंकि 2011 में एक दस साल की Caneda की एक लड़की ने अपने Compueter पर NightSky images देखते Supernova को Discover कर दिया था। यानी कि Supernova के बारे में सही जानकारी हो और सही equipments हो तो

Supernova को देख पाने की Possibility काफी ज्यादा बढ़ जाती है।

Supernova कितने bright होते हैं? इसका अंदाजा आप इस बात से लगा सकते हैं कि ये Explosen अपनी Galaxy में कई दिन और महीनों तक brightness बनाए रख सकते हैं।

Supernova अक्सर दिखाई नहीं देते हैं। हमारी Galaxy में तो इन्हे बहुत ही कम देखा जाता है। क्योंकि डस्ट हमारी view को ब्लॉक कर देती हैं। फिर हर century में milkyway जैसी galaxy में दो या तीन Supernova देखी जाती हैं। MilkyWay से बाहर मौजूद Galaxy में astronomer हर साल कई हजारों Supernova को Observe करते हैं।

सुपरनोवा के प्रकार:

सुपरनोवा के मुकयातह दो प्रकार आते है।

सुपरनोवा टाइप 1

सुपरनोवा टाइप 2

आसान भाषा मे बातु तो सुपरनोवा टाइप 1 मे वे सुपरनोवा आते हे जो एक तारे को नष्ट करने के बाद एक ऐसे चीज मे बादल जाता है जिसकी घनता कम होती है।

पर वही सुपरनोवा टाइप 2 इस प्रकार मे सुपरनोवा कुछ ऐसे डार्क चीज मे बादल जाता है जिसकी घनता इस पूरे ब्रह्मांड मे सबसे ज्यादा होती है। उसे हम ब्लैक-होल कहते अहि, जिसकी घंटा इस पूरे ब्रम्हांड मे सबसे अधिक है।

सुपरनोवा कैसे होता है?

जैसा की आपने जाना की सुपरनोवा क्या होता है, आपने देखा की सुपरनोवा उस बड़े धमाके का नाम हे जो पूरे सितारे को नष्ट कर देता है। हम इसे किसी सितारे का यमराज भी कहेंगे जो उसे हमेशा के लिए ले जाता है। सुपरनोवा एक बड़े धमाके का नाम हे जो धमाका किसी सितारे के फटने से होता है। यह धमाका इतना विशाल होता हे की अगर इसके चलते फूटने वाले सितारो से किसी भी वस्तु का टकराव आए तो उस वस्तु का भी नामो निशान मीट जाएगा।

सुपरनोवा कैसे होता है : जब किसी सितारे के बिन्दु मे काफी हलचल हो और उसी हलचल के चलते जब वह तारा अपने सारे गुरुत्वाकर्षण बल को बाहर ढकल

दे और इससे वह तारा एक बोहोत बड़े धमाके के साथ खुद को ही नष्ट कर दे तब होता हे “द सुपरनोवा”। सितारे के फटने के बाद जो बोहोत बड़ा धमाका होता है, वह धमाका कोई आम धमाका नहीं होता इस धमाके के साथ उस सितारे के सारे धातु, गॅस, पत्थर, और भी बोहोत कुछ सब तबाह हो कर सारे ब्राम्हांड मे उनके कण फ़ेल जाते है।

सुपरनोवा होने के बाद क्या होता है?

जब सुपरनोवा होता है तब एक सितारे की मौत होती है, उसके साथ साथ जब वह सितारा नष्ट होने पर होता है वो एक बड़े से धमाके मे होता है जिसे हम सुपरनोवा कहते है। पर क्या होता है एक सुपरनोवा के होने के बाद। जब एक सुपरनोवा होता है, तब एक बडा धमाका होता है जिसमे एक सितारा का अंत हो जाता है। इसी सुपरनोवा के बाद काफी ज्यादा मात्रा मे तेज सफ़ेद रोशनी होती है जिसे सुपरनोवा आफ्टर इफैक्ट (Supernova After Effect) कहते है। इस सितारे के अंत होने के बाद उस सितारे के कोर से यानि उसके बिन्दु से बड़े और टिकाऊ धातु भी आसपास वातावरण मे घुल मिल जाते है। जिससे वे धातु एक दूसरे सितारे का निर्माण कर रहे होते है। मतलब एक सितारे के मरने से दूसरे सितारे का निर्माण होता है। मतलब एक सुपरनोवा होने के बाद एक नए सितारे का जन्म होता है। एक टरफ सुपरनोवा मे सितारे की मौत होती हे, उसका अंत होता है। और दूसरी तरफ एक नए सितारे का जन्म होता है... काफी मजेदार ब्राम्हांड है! खैर आशा करता हूँ की आपको पता चल गया होगा की सुपरनोवा होने के बाद क्या होता है।

सुपरनोवा होने के बाद आखिर मे क्या होता है?

- एक सितारे का बड़े से धमाके मे अंत हो जाता है।
- जैसे ही वो सितारा बड़े से धमाके मे नष्ट होता है, उससे उसका गुरुत्वाकर्षण बल बाहर की तरफ जाता है।
- सुपरनोवा मे उस सितारे का गुरुत्वाकर्षण बल जैसे ही बाहर की ओर जाता है, उसमे रहते धातु और कई सारे चिजे उसके आस पास के वातावरण मे फैल जाते है।

- जैसे ही उसके धातु वतरवारण मे फैल जाते है, उसके बाद उन्ही के मदत से एक नए सितारा का जन्म होता है।

सुपरनोवा के बाद उस मरे हुये सितारे का क्या होता है?

जब बड़े से धमाके मे कोई सितारा नष्ट हो जाता है, जिसे हम सुपरनोवा कहते है। तब उस सितारे को क्या होता है? यह सवाल आपके मन मे जरूर आया होगा की। और एक सवाल आपके मन मे आया होगा की अगर एक सितारा मर जाये तो उसके बाद उस सितारे का क्या होता है? जब सुपरनोवा होता है और उस सुपरनोवा के धमाके मे जब किसी सितारे की मौत होती है, तब वह सितारा न्यूट्रॉन स्टार कहलाता है (Neutron – star)। उस मरे हुये सितारे को न्यूट्रॉन स्टार इसलिए कहते है क्योंकि उस बड़े से सितारे के नष्ट होने के बाद उसपर सिर्फ न्यूट्रॉन ही बचे रहते है। जिससे हम उस नष्ट हुये सितारे को न्यूट्रॉन स्टार कहते है।

सुपरनोवा के विषय मे कुछ मजेदार तथ्य:

- 185 AD के बाद के वक़्त मे एक चाइनिज खगोल विज्ञानी ने जब आसमान मे तेज रोशनी देखि जिसका उल्लेख उन्होने लेटर हान (Later Han) इस किताब मे किया है। आप इससे जानोगे की सबसे पहले सुपरनोवा को 2000 साल पहले खोजा गया था।
- जैसा की मीने आपको बताया की जब सुपरनोवा होता है, तब उसके बिंदु से ऐसे कुछ पदार्थ निकलके आते हे जिनका पसराव उस सितारे के आस - पास होता है। और वे वातावरण मे किसी माध्यम से फैलने लगते है। और आप हैरान होगे ये जानकार की वे वही पदार्थ है जो हमारे खून मे iron बनके दौड़ रहा है, हमारे अंदर Oxygen बनकर हमे जिंदगी दे रहा है, जो आपके कम्प्युटर मे जो सिलिकॉन होता है, वे सब एक सितारे से ही आते है।
- सुपरनोवा कोई साधारण घटना नहीं होती बल्कि वे वही घटना होती है जो किसी भी कण को सबसे तेज घूमा सकती है। जी हाँ सुपरनोवा जब होता है तब वो हर कण को सबसे ज्यादा जोरों से घूमा सकता है।

- सुपरनोवा जब होता है, तब सितारा नष्ट होता हे पर जब यह घटना होती है तब वे अपने साथ बोहोत सारी ग्यामा रेस (gyamma - rays) छोड़ के जाते है। ये तथ्य इस बात को बताता है की सूपरनोवा जब होता हे तब वो radioactive पदार्थ को जन्म देता है।
- सुपरनोवा से हम डार्क ऊर्जा का शोध लगा सकते है।
- सुपरनोवा एक जल्दी घड़ने वाला प्रक्रिया होता है जो सिर्फ 10 सेकंड के लिए चलता है।

23

न्यूट्रॉन स्टार(Neutron Star)

NEUTRON STAR

न्यूट्रॉन स्टार एक मृत तारे का अवशेष होता है, जो किसी भी तारे के सुपरनोवा विस्फोट के बाद बनता है, जिसका घनत्व बहुत अधिक होता है और यह बहुत तेजी से घूमता है। आइए यह सब विस्तार से जानते हैं कि न्यूट्रॉन तारे क्या हैं और वे कैसे बनते हैं।

जब किसी तारे का ईंधन खत्म हो जाता है, तो वह लाल गोले में बदल जाता है। जिसे हम रेड जाइंट स्टार कहते हैं। इस समय ईंधन खत्म होने के कारण यह तारा अपने केंद्र के अंदर सिकुड़ जाता है। तब यह लाल तारा एक बहुत बड़ा धमाका करता है। इस विस्फोट को सुपरनोवा कहा जाता है। इस दौरान इसका अर्थ है कि विस्फोट के बाद भी तारे का केंद्र अपने भीतर सिकुड़ने लगता है और तारे का बाहरी

भाग ऊर्जा के रूप में अपना द्रव्यमान छोड़ना शुरू कर देता है।

अब आपके मन में यह सवाल होगा कि जब कोई विस्फोट होता है तो आखिर ऐसा क्या होता है कि वह न्यूट्रॉन तारे में बदल जाता है। मैंने आपको आगे बताया, उसी तरह जब कोई विस्फोट होता है, तो तारे का सारा द्रव्यमान तारे के केंद्र में समा जाता है और बाहरी तारे की बाहरी सतह द्रव्यमान को ऊर्जा के रूप में अंतरिक्ष में छोड़ देती है। इस दौरान केंद्र में द्रव्यमान जमा हो जाता है। और आप जानते ही होंगे कि अगर किसी चीज का द्रव्यमान ज्यादा होगा तो उसका गुरुत्वीय बल भी ज्यादा होगा। अब केंद्र में इतना द्रव्यमान जमा हो जाएगा कि इसका गुरुत्वाकर्षण बल बहुत बढ़ जाएगा। तब यह बल परमाणु में मौजूद इलेक्ट्रान और प्रोटॉन को भी प्रभावित करेगा।

परमाणु के केंद्र में प्रोटॉन और उसके चारों ओर घूमने वाले इलेक्ट्रॉनों के बीच एक मजबूत परमाणु बल होता है, जो दोनों को अलग रखने में मदद करता है, लेकिन जब तारे का केंद्र सिकुड़ने लगता है, तो इस तारे का गुरुत्वाकर्षण बल इतना अधिक हो जाता है। यानी यह अपने अंदर परमाणु के इलेक्ट्रॉनों और प्रोटॉन के बीच के बल पर हावी हो जाता है, और एक बिंदु पर गुरुत्वाकर्षण बल इतना अधिक हो जाता है कि यह इस परमाणु बल से भी अधिक हो जाता है। इससे इलेक्ट्रॉन और प्रोटॉन के बीच का परमाणु बल टूट जाता है और गुरुत्वाकर्षण बल के कारण इलेक्ट्रॉन और प्रोटॉन दोनों आपस में मिल जाते हैं, जिससे वे न्यूट्रॉन कण बन जाते हैं। इसी कारण ऐसे तारों को न्यूट्रॉन तारे कहा जाता है।

नोट: आगे पढ़ने से पहले मैं आपको बता दूं कि सूर्य के द्रव्यमान को M द्वारा दर्शाया जाता है, जिससे इसे समझना आसान हो जाता है।

न्यूट्रॉन स्टार का घनत्व और द्रव्यमान

एक तारा जिसका द्रव्यमान अपने जीवनकाल में लगभग 8M (8 सूर्यों के द्रव्यमान जितना) से अधिक या अधिक है, वह न्यूट्रॉन तारा बनने में सक्षम है। जब यह न्यूट्रॉन तारे में बदल जाता है, तो इसका द्रव्यमान कम हो जाता है, एक न्यूट्रॉन तारे का द्रव्यमान लगभग 1.5M और लंबाई लगभग 15 किलोमीटर होती है। एक पदार्थ जिसका द्रव्यमान हमारे सूर्य के द्रव्यमान का 1.5 गुना है और उसका आकार सिर्फ 15 किलोमीटर जितना है, तो अब आप सोचें कि इसका घनत्व और गुरुत्वाकर्षण बल क्या होगा।

किसी भी न्यूट्रॉन तारे का द्रव्यमान कम से कम 1.1M और जितना अधिक 2.16M होता है। वैसे अब तक खोजे गए सबसे छोटे तारे का द्रव्यमान केवल 1.39M ही पाया गया है। ऐसा माना जाता है कि यदि किसी तारे का द्रव्यमान 2.16M से अधिक हो तो वह ब्लैक होल में बदल जाएगा।

अब तक खोजे गए सभी ब्लैक होल में से सबसे छोटे ब्लैक होल का द्रव्यमान 5M है। अब यहाँ प्रश्न आता है कि 2.16M – 5.0M के बीच द्रव्यमान वाले तारों का क्या होता है। अभी तक हमें ऐसा कोई तारा नहीं मिला है, जिसका द्रव्यमान उसके बीच हो, वैज्ञानिकों का मानना है कि यह क्वार्क तारे और इलेक्ट्रोवीक तारे हो सकते हैं, लेकिन ऐसे तारे अभी भी केवल काल्पनिक हैं, हमारे पास ब्रह्मांड में अभी तक है। ऐसा कोई तारा नहीं मिला है।

साल 2019 में ही वैज्ञानिकों ने अब तक के सबसे बड़े न्यूट्रॉन तारे की खोज की है। इसका द्रव्यमान हमारे सूर्य के द्रव्यमान का 2.14 गुना है और इसका विस्तार 20 किमी जितना है। यह न्यूट्रॉन स्टार इस सीमा पर है कि इसे ब्लैक होल में बदलना चाहिए। इसलिए वैज्ञानिक ब्लैक होल की जांच कर उसे समझने की कोशिश कर रहे हैं।

न्यूट्रॉन स्टार के बारे में

जब यह बनता है तो इसकी सतह का तापमान 6,00,000 K तक होता है और उस समय यह बहुत तेजी से घूमता है। लेकिन एक बार न्यूट्रॉन स्टार बनने के बाद, यह समय के साथ ठंडा हो जाता है। इसका तापमान और घूर्णन गति कम हो जाती है। वैसे अब तक का सबसे तेज तारा एक सेकेंड में 716 चक्र पूरा करता है। इतनी तेज गति और बहुत अधिक घनत्व के कारण गुरुत्वाकर्षण बल बहुत ज्यादा बढ़ जाता है। इसका गुरुत्वाकर्षण बल पृथ्वी से 900 अरब (900 अरब) गुना अधिक है। यदि आप इसमें से एक चम्मच जीतने वाला पदार्थ लें तो वह आधा किलोमीटर में फैली पृथ्वी के भार के बराबर होगा। इस उच्च गुरुत्वीय बल के कारण इसका पलायन वेग 100,000-150,000 जितना ऊँचा है, जो प्रकाश की गति का एक तिहाई है।

कुछ न्यूट्रॉन तारों को घुमाने के साथ-साथ वे विद्युत चुम्बकीय विकिरण भी उत्सर्जित करते हैं, ऐसे तारे पल्सर कहलाते हैं। कुछ तारों का चुंबकीय क्षेत्र बहुत अधिक होता है, इसलिए इसे चुम्बक कहते हैं। लेकिन कुछ खोजे गए तारे हैं जो विकिरण स्पंदों का उत्सर्जन भी करते हैं और भारी चुंबकीय क्षेत्र भी बनाते हैं। इन तारों को पल्सर + मैग्नेटर कहा जाता है।

मजेदार तथ्य:

- न्यूट्रॉन तारे की खोज से पहले, जब उससे विकिरण उत्सर्जित होते थे और पृथ्वी पर उनका पता लगाया जाता था, तब माना जाता है कि यह संकेत किसी विदेशी जीवन से आया है, जो हमसे संपर्क करना चाहते हैं। लेकिन जब न्यूट्रॉन तारे की खोज की गई तो इस सिद्धांत को खारिज कर दिया गया।
- बहुत अधिक घनत्व होने की कारण एक चम्मच न्यूट्रॉन स्टार का भार कई बिलियन टन तक रहता है।
- ये तारे अपनी ऊर्जा पल्स की रूप में छोड़ते हैं जिसको पल्सर कहा जाता है। इनकी खोज साल 1966 में हुई थी।
- इस प्रकार की पल्स सिग्नल नियमित रूप से धरती पर आती रहती हैं। पहले यह माना जाता था कि ये सिग्नल किसी परजीवी ग्रह से आ रही हो जहाँ जीवन होगा। लेकिन न्यूट्रॉन स्टार की खोज की बाद इसे खंडित कर दिया गया।
- यहाँ का मैग्नेटिक क्षेत्र बहुत शक्तिशाली है और अणुओं के संरचना को बिगाड़ने के लिए काफी है।
- शक्तिशाली मैग्नेटिक क्षेत्र होने के कारण इसकी सतह पर भूचाल आता रहता है, जिसे स्टारक़्वेक कहा जाता है। ये भूचाल 10,000 साल तक सक्रिय रह सकते हैं।
- जब कोई दो न्यूट्रॉन स्टार टकराते हैं, तो बहुत भयावह घटनाएं होती है। 15 किमी तक के व्यास की अगर दो न्यूट्रॉन स्टार टकराएं, तो इतना भारी विस्फोट होता है कि उससे एक ब्लैक होल का निर्माण संभव है।

24

ब्लैक होल(Black Hole)

BLACK HOLE

ब्लैक होल ऐसी खगोलीय वस्तु होती है जिसका गुरुत्वाकर्षण क्षेत्र इतना शक्तिशाली होता है कि प्रकाश सहित कुछ भी इसके खिंचाव से बच नहीं सकता है। ब्लैक होल में एक-तरफी सतह होती है जिसे घटना क्षितिज कहा जाता है, जिसमें वस्तुएं गिर तो सकती हैं परन्तु बाहर कुछ भी नहीं आ सकता। इसे “ब्लैक (काला)” इसलिए कहा जाता है क्योंकि यह अपने ऊपर पड़ने वाले सारे प्रकाश को अवशोषित कर लेता है और कुछ भी रिफ्लेक्ट (प्रतिबिंबित) नहीं करता, थर्मोडाइनामिक्स (ऊष्मप्रवैगिकी) में ठीक एक आदर्श ब्लैक-बॉडी की तरह। ब्लैक होल का क्वांटम विश्लेषण यह दर्शाता है कि उनमें तापमान और हॉकिंग विकिरण होता है। इसके बारे में यहां तक कहा गया कि यह स्पेस में ऐसा •ंवर गर्त है, जिसमें

फंस कर हम नीचे से किसी अन्य सृष्टि में पहुंच सकते हैं।

ब्लैक होल की जानकारी

जब कोई विशाल तारा मरता है, तो अपने भीतर की ओर वह गिर पड़ता है। गिरते-गिरते यह इतना सिकुड़ जाता है और इतना भारी हो जाता है कि सबकुछ अपने भीतर समेटने लगता है। इसकी ओर जाती गैस तपने लगती है और एक्स किरण छोड़ने लगती है। बस इसी से वैज्ञानिकों ने ब्लैक होल के होने का अनुमान लगाया। हालांकि अभी तक उपलब्ध किसी थ्योरी या सिद्धांत से इसे पूरी तरह समझना असंभव रहा है। लेकिन ब्लैक होल स्पेस में वो जगह है जहाँ भौतिक विज्ञान का कोई नियम काम नहीं करता. इसका गुरुत्वाकर्षण क्षेत्र बहुत शक्तिशाली होता है।

अपने अदृश्य भीतरी भाग के बावजूद, एक ब्लैक होल अन्य पदार्थों के साथ अन्तः-क्रिया के माध्यम से अपनी उपस्थिति प्रकट कर सकता है। एक ब्लैक होल का पता तारों के उस समूह की गति पर नजर रख कर लगाया जा सकता है जो अन्तरिक्ष के खाली दिखाई देने वाले एक हिस्से का चक्कर लगाते हैं। वैकल्पिक रूप से, एक साथी तारे से आप एक अपेक्षाकृत छोटे ब्लैक होल में गैस को गिरते हुए देख सकते हैं। यह गैस सर्पिल आकार में अन्दर की तरफ आती है, बहुत उच्च तापमान तक गर्म हो कर बड़ी मात्रा में विकिरण छोड़ती है जिसका पता पृथ्वी पर स्थित या पृथ्वी की कक्षा में घूमती दूरबीनों से लगाया जा सकता है। इस तरह के अवलोकनों के परिणाम स्वरूप यह वैज्ञानिक सर्व-सम्मति उभर कर सामने आई है कि, यदि प्रकृति की हमारी समझ पूर्णतया गलत साबित न हो जाये तो, हमारे ब्रह्मांड में ब्लैक होल का अस्तित्व मौजूद है।

सैद्धांतिक रूप से, कोई भी मात्रा में तत्त्व (matter) एक ब्लैक होल बन सकता है यदि वह इतनी जगह के भीतर संकुचित हो जाय जिसकी त्रिज्या अपनी समतुल्य स्च्वाज्स्चिल्ड त्रिज्या के बराबर हो। इसके अनुसार हमारे सूर्य का द्रव्यमान 3 कि. मी. की त्रिज्या तथा धरती का 9 मि.मी. के अन्दर होने पर यह ब्लैक होल में परिवर्तित हो सकते हैं। हालांकि व्यावहारिक रूप में इलेक्ट्रॉन और न्यूट्रॉन आपजात्य दबाव के विपरीत न तो पृथ्वी और न ही सूरज में आवश्यक द्रव्यमान है और इसलिए न ही आवश्यक गुरुत्वाकर्षण बल है। इन दबावों से उबरकर और अधिक संकुचित होने में सक्षम होने के लिए एक तारे के लिए आवश्यक न्यूनतम द्रव्यमान तोलमन – ओप्पेन्हेइमेर – वोल्कोफ़्फ़ द्वारा प्रस्तावित हद है, जो लगभग तीन सौर द्रव्यमान है।

BLACK HOLE के प्रकार

ब्लैक होल बहुत छोटे भी हो सकते हैं और बहुत बड़े भी। वैज्ञानिकों का मानना है कि छोटे ब्लैक होल्स एक एटम के बराबर भी हो सकते हैं, लेकिन इनका द्रव्यमान एक बड़े पहाड़ इतना होता है। एक दूसरे प्रकार का ब्लैक होल भी होता है, जिसे स्टेलर कहते हैं। इसका द्रव्यमान सूर्य के द्रव्यमान के 20 गुना होता है। पृथ्वी के गैलेक्सी में इस तरह के द्रव्यमान वाले ढेर सारे स्टेलर ब्लैक होल्स होते हैं। पृथ्वी के गैलेक्सी को मिल्की वे कहते हैं। इस तरह के ब्लैक होल्स को 'सुपरमैसिव' कहते हैं। इन ब्लैक होल्स का द्रव्यमान एक मिलियन सूर्य के द्रव्यमान के बराबर होता है। वैज्ञानिकों ने इस बात का खुलासा किया है कि प्रत्यके बड़े गैलेक्सी के केंद्र में सुपरमैसिव ब्लैक होल होता है। मिल्की वे गैलेक्सी के केंद्र में जो सुपरमैसिव ब्लैक होल होता है, उसे सैगिटेरियस ए कहते हैं। इसका द्रव्यमान लगभग चार मिलियंस सूर्य के बराबर होता है।

वैज्ञानिकों का मानना है कि छोटे ब्लैक होल्स का निर्माण ब्रह्मांड के शुरुआत के साथ ही संभव हो सका। स्टेलर ब्लैक होल्स का निर्माण तब होता है, जब केंद्र का बहुत बड़ा तारा खुद से इसके अंदर गिर जाता है या नष्ट हो जाता है। इस घटना को सुपरनोवा कहते हैं। वैज्ञानिकों का यह भी मानना है कि सुपरमैसिव ब्लैक होल्स तभी बने थे, जब गैलेक्सी का निर्माण हुआ था।

ब्लैक होल को देखा नहीं जा सकता, क्योंकि तीव्र गुरुत्वाकर्षण ब्लैक होल के मध्य में प्रकाश को तेजी से खिंचता है। किस तरह से तीव्र गुरुत्वाकर्षण ब्लैक होल के चारों ओर गैस और तारों को प्रभावित करता है, वैज्ञानिकों के लिए इसे देख पाना असंभव है। वैज्ञानिक तारों के अध्ययन से इस बात का भी पता लगा सकते हैं कि किस तरह से तारे ब्लैक होल के चारों ओर उड़ते हैं। जब ब्लैक होल और तारे एक-दूसरे के करीब होते हैं, तो तीव्र प्रकाश उर्जा का निर्माण होता है। हालांकि इंसान इस प्रकाश को नहीं देख सकता। स्पेस में इस प्रकाश को देखने के लिए वैज्ञानिक सैटेलाइट और टेलिस्कोप का प्रयोग करते हैं।

एम 87

वैज्ञानिकों ने एक ऐसे ब्लैक होल का पता लगाया है, जो इतना बड़ा है कि हमारे पूरे सोलर सिस्टम को निगल सकता है। एम87 नामक इस ब्लैक होल का अकार

6.8 अरब सूर्यों के बराबर है। यह इस तरह की खोजी गई अब तक की सबसे विशालकाय संरचना है।

ब्लैक होल का निर्माण

जब कोई विशाल तारा अपने अंत की ओर पहुंचता है तो वह अपने ही भीतर सिमटने लगता है। धीरे धीरे वह भारी भरकम ब्लैक होल बन जाता है और सब कुछ अपने में समेटने लगता है। इसका गुरुत्वाकर्षण क्षेत्र बहुत शक्तिशाली होता है। इसके खिंचाव से कुछ भी नहीं बच सकता। प्रकाश भी यहां प्रवेश करने के बाद बाहर नहीं निकल पाता है। यह अपने ऊपर पड़ने वाले सारे प्रकाश को अवशोषित कर लेता है। ब्लैक होल के अंदर, केंद्र तक वो असीम घुमावदार होता है। यहां आकर समय और स्पेस दोनों अपना अर्थ खो देते हैं और भौतिक विज्ञान को कोई नियम काम नहीं करता। यहां पहुंचने पर क्या होगा, कोई नहीं जानता। हो सके दूसरा यूनिवर्स आ जाएगा या फिर नई दुनिया मिल जाएँ, यह भी रहस्य अब तक बना हुआ है।

ध्यान देनेवाली बात यह हैं की हर तारा ब्लैक होल नहीं बनता, ये सिर्फ बड़े बड़े तारों के साथ होता है, वो तारे जो साइज़ में सूरज से कहीं ज्यादा बड़े होते हैं और उससे बनने वाले एक ब्लैकहोल का साइज इतना बड़ा होता है कि उसमें लाखों सूरज समा जाएं।

ब्लैक होल की खोज

माना जाता हैं 1783 में सबसे पहले ब्लैक होल की कल्पना जॉन मिचेल (John Michell) नाम के फिलोसोफर ने की थी। इसके बाद अल्बर्ट आइंस्टीन ने पहली बार 1916 में सापेक्षता के अपने सामान्य सिद्धांत के साथ ब्लैक होल की भविष्यवाणी की। “ब्लैक होल” शब्द को 1967 में अमेरिकी खगोलशास्त्री जॉन व्हीलर द्वारा गढ़ा गया था, और पहली बार 1971 में खोजा गया था। महान भौतिकशास्त्री स्टीवन हॉकिंग ने ब्लैक होल से दुनिया को असल में मिलवाया। स्टीवन हॉकिंग ने ब्लैक होल के बारे में बहुत कुछ नया बताया और नया सिखाया।

सरल भाषा में ब्लैक होल :-

ब्लैक होल के तथ्यों की इस लेख में हमने आपको पहले से बता रखा था की , यह एक दानव है| यहाँ मित्रों, दानव का मतलव बड़े-बड़े सिंग और लंबे-लंबे नुकीले दातों वाले दानवों की बात हम नहीं कर रहें है| हमने ब्लैक होल (Black Holes In Hindi) को इसकी आकार को देख कर ही इसे दानव कहा है| तो, चलिए हम ब्लैक होल को एक उदाहरण के माध्यम से समझते है|

उदाहरण के साथ ब्लैक होल :-

मित्रों, आप सभी ने तो निश्चित रूप से गेहूं पीसने की मशीन तो देखा ही होगा जिसमें से आटा निकाला जाता है| तो, यहाँ पर हमने गेहूं पीसने के मशीन की ब्लैक होल के साथ तुलना करने जा रहें हैं| जैसे गेहूं के मशीन में डाले जाने पर मशीन खुदवा खुद घूमते घूमते धीरे धीरे मशीन में डली हुई सारी गेहूं को निगल जाती है| ठीक इसी तरह अंतरिक्ष में ब्लैक होल (Black Holes In Hindi) घूमते घूमते अपने गुरुत्वाकर्षण शक्ति के माध्यम से अपने चारों तरफ मौजूद हर एक चीज़ को धीरे धीरे निगल कर अपने अंदर समा लेता है|

यहाँ ध्यान में रखनी वाली बात यह है की गेहूँ पीसने वाले मशीन से आखिर में हमें आटा देखने को मिलता है , परंतु ब्लैक होल के अंदर एक बार समा जाने के बाद कोई भी चीज़ हमें देखने को नहीं मिलती|

(मित्रों हमने यहाँ आप सभी को समझाने के लिए गेहूं पीसने वाली मशीन और ब्लैक होल की तुलना की है और हम आपको यह भी बता दें की इन दोनों को आप पूर्ण रूप से एक साथ जोड़ कर नहीं देख सकते है क्यूंकी यह दोनों चीज़ें भौतिक विज्ञान के अलग अलग सिद्धांतों के ऊपर काम करते है|)

तो, चलिए ब्लैक होल के तथ्यों (Black Hole Fact's) के ऊपर आधारित इस लेख में आगे बढ़ते हैं| अच्छा अन्य किसी भी विषय पर जानने से पहले थोड़ा चलिए ब्लैक होल के इतिहास बारे में जान लें|

ब्लैक होल के तथ्यों से जुड़ी इसकी इतिहास :

ब्लैक होल के तथ्यों (Black Holes In Hindi) के बारे में सोचना सबसे पहले ब्रिटिश वैज्ञानिक John Michell ने की थी| 1784 में उन्होंने सबसे पहले ब्लैक होल के बारे में जिक्र किया था| उनका कहना था की अगर किसी भी वस्तु का घनत्व सूर्य के समान हो जाए और इसका अर्ध-व्यास सूर्य की व्यास के मुक़ाबले

500:1 के अनुपात का हो जाए तो वह वस्तु अंतरिक्ष में ब्लैक होल बन जाता है|

इस परिस्थिति में उस सघन हुए वस्तु का Escape Velocity प्रकाश की गति से भी ज्यादा हो जाएगा| यहाँ पर उन्होंने और भी कहा था की इस प्रकार के बृहत कार चीजों को हम आसमान में खुले आँखों से देख नहीं सकते| उनका यह कहना सही भी था क्योंकि ब्लैक होल का नाम ही इसकी रूप को दर्शाता है| खैर उन्होंने बाद में कहा की ब्लैक होल को उसके आसपास मौजूद और निगले जाने वाले चीजों से निकलती हुई प्रकाश के माध्यम से देखा जा सकता है|

ब्लैक होल के थिओरी का जन्म Einstein के द्वारा दी गयी सापेक्षता की थिओरी (The theory of Relativity) के ऊपर आधारित है| यही थिओरी के माध्यम से आज हमारे वैज्ञानिक ब्लैक होल के तथ्यों को सब के सामने उजागर करने में सक्षम रहें हैं|

E=mc^2 (Basic formula of the theory)

1915 में Einstein ने प्रकाश की गति को अपना मूल ढांचा बना कर इस थिओरी को गढ़ा था| बाद में Karl Schwarzschild ने ऊपर दिए गए फॉर्मूला का हल निकाल कर ब्लैक होल की दुनिया में और एक नया अध्याय जोड़ दिया| इसी हल के साथ यह भी प्रमाणित हुआ की ऊर्जा और द्रव्य मान को आपस में बदला जा सकता है|

इसके अलावा इससे Singularity का भी किस्सा सामने आया| हम आपको बता दें की ब्लैक होल के तथ्यों (Black Hole Fact's) की बातें Singularity के ही इर्दगिर्द घूमता रहता है| हम आपको Singularity के ऊपर आगे चल कर ब्लैक होल के तथ्यों (Black Hole Fact's) के ऊपर आधारित इस लेख में जरूर बताएंगे|

ब्लैक होल के ऊपर होने वाले आविष्कार :

1958 तक वैज्ञानिकों में Einstein के द्वारा दी गयी खगोलीय वस्तु के व्यास और उसके आस पास के वातावरण के जानकारी के ऊपर बहुत विवाद और आलोचना चलता रहा| इन्हीं वैज्ञानिकों में भारतीय मूल के वैज्ञानिक Subramanyan Chandrasekhar में भी शामिल थे|

1958 में जब David Finkelstein ने Event Horizon का खोज किया तो यह एक ऐतिहासिक पल के रूप में इतिहास में लिखित हो गया| यह जो Event Horizon है, यह ब्लैक होल का वह जगह है जहां से कोई भी वस्तु एक बार चला

जाए तो वह वापस लौट कर कभी भी इस ब्रह्मांड में नहीं आती| परंतु यहाँ इतनी बड़ी खोज होने के बाद भी ब्लैक होल को सिर्फ किताबी थिओरी के रूप में वैज्ञानिक देखते थे| 1969 में जब Pulsar's का सबसे पहले खोज हुया था तो ब्लैक होल को अपना अस्तित्व जताने के लिए एक नया मौका मिला|

कहने का मतलब यह है की , Pulsar's के खोज के बाद ब्लैक होल को Worm Hole की तरह न देख कर उसको एक अलग ही नजरिये से देखे जाने लगा| तो,मित्रों वादे के मुताबिक चलिये अब थोड़ा Singularity के ऊपर विशेष नजर डाल लेते हैं|

Singularity,ब्लैक होल के अंदर का रहस्य

ब्लैक होल के तथ्यों (Black Hole Facts Hindi) के मूल केंद्र विंदु में मौजूद है यह Singularity. जानना चाहते हैं कैसे! तो सुनिए , Singularity ही है जो ब्लैक होल के अंदर रह कर उसे रहस्यमय बनाता है| अगर हम किसी को पूछें की दुनिया का सबसे बड़ा रहस्य क्या है ? तो , शायद उसका जवाब ब्लैक होल होगा पर वास्तविक में यह जवाब सही नहीं है| Singularity ही सबसे अन-सुलझी और अनजानी बात है इस पूरे विश्व मैं| किसी को नहीं पता की Singularity में परिणत होने के बाद उस वस्तु या शरीर का क्या होता है|

कुछ लोग कहते हैं की Singularity में परिणत हो जाने के बाद वह वस्तु कई-आयामी का हो जाता है| खैर यह थोड़ा अलग विषय हो जाएगा , इसलिए हमारे मुख्य विषय पर आते हैं| सरल भाषा में कहा जाए तो Singularity इस संसार का सबसे छोटा एकक है| यह परमाणु से भी छोटा है| परंतु यहाँ चौकने वाली बात यह है, की इतने आकार में इतने छोटा होने के बाद भी इसका घनत्व (पूरे ब्लैक होल का द्रव्य मान) अनंत है| यह इतना छोटा है की वैज्ञानिकों ने इसकी आयतन को शून्य माना है| तो कुल मिला कर कहा जाए तो Singularity को तो हम देख नहीं सकते और इसके द्रव्य मान का हम हिसाब नहीं लगा सकते|

ब्लैक होल की मुख्य मौलिक पदार्थों की सूची :-

मुख्य रूप से ब्लैक होल की संरचना ही ब्लैक होल के तथ्यों (Black Hole Fact's) की मूल और प्रधान कड़ी है|

इसमें 6 उपादानों को बहुत खास बताया गया है| पहले और दूसरे उपादान का नाम Singularity और Event Horizon है जिसके बारे में हमने आपको पहले से ही बता रखा है| अब बारी आती है अन्य उपादानों की;

Schwarzschild Radius :-

यह ब्लैक होल के संरचना का तीसरा सबसे महत्वपूर्ण उपादान है| Schwarz Schild ने ही सबसे पहले इसे खोज कर निकाला था| इसका मुख्य काम है Event Horizon की व्यास को एक निर्धारित अंकों में माप कर प्रकाश करना| यह Event Horizon की एक निर्दिष्ट माप को भी स्थिर करता है| माना जाता है की जब Schwarschid Radius का माप अगर बढ़ जाए तो ब्लैक होल की Escape Velocity प्रकाश के तेजी से भी ज्यादा हो जाती है|

इस व्यास को हिसाब करने के लिए एक फॉर्मूला भी दिया गया है जो की है ;

R= 2GM/c^2

Accretion Disk :-

यह ब्लैक होल (Black Hole Facts In Hindi) से संरचना का चौथा सबसे महत्वपूर्ण उपादान है| यह ब्लैक होल का वह हिस्सा है जिसको हम ब्लैक होल की तस्वीरों में आम तौर पर देखते है| यह वास्तव में तारकीय चीजों से बनी चपटी डिस्क आकृति का उपादान है| यह नियमित रूप से ब्लैक होल के अंदर समाती रहती है| इसी डिस्क की वजह से हम ब्लैक होल को देख पाते हैं| अगर यह नहीं होता तो शायद हम ब्लैक होल की तस्वीर को भी नहीं देख सकते|

Ergosphere :-

यह ब्लैक होल संरचना का पाँचवाँ उपादान है |ब्लैक होल हमेशा मुख्य रूप से एक निर्दिष्ट गति में घूमता ही रहता है| यह कोई स्थिर खगोलीय चीज़ नहि होती| इसका गति ज़्यादातर चक्र के रूप में होता रहता है| ब्लैक होल की असीम ताकत के कारण इसके आसपास के सभी चीज़ें की घूमने की गति चक्र के आकृति का हो जाता है| इसलिए ब्लैक होल के आसपास का space time भी घूमता रहता है| इसी घूमने वाले हिस्से को Ergosphere कहा जाता है| देखने में यह काफी खूबसूरत और आकार में बहुत बड़ा होता है|

Jets of Gas :-

यह ब्लैक संरचना का छटा और आखिरी उपादान है|आपने अगर ब्लैक होल के तस्वीर का एक भी झलक देखा होगा तो भी आप इस चीज़ को पहचान जाएंगे| ब्लैक होल (Black Hole Facts In Hindi) के केंद्र से आपको हमेशा एक चमकीली लकीर उससे निकलते हुए नजर आयेगा| वास्तव में यह चमकीली लकीर

और कुछ नहीं बल्कि charged particles का गैस होता है|

दरअसल ब्लैक होल की तीव्र चुंबकीय क्षेत्र उमसे पड़ने वाले वस्तु यों की आणविक संरचना को विखंडित करते हुए उस वस्तु में मौजूद परमाणुयों को charged particles में तबदील कर देता है| यह charged particles बाद में किसी एक jet विमान से निकली धुएँ की तरह ब्लैक होल से निकल कर अंतरिक्ष में विलय हो जाते है| इन गैसों का उत्क्षेपण गति इतना तेज होता है की यह कई करोडों किलोमीटर तक चले जाते हैं|

ब्लैक होल के बारे में रोचक तथ्य

- अरबो सालो बाद जब कोई सूरज का अंत होता है तो वो एक ब्लैक होल का रूप ले लेता है | ब्लैक होल एक ऐसा पिंड होता है जिसका द्रव्यमान बहुत ज्यादा होता है|
- 18 सताब्दी में ही वैज्ञानिकों ने ब्लैक होल के अस्तित्व की संका जाहिर कर दी थी, परन्तु इस रहस्य से पर्दा तब उठा जब 1964 में पहले ब्लैक होल किंगस x -1 के संकेत मिले |
- अगर हम माउंट एवेरेस्ट को 1 नैनोमीटर से भी छोटे साइज़ में कॉम्प्रेस कर दे तो वह एक ब्लैक होल बन जाएगा|
- ब्लैक होल का गुरुत्वाकर्षण इतना अधिक होता है कि इसके गुरुत्वाकर्षण खिचाव के कारण समय धीरे चलने लगता है और ब्लैक होल के केंद्र तक आते-आते समय पूरी तरह से रुक जाता है |
- ब्लैक होल के बाहरी सतह को इवेंट होरिजन कहते है जिसमे एक बार प्रवेश करने के बाद कोई चीज वापस नहीं आ सकती, यहाँ तक कि प्रकाश भी नहीं |
- ब्लैक होल अपने सामने आने वाले हर तरह के पदार्थ को निगल लेता है चाहे वो कोई गृह हो या तारा| हमारे ब्रह्माण्ड में अनगिनत ऐसे ब्लैक होल है जिनका द्रव्यमान अरबो तारो से भी ज्यादा है |
- कोई भी पदार्थ जो इवेंट होरिजन (ब्लैक होल कि सीमा) में प्रवेश करता है वो अणु और परमाणु में टूट जाता है |
- ब्लैक होल के केंद्र को सिंगुलरिटी कहते है |ये वो जगह है जहां भौतिकी के सारे नियम काम करना बंद कर देते है | ऐसा इसलिए होता है क्योंकि सिंगुलरिटी में द्रव्यमान बहुत ज्यादा होता है और आयतन बहुत कम|

- इसका द्रव्यमान हमारी कल्पना से परे है | ब्लैक होल के 1 cm में पूरी धरती का द्रव्यमान समां सकता है |
- ब्लैक होल लगातार बहुत अधिक मात्रा में तरंगे छोड़ रहा है जिससे उसका द्रव्यमान कम हो रहा है एक दिन ऐसा आएगा जब ब्लैक होल इलेक्ट्रान के माप का हो जायेगा |
- अगर कोई चीज प्रकाश कि गति से भी तेज चलती हो तो वो ब्लैक होल को पार कर के निकल सकती है परन्तु ब्रह्माण्ड में अभी तक कोई ऐसी चीज नहीं मिली है जो प्रकाश कि गति से भी ज्यादा तेज चलती हो |
- वैज्ञानिकों का कहना है कि हर गैलेक्सी के केंद्र में एक बहुत बड़ा ब्लैक होल घूम रहा है |
- हमारी धरती के सबसे पास का ब्लैक होल करीबन 1,600 प्रकाश वर्ष दूर है |
- हमारी गैलेक्सी का ब्लैक होल सैजिटेरीअस A* है जो गैलक्सी के सेंटर में है जिसका द्रव्यमान 4 मिलियन सूरज के द्रव्यमान के बराबर है और हमसे 30,000 प्रकाश वर्ष दूर है |
- ब्लैक होल ब्रह्माण्ड में सबसे ज्याद ध्वनि उत्पन्न करता है लेकिन ये ध्वनि हमारी सुनने की छमता से परे होता है इसलिए हम इसे सुन नहीं पाते |
- ब्लैक होल को कभी देखा नहीं जा सकता क्योंकि उसकी तरफ जाने वाला प्रकाश परावर्तित नहीं होता| ब्लैक होल प्रकाश को निगल जाता है |
- अगर कोई व्यक्ति ब्लैक होल के इवेंट होरिजन के बाहर से गुजरे तो वो भविष्य देख सकता है क्योंकि ब्लैक होल पर समय पृथ्वी के मुकाबले बहुत धीमा चलता है |
- कुछ वैज्ञानिकों का विश्वास है कि कुछ अति चमकीले एक्स-रे स्रोत अधिक-द्रब्यमान वाले ब्लैक होल के अभिवृद्धि डिस्क हो सकते हैं।
- कुछ वैज्ञानिकों का कहना है जिस तरह ब्लैक होल होता है उसी तरह वाइट होल भी होता है| ब्लैक होल अपने आस पास कि चीजों को निगलता रहता है और वाइट होल ब्रह्माण्ड में द्रव्यमान को निकालता रहता है |
- कुछ ब्लैक होल अपने अक्ष(axis) पर घूर्णन भी करते है और स्थिति को ज्यादा जटिल बनाते है। घूर्णन के साथ आसपास का अंतरिक्ष भी आसपास खिंचा जाता है, जिससे एक खगोलीय भंवर का निर्माण होता है।

25

व्हाइट होल(white hole)

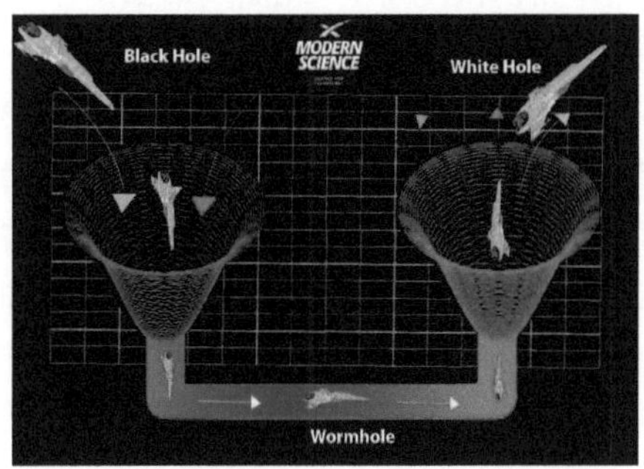

WHITE HOLE

अंतरिक्ष के बारे में जब भी कोई बात आरंभ होती है, उसमें ज़्यादातर आपको सौर-मंडल तथा ब्लैक-होल जैसे चीजों की जिक्र अकसर देखने को मिलता है। 1916 में ब्लैक होल को खोजे जाने के बाद इंसानों का इसके प्रति रुझान होना स्वाभाविक है। आज हर कोई ब्लैक होल के बारे में कुछ न कुछ अवश्य ही जानता है। परंतु दोस्तों अंतरिक्ष में क्या सिर्फ ब्लैक होल ही होते है? मुझे तो नहीं लगता, क्योंकि व्हाइट होल जैसी चीजों के बारे में भी मैंने सुना है। इन चीजों के बारे में शायद ज़्यादातर लोग नहीं जानते होंगे।यही कारण है की, आज हमारा लेख व्हाइट

होल के ऊपर आधारित होगा। इस लेख के अंदर आप लोगों को व्हाइट होल के संदर्भ में हर छोटी-छोटी बातों से लेकर ये कैसे बना है और ये ब्लैक होल से कैसे भिन्न है उसके बारे में जानने को मिलेगा। वैसे और भी बता दूँ की, व्हाइट होल और ब्लैक होल आपस में जुड़े हुए है। इसलिए आप कह सकते है की, ये दोनों ही चीज़ें एक सिक्के के दो पहलू जैसे है। इसलिए इन दोनों ही चीजों के बारे में जानना बहुत ही जरूरी है।

व्हाइट होल

व्हाइट होल के अंदर सिर्फ और प्रकाश और ऊर्जा ही जा सकती है। ध्यान रखेंगे की व्हाइट होल और ब्लैक होल दोनों को ही "Einstein Field Equation" के माध्यम से बनाया गया है इसलिए कई वैज्ञानिकों का ये कहना है की ये दोनों ही चीज़ें एक दूसरे के विपरीत चीज़ है। वैसे दोनों ही ब्लैक होल और व्हाइट होल की अपनी-अपनी चार्ज, द्रव्यमान और गति है परंतु ये दोनों एक दूसरे से काफी अलग। इसके बारे में हम लेख में आगे चर्चा भी करेंगे।

अगर हम व्हाइट होल की इवैंट होरीज़ोन को ब्लैक होल के इवैंट होरीज़ोन के साथ जोड़ कर देखें तो पता चलेगा की, जो चीज़ व्हाइट होल के इवैंट होरीज़ोन को लांघ कर चली जाती है वो स्वतः अपने-आप ब्लैक होल के इवैंट होरीज़ोन को भी पार कर लेती है। हालांकि! इस क्षेत्र में स्पेस-टाइम का बहुत बड़ा हाथ है। जब भी कोई चीज़ व्हाइट होल के इवैंट होरीज़ोन को लांघती है तब ये भविष्य काल में ब्लैक होल के इवैंट होरीज़ोन को भी उसी समय लांघ रही होती है।

क्या व्हाइट होल वाकई में होते है

कुछ वैज्ञानिक कहते हैं की, व्हाइट होल जैसी चीज़ कोई चीज़ नहीं होती है परंतु कुछ वैज्ञानिक ये भी कहते है की व्हाइट होल जैसी चीज़ हमारे अंतरिक्ष में मौजूद है। इसलिए आज तक इस बात की पुष्टि करण नहीं मिल पाई है की, वाकई में क्या व्हाइट होल इस ब्रह्मांड में हैं या नहीं! वैसे इसके बारे में जानना बहुत ही मजेदार है।जो वैज्ञानिक व्हाइट होल के अस्तित्व को स्वीकार करते हैं, वो लोग इन्हे वर्म होल (Worm Hole) से जोड़ कर देखते है। आप लोगों ने अगर "Law Of Conservation Of Energy" के बारे में कुछ न कुछ पढ़ा होगा तो आप लोगों को पता होगा की ऊर्जा न ही बनाई जा सकती है और न ही इसे नष्ट किया जा

सकता है, इसे सिर्फ एक स्थिति (State) से दूसरे स्थिति में रूपांतरित किया जा सकता है। इसलिए जब भी कोई ब्लैक होल भारी मात्रा में ऊर्जा को अपने अंदर सोख कर क्षण भर में ही गायब हो जाता है तो उसके अंदर मौजूद ऊर्जा आखिर कहा जाता है।

ब्लैक होल और व्हाइट होल में अंतर

ब्लैक होल अपने आसपास मौजूद हर एक चीज़ को अपने अंदर समा लेती है। ये एक तरह से वैक्यूम क्लीनर की तरह है जो की ऊर्जा, प्रकाश और चीजों को सोख लेती है। इसके मध्य से किसी भी चीज़ का निकलना नामुमकिन है। प्रकाश तक भी इसके अंदर से नहीं निकल पाते है। इसलिए देखने में ये काले रंग का दिखता है। वैज्ञानिकों के अनुसार हमारे आकाशगंगा के मध्य में एक विशालकाय ब्लैक होल मौजूद है।

व्हाइट होल ब्लैक होल के विपरीत है। इसके अंदर कोई भी चीज़ प्रवेश नहीं कर सकती है। इसके आसपास मौजूद जीतने भी चीज़ है ये व्हाइट होल से हमेशा विकर्षित होते रहते है। इसके अंदर से बाहर प्रकाश और ऊर्जा जा सकती है। इसलिए देखने में ये चमकिल व उज्ज्वलित दिखाता है। ये अपने अंदर से बाहर की और सितारे और आकाशगंगाओं को भी निकालता रहता है जो की ब्लैक होल के द्वारा पहले सोख लिया गया होता है। इसलिए ये भी माना जाता है की, जो भी चीज़ ब्लैक होल के अंदर जाता है वो चीज़ व्हाइट होल के माध्यम से बाहर भी निकलता है। हालांकि इसके बारे में पुष्टि करण अभी आना बाकी है।

26

डार्क मैटर और डार्क एनर्जी(Dark Matter and dark energy)

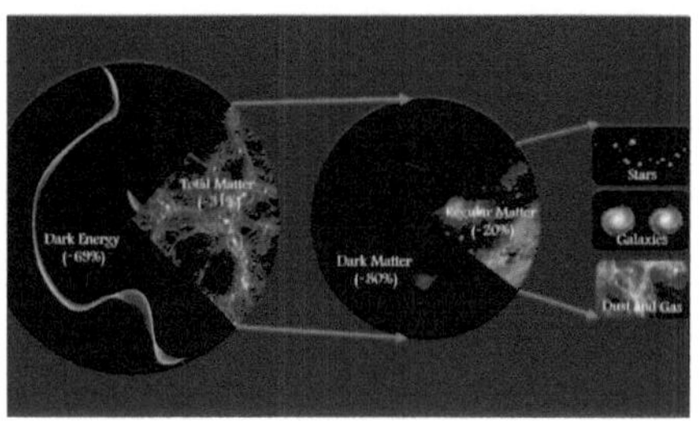

DARK MATTER AND DARK ENERGY

दृश्यमान ब्रह्मांड (Visible Universe) में पृथ्वी (Earth), सूर्य(Sun), अन्य तारे (Stars) और आकाशगंगा (Galaxies) शामिल हैं, जो प्रोटॉन (Proton), न्यूट्रॉन (Neutron) और इलेक्ट्रॉनों (Electrons) से बनी है। 20 वीं शताब्दी (20th Century) की शायद सबसे आश्चर्यजनक खोजों में से एक यह थी कि यह दृश्यमान ब्रह्मांड, यूनिवर्स के 5 प्रतिशत से भी कम है, और बाकी सब अनदेखा है। शेष ब्रह्मांड एक रहस्यमय, अदृश्य पदार्थ से बना है जिसे डार्क मैटर कहा जाता है और जो गुरुत्वाकर्षण को पीछे धकेल देता जिसे डार्क एनर्जी के रूप में जाना जाता

है।

वैज्ञानिकों ने अभी तक डार्क मैटर को प्रत्यक्ष रूप से नहीं देखा है। यह बैरोनिक पदार्थ (Matter Composed of Neutrons, Protons and Electrons) के साथ कोई संबंध नहीं करता और यह प्रकाश (Light) और विद्युत चुम्बकीय विकिरण (Electromagnetic Radiation) के अन्य रूपों के लिए पूरी तरह से अदृश्य (Invisible) है।इस प्रकार डार्क मैटर को वर्तमान उपकरणों के साथ पता लगाना असंभव बना देता है।लेकिन वैज्ञानिकों को विश्वास है कि यह गुरुत्वाकर्षण प्रभावों के कारण मौजूद है जो आकाशगंगाओं (Galaxy) और आकाशगंगा समूहों (Galaxy Clusters) पर दिखाई देता है।डार्क मैटर कुछ ऑप्टिकल भ्रमों (Optical Illusions) की व्याख्या भी कर सकता है जो खगोलविदों को गहरे ब्रह्मांड में दिखाई देते हैं।

डार्क मैटर क्या हो सकता है, इसके लिए वैज्ञानिकों के पास कुछ विचार हैं।एक प्रमुख परिकल्पना यह है कि डार्क मैटर में विदेशी कण होते हैं जो सामान्य पदार्थ या प्रकाश पे परस्पर प्रभाव नहीं करते हैं लेकिन फिर भी गुरुत्वाकर्षण खिंचाव को बढ़ाते हैं।जब हम देखते हैं कि ब्रह्मांड का विस्तार कैसे होता है, तो डार्क एनर्जी की आवश्यकता का पता चलता है, ब्रह्मांड की कुल ऊर्जा का लगभग 68% वर्तमान में डार्क एनर्जी के रूप में विद्यमान है।

डार्क एनर्जी (Dark Energy)

देखा जाए तो बहुत कम प्रभाव (Smaller Effect) डार्क एनर्जी के लिए विशेष रूप से समस्याग्रस्त हो जाते हैं। पदार्थ का घनत्व (सामान्य और अंधेरे दोनों) कम हो जाता है, लेकिन डार्क एनर्जी का घनत्व स्थिर रहता है।हमारे ब्रह्मांड में आज डार्क एनर्जी का बोलबाला हो सकता है, लेकिन यह अपेक्षाकृत हाल ही में हुआ है। डार्क एनर्जी अत्यधिक रहस्यमयी है, और 1990 के दशक में इसकी खोज वैज्ञानिकों के लिए चौंका देने वाली थी। डार्क एनर्जी एक ऐसा प्रभाव हो सकता है जो ब्रह्मांड के शुरुआती चरणों में मौजूद नहीं था, और केवल हाल ही में ही प्रकट हुआ। वैज्ञानिकों के पास कोई प्रमाण नहीं है जो पहले 4 अरब वर्षों (4 Billion Years) या यूनिवर्स के इतिहास के लिए डार्क एनर्जी की उपस्थिति या अनुपस्थिति पर एक तरह से संकेत करता है।

डार्क मैटर की गहरी सच्चाई

र्क एनर्जी के विपरीत, डार्क मैटर व्यावहारिक रूप से बहुत शुरुआत से ही अस्तित्व में रहा होगा। बैकग्राउंड रेडिएशन (Background Radiation) में हम जो उतार-चढ़ाव देखते हैं उसका पैटर्न हमारे यूनिवर्स में डार्क मैटर के लिए सबसे बड़ा सबूत है, जो बिग बैंग के लगभग 380,000 साल बाद से है। स्विस खगोलशास्त्री फ्रिट्ज ज़्विकी ने पहली बार 1930 के दशक में "डार्क मैटर" शब्द का इस्तेमाल किया था। डार्क मैटर संभवतः भूरे रंग के ड्वार्फस (Dwarfs) हो सकते हैं, "विफल" तारे (Failed Stars) जिन्हें कभी प्रज्वलित नहीं किया गया क्योंकि उनमें जलाने के लिए आवश्यक द्रव्यमान का अभाव था। डार्क मैटर सफ़ेद ड्वार्फस हो सकता है, जो की छोटे-से-मध्यम आकार के मृत तारे के कोर से निर्मित हो। या डार्क मैटर न्यूट्रॉन स्टार (Neutron Star) या ब्लैक होल (Black Hole) हो सकते हैं, जो की बड़े सितारों के विस्फोट के बाद के अवशेष हो।

हालाँकि, इन सुझावों में से प्रत्येक के साथ समस्याएं मौजूद हैं। वैज्ञानिकों के पास इस बात के पुख्ता सबूत हैं कि सभी डार्क मैटर भूरे या सफेद ड्वार्फस नहीं हैं। ब्लैक होल और न्यूट्रॉन तारा होना भी दुर्लभ हैं। डार्क मैटर किसी ऐसे पदार्थ से बना हो सकता है जिससे हम बिल्कुल भी परिचित नहीं हों।

आधुनिक ब्रह्मांड विज्ञान के लिए बड़ी चुनौती ब्रह्मांड के इन लापता अवयव की प्रकृति को उजागर करना है। यदि हम वास्तव में ऐसा कर सकते हैं, तो हम यह समझ पाएंगे कि कब और कैसे डार्क मैटर और डार्क एनर्जी पैदा हुई। डार्क मैटर बहुत शुरुआत में उत्पन्न हुआ हो सकता है, या यह थोड़ा बाद में उत्पन्न हुआ हो सकता है, लेकिन शुरुआत से ही इस पर चर्चा होती रही है। डार्क एनर्जी को वर्तमान में, हमेशा से उत्पन्न हुआ माना जाता रहा है, लेकिन यह केवल तब महत्वपूर्ण बना जब हमारा यूनिवर्स पहले से ही अरबों साल पुराना हो चुका था। बाकी का निर्धारित करना हमारे वैज्ञानिक भविष्य के लिए एक सौंपा गया कार्य है।

27

ब्रह्मांड(Universe)

UNIVERSE

ब्रह्मांड के बारे में निश्चित तौर पर कुछ भी नही कहा जा सकता है। यह अनन्त ब्रह्मांड अनन्त संभावनाओं से भरा हुआ है। वैज्ञानिक लगातार इस दिशा

में प्रयत्न कर रहे है कि ब्रह्मांड की उत्पत्ति (Origin Of Universe) से सम्बंधित जानकारी मिल जाये।

ब्रह्मांड के बारे में जानकारी

अनन्त ब्रह्मांड (Universe) में हमारे सूर्य के जैसे असंख्य तारे है। तारो की गिनती का केवल अनुमान ही लगाया जा सकता है। आज हम "Observable Universe" की बात करेंगे। Observable Universe का अर्थ उस ब्रह्माण्ड से है जिसको वैज्ञानिको ने खोज लिया है। बाकी तो इससे भी आगे अनन्त ब्रह्माण्ड है। ब्रह्मांड के जन्म से जुड़ी कई थ्योरी है जिसमे से बिग बैंग थ्योरी वैज्ञानिक जगत में सबसे अधिक स्वीकार्य है। ब्रह्माण्ड की उत्पत्ति करीब 15 अरब साल पहले की मानी जाती है। समस्त अंतरिक्ष जिसमे आकाशगंगाए, निहारिकायें, सौरमण्डल, तारे और ग्रह आते है, उसे ब्रह्मांड कहते है। हमारा ग्रह धरती भी ब्रह्मांड के एक छोर पर स्थित है। ब्रह्मांड कितना विशाल है, इसका अंदाजा आप इस बात से लगा सकते है कि हमारी पृथ्वी इस ब्रह्मांड में एक विशाल रेगिस्तान के रेत के कण के समान है जिसका कोई वजूद नजर नही आता है।

हमारे इस अनन्त ब्रह्मांड में क्या है? ब्रह्मांड में सबसे छोटी इकाई सौरमण्डल है। सौरमण्डल में तारे और ग्रह होते है। सौरमंडलों का विशाल समूह मिलकर आकाशगंगा (Galaxy) बनाता है। हमारी आकाशगंगा का नाम मिल्की वे है। किसी भी आकाशगंगा में करोड़ो सौरमण्डल होते है।आकाशगंगाए मिलकर क्लस्टर का निर्माण करती है जिसमे अरबो गैलेक्सी होती है। ये क्लस्टर मिलकर एक सुपर क्लस्टर बनाते है। हमारे ब्रह्मांड में करोड़ो की संख्या में "सुपर क्लस्टर" है। तो मित्रो यह एक विचार करने योग्य प्रश्न है की ब्रह्मांड कितना विशाल है?

ब्रह्मांड की जानकारी

यह तो हुई ब्रह्मांड (Universe In Hindi) की रूपरेखा और विशालता, अब बात करेंगे मौजूद डार्क मैटर की। ब्रह्माण्ड में डार्क मैटर और डार्क एनर्जी होती है। डार्क मैटर यूनिवर्स का वो हिस्सा है जो अंधकारमय है। ब्रह्माण्ड में इसके अलावा प्रकाश की मौजूदगी होती है। यूनिवर्स में प्रकाश का स्रोत तारे है। ब्रह्माण्ड में ब्लैक होल की भी मौजूदगी दर्ज की गई है।

ब्रह्माण्ड में प्रत्येक सौरमंडल का एक केंद्र तारा होता है। हमारे सौरमण्डल का केंद्र तारा सूर्य है। तारे के चारो और ग्रह चक्कर लगाते है। ब्रह्मांड में अब तक केवल धरती ही एकमात्र ग्रह है, जहा जीवन है। वेसे वैज्ञानिक लगातार यूनिवर्स में जीवन की खोज कर रहे है। उनका लक्ष्य ऐसे ग्रहों की खोज करना है जो बिल्कुल पृथ्वी जैसे हो जिन्हें सुपर अर्थ कहते है।

एक बात और दोस्तो हमारे ब्रह्मांड में प्रत्येक चीज गतिमान है कोई स्थिर नही है। चन्द्रमा पृथ्वी के चारो और धूमता है। हमारी पृथ्वी सूर्य के चारो और चक्कर लगाती है। सूर्य हमारी आकाशगंगा का चक्कर लगाता है। आकाशगंगा भी ब्रह्मांड में चक्कर लगाती है। ब्रह्मांड में सब कुछ गतिशील है क्योंकि ब्रह्मांड का फैलाव लगातार हो रहा है।

ब्रह्मांड से जुड़े रोचक तथ्य

- सूर्य हमारी आकाशगंगा मिल्की वे का एक चक्कर पूरा करने में करीब 25 करोड़ साल लगाता है। इस अवधि को “Cosmic Year” कहते है।
- यूनिवर्स में करीब 10 खरब के आसपास तारे हो सकते है। यह केवल ऑब्सेरबल यूनिवर्स का अनुमान है बाकी तो सब अनन्त है।
- यूनिवर्स में कई तारे हमारे सूर्य से भी कई गुना बड़े है। हमारा सूर्य मध्य्यम आकार का तारा है।
- ब्रह्मांड में पृथ्वी के अलावा जीवन अभी तक नही मिला है। फिर भी वैज्ञानिक लगातार जीवन की खोज कर रहे है। एक अनुमान के मुताबिक पृथ्वी जैसे करोड़ो ग्रह पूरी यूनिवर्स में हो सकते है। अभी तक ये ग्रह हमारी पहुंच से बहुत दूर है।
- ब्रह्मांड में हर रोज करोड़ो तारे जन्म लेते है और करोड़ो मर जाते है। तारो का बनना और खत्म होना सतत चल रहा है। बिग बैंग के बाद से ही ब्रह्माण्ड का फैलाव लगातार हो रहा है। ये तारे और आकाशगंगाए आपस में दूर जा रही है।
- वैज्ञानिको ने ब्रह्मांड का अध्ययन करने के लिए हब्बल नामक टेलीस्कोप ब्रह्माण्ड में छोड़ा है। अभी तक इस टेलीस्कोप ने यूनिवर्स के कई ग्रहों और तारों का पता लगाया है।
- Abell 2029 नामक आकाशगंगा अब तक खोजी गयी आकाशगंगाओ में से सबसे बड़ी है। यह मिल्की वे से 80 गुना ज्यादा बड़ी है और इसकी धरती से

दूरी 107 करोड़ प्रकाश वर्ष है।

- ब्रह्माण्ड में टाइम और स्पेस कार्य करते है। केवल ब्लैक होल में ये दोनों कार्य नही करते है।

ब्रह्मांड के रोचक तथ्य

- विशाल ब्रह्मांड में कई अजीब और रोचक ग्रह तारे भी है। यूनिवर्स में एक ऐसे ग्रह की खोज की गई है जो पूरा डायमंडस से बना हुआ है। इस ग्रह का नाम "55 Cancri" है।
- ब्रह्माण्ड (Universe) में एक शराब का विशाल बादल भी है। इस बादल में अल्कोहल की मात्रा अत्यधिक है। इसका नाम "SGR B2" है।
- ब्रह्मांड में पानी भी मौजूद है लेकिन यह भाप के रूप में है। यह ब्रह्माण्ड में तैर रहा है। धरती के मुकाबले यह पानी 150 ट्रिलियन गुना ज्यादा है।
- ब्रह्मांड में गुरुत्वाकर्षण का प्रभाव भी है जो सभी तारो और ग्रहों को अपनी निश्चित सीमा में रखता है। ग्रेविटी इन पिंडो को एक दूसरे के पास खिंचती है।
- अभी तक 19 अरब गैलेक्सी का पता लगाया जा चुका है। हमारी आकाशगंगा मिल्की वे में 100 अरब के आसपास तारे है।
- ब्रह्माण्ड में दूरी प्रकाश वर्ष में मापी जाती है।

ब्रह्मांड (Universe) के बारे में कई सारी थ्योरी है। वैज्ञानिक इसके निश्चित आकार का अभी तक पता नही लगा पाये है। अगर हम मान भी ले कि ब्रह्मांड का कोई छोर है तो उस छोर के आगे क्या है। क्या कोई दूसरा ब्रह्मांड है? इसके अनुसार हमारे ब्रह्मांड की तरह कई ब्रह्माण्ड मौजूद हो सकते है। यह सिर्फ एक अनुमान है, अभी के लिये केवल इतना ही कह सकते है कि ब्रह्मांड अनन्त है।

www.ingramcontent.com/pod-product-compliance
Ingram Content Group UK Ltd.
Pitfield, Milton Keynes, MK11 3LW, UK
UKHW041838190726
13854UKWH00002B/599